GESTÃO COMPORTAMENTAL DE VIDA E CARREIRA

O QUE A MITOLOGIA GREGA NOS ENSINA

Dados Internacionais de Catalogação na Publicação (CIP)
(Jeane Passos de Souza – CRB 8ª/6189)

Galan, Gilberto
　　Gestão comportamental de vida e carreira : o que a mitologia grega nos ensina / Gilberto Galan. – São Paulo : Editora Senac São Paulo, 2021.

　　Bibliografia.
　　ISBN 978-65-5536-492-7 (impresso/2021)
　　e-ISBN 978-65-5536-493-4 (ePub/2021)
　　e-ISBN 978-65-5536-494-1 (PDF/2021)

　　1. Recursos humanos   2. Gestão de pessoas   3. Liderança   4. Comportamento humano   5. Autoconhecimento   6. Mitologia grega   I. Título.

21-1179t
CDD – 650.1
658.314
BISAC BUS012000
BUS030000

Índices para catálogo sistemático:
1. Gestão comportamental de vida e carreira   650.1
2. Gestão de pessoas : Comportamento organizacional   658.314

Gilberto Galan

GESTÃO COMPORTAMENTAL DE VIDA E CARREIRA

O QUE A MITOLOGIA GREGA NOS ENSINA

Editora Senac São Paulo – São Paulo – 2021

Administração Regional do Senac no Estado de São Paulo
Presidente do Conselho Regional: Abram Szajman
Diretor do Departamento Regional: Luiz Francisco de A. Salgado
Superintendente Universitário e de Desenvolvimento: Luiz Carlos Dourado

Editora Senac São Paulo
Conselho Editorial: Luiz Francisco de A. Salgado
                     Luiz Carlos Dourado
                     Darcio Sayad Maia
                     Lucila Mara Sbrana Sciotti
                     Jeane Passos de Souza
Gerente/Publisher: Jeane Passos de Souza (jpassos@sp.senac.br)
Coordenação Editorial/Prospecção: Luís Américo Tousi Botelho (luis.tbotelho@sp.senac.br)
                                    Dolores Crisci Manzano (dolores.cmanzano@sp.senac.br)
Administrativo: grupoedsadministrativo@sp.senac.br
Comercial: comercial@editorasenacsp.com.br

    Edição e Preparação de Texto: Vanessa Rodrigues
    Revisão de Texto: ASA Comunicação e Design
    Ilustrações: Carla de Franco
    Projeto Gráfico, Editoração Eletrônica e Capa: Manuela Ribeiro
    Imagem de Capa: Ded Pixto | Adobe Stock
    Impressão e Acabamento: Mais Type

Proibida a reprodução sem autorização expressa.
Todos os direitos desta edição reservados à
Editora Senac São Paulo
Rua 24 de Maio, 208 – 3º andar
Centro – CEP 01041-000
Caixa Postal 1120 – CEP 01032-970 – São Paulo – SP
Tel. (11) 2187-4450 – Fax (11) 2187-4486
E-mail: editora@sp.senac.br
Home page: http://www.livrariasenac.com.br
© Editora Senac São Paulo, 2021

Sumário

Nota do editor, 7

Prefácio
– Eloisa M. Damasco Penna, 9

Apresentação
– Por que escrevi este livro, 19

Hermes (Mercúrio)
A ambivalência em movimento, 37

Héracles (Hércules)
O espírito heroico que
habita em nós, 81

Ártemis (Diana), Atená
(Minerva) e Atalanta
As múltiplas faces do feminino, 129

Ares (Marte)
e Éris (Discórdia)
A belicosidade e a instabilidade, 171

Prometeu
Entre o Olimpo e a humanidade, 199

Zeus (Júpiter)
O senhor dos deuses, 227

Reflexões, 255

Palavras finais
ao leitor, 271

Referências e
leituras sugeridas, 273

Índice de atributos
e aspectos, 279

Índice geral, 283

Nota do Editor

A educação para autonomia, um dos valores com que o Senac São Paulo pontua sua atuação, pressupõe uma boa dose de autoconhecimento. A gestão comportamental competente de si mesmo permite aproximar-se do Olimpo, da excelência nas relações profissionais e pessoais, mas também requer uma descida às profundezas sombrias do Hades para, após reflexão e recolhimento, haver o retorno capaz de promover uma transformação criativa, ética e solidária.

As observações argutas de Gilberto Galan na presente obra – que se ancora na psicologia analítica profunda de Jung e nos estudos míticos de Joseph Campbell – auxiliam o leitor a praticar a gestão comportamental não só consigo mesmo como também em seu círculo.

Mas, para além da esfera individual, o texto leva a uma reflexão a respeito do coletivo. Um exemplo eloquente surge no capítulo de Prometeu: a imagem do titã acorrentado à beira do abismo, olhando desconsolado para o vazio à sua frente, guarda semelhança com a situação atual da humanidade diante de doenças, insegurança e violência, entre outros males saídos da caixa de Pandora. A educação autônoma se dá de forma responsável quando considera – e busca aprimorar – o ambiente em que todos vivemos.

Este livro é especialmente útil a líderes, executivos, psicólogos e profissionais de RH e gestão de pessoas. Mas seu conteúdo vai também proporcionar ao público em geral uma experiência original, envolvente e enriquecedora.

Prefácio

O resgate dos deuses que habitam em nós

Em primeiro lugar, gostaria de agradecer a Gilberto Galan o convite para apresentar seu mais recente livro. Convite que muito me honra e também muito me agrada pelo tema.

Amigo de longa data, companheiro de muitas viagens, Gilberto, além de profundo conhecedor do mundo das corporações internacionais, sempre foi um pensador dos problemas da nossa cultura contemporânea. Sua afinidade com a psicologia junguiana, por osmose e por gosto próprio, nos aproxima neste momento. Seu texto é ao mesmo tempo ágil e profundo, é gostoso de ler e nos faz refletir sobre tantas questões ancestrais e atuais. Somos levados pelas suas palavras a uma viagem ou um passeio pelos deuses gregos e por nosso panteão interior de divindades luminosas e sombrias.

Mitologia e religião lidam, desde tempos imemoriais, com o conhecimento e o autoconhecimento do ser humano. Os mitos e as doutrinas religiosas consideram uma obrigação fundamental do ser humano saber de suas origens e da origem do universo em que vivemos. Atualmente, essas questões estão a cargo da ciência. Hoje, é na ciência que acreditamos; é ela que nos diz quem somos e de onde viemos; é a ciência que está encarregada pela cultura, desde a modernidade, a dar as respostas para nossas perguntas mais difíceis. Talvez a ciência possa ser considerada nosso mito contemporâneo. Entretanto, por dar respostas tão estritas, literais e pretensamente definitivas, temos visto seu aspecto tão volátil e efêmero. A mitologia é uma produção coletiva anônima e espontânea de um conhecimento que brota do inconsciente coletivo, traz consigo os grandes temas arquetípicos e constrói a consciência coletiva. Esse talvez seja o motivo pelo qual sua validade se mantém.

A ciência fala, por meio de palavras e conceitos, para o logos, para o intelecto; o mito fala para o espírito, para a alma, por meio de imagens carregadas de fortes emoções. O conhecimento que é produzido pelo logos é um conhecimento associado à razão derivado de um pensamento emancipado das forças divinas. Na Grécia antiga, a filosofia se afirma como um conhecimento oriundo do logos que não anula o originário do plano divino. A razão vence e se enraíza na cultura ocidental muito mais tarde, na modernidade, por meio de seu divórcio dos deuses, e lança todo o conhecimento advindo de outras fontes às sombras. Resta apenas a ciência como a única forma de conhecimento válido e verdadeiro e confiável, mas os mitos, mesmo assim, permanecem vivos.

São muitos os mitos que povoam as culturas ao redor do mundo. A mitologia grega, em particular, exerce um papel importante na formação da consciência coletiva ocidental. Como bem demonstra Gilberto em seu livro, os deuses gregos estão ainda muito presentes em nosso imaginário.

O símbolo se expressa na forma de analogias, imagens e metáforas. Os símbolos são uma ponte entre os arquétipos e o ego que possibilita a passagem da energia arquetípica primordial e universal para o plano atual da consciência individual e da cultura.

Os deuses personificados tornam-se passíveis de serem percebidos – vistos, sentidos, imaginados. Dessa forma, funcionam como símbolos que nos permitem acessá-los e nos conectarmos com aspectos aparentemente remotos (e, por isso, divinos), mas, no fundo, também muito humanos, primordialmente humanos... Gilberto traz esses deuses para o plano humano da consciência e da cultura, tecendo uma variedade imensa de possibilidades de as divindades gregas estarem em nós, em nossas vidas e na nossa sociedade. A riqueza deste livro é trazer os deuses gregos e seus aspectos arquetípicos para o mundo atual, sobretudo para o mundo do trabalho e a vida profissional de cada um. Há pouquíssima bibliografia de cunho junguiano que verse sobre o âmbito do trabalho. Nesse sentido, esta obra é bastante original e constitui uma contribuição muito importante tanto para os leitores que se interessam pelo assunto como para a psicologia junguiana.

Ao longo do texto, o autor vai tecendo uma série de analogias entre as facetas dos deuses olímpicos escolhidos para sua análise e as situações cotidianas; faz uma articulação dinâmica entre a vida pessoal íntima (intrapsíquica) e relacional com a vida profissional. Podemos ver como cada indivíduo é único (indivisível) e uno (inteiro) em qualquer contexto no qual esteja atuando. Isso pode parecer óbvio, mas nem sempre estamos cientes e conscientes dessa obviedade. Frequentemente, são feitas tentativas mirabolantes de excluir traços importantes da personalidade nesse ou naquele cenário em que estejamos contracenando, sem nos darmos conta do tremendo desgaste que isso acarreta, além da inevitável perda de criatividade e produtividade.

Ao analisar as características principais das divindades gregas, o texto alinhava e dá acabamento a esse quebra-cabeça que somos de uma forma muito bem-humorada e verdadeira. Bem-humorada porque, com graça, faz o leitor se ver em suas palavras – pelas analogias traçadas entre os gestos divinos e nossos comportamentos diários. Verdadeira porque não hesita em apontar também os aspectos tenebrosos dos deuses e fazer um alerta para as armadilhas que a sombra lança constantemente no caminho da individuação. Nesse sentido, o autor mantém um tom bastante junguiano ao apresentar sempre os lados opostos de tudo e de todos – as polaridades luminosas e sombrias dos deuses, de nós e das situações. As constantes tentativas que fazemos de articular e assimilar ou, pelo menos, de perceber os aspectos positivos e negativos, bonitos e feios, desejáveis e indesejáveis em nós, nos outros e nas coisas são a meta do processo de individuação.

Em uma época na qual, cada vez mais, é enaltecido o desempenho com a maximização da produtividade, tentando assemelhar o ser humano a uma máquina, temos observado a escalada do tédio e, sobretudo, da depressão. Essa situação pode nos levar a pensar que estamos no limiar do esgotamento desse modo de funcionamento. Faz-se mister resgatar os deuses em nós; isto é, os potenciais arquetípicos que habitam em nós e podem conferir sentido e significado à existência tanto no plano individual como no âmbito das relações humanas íntimas e sociais. Nunca antes a individualidade foi tão valorizada, para o bem e para o mal. É hora de nos darmos conta de que o outro é tão importante quanto nós mesmos para a sobrevivência da civilização. Assim, poderemos cultivar relacionamentos íntegros com nossos parceiros. Poderemos acreditar, então, que não haverá inteligência artificial que substitua a capacidade humana de realização.

Eloisa M. Damasco Penna, analista junguiana e membro da Sociedade Brasileira de Psicologia Analítica (SBPA) e da International Association for Analytical Psychology (IAAP). Doutora em psicologia clínica pela Pontifícia Universidade Católica de São Paulo (PUC-SP).

Para Helena, que não é de Troia
– tanto que nasceu em 2014.

Para Marina, Daniel e Olívia,
O futuro.

Apresentação

Por que escrevi este livro

Gestão comportamental de vida e carreira: o que a mitologia grega nos ensina nasceu da minha necessidade de compartilhar algo importante. Explico: alguns eventos sincrônicos determinaram minha iniciativa de escrevê-lo, como se fosse um chamado, quase uma convocação. Primeiro, fiz um curso sobre mitologia na Casa do Saber, em São Paulo, e, quase simultaneamente, li *A sabedoria dos mitos gregos*, do filósofo francês Luc Ferry. Ao mesmo tempo, senti uma inquietação, uma necessidade de partilhar com mais empenho as experiências e o aprendizado decorrentes da minha longeva carreira de executivo em grandes corporações mundiais. Também emergiu o meu interesse sobre as várias formas de simbolismo e até mesmo da alquimia, como você verá no capítulo dedicado a Hermes (ou Mercúrio para os romanos). Difícil explicar como nosso cérebro dá conta de tarefas tão distintas e, tempos depois, as coloca para conversar e entrar em um acordo, como acontece nesta obra. É surpreendente até mesmo para mim. Foi assim que os deuses capturaram a minha atenção.

Um rico acervo de conhecimento vinha sendo partilhado apenas parcialmente com meus alunos e membros das minhas diversas equipes, por meio das minhas aulas como professor universitário, das minhas conferências e mesmo das reuniões de trabalho. Um privilégio. Por isso, achei que essa benção deveria ser retribuída. Mas não a quem me ajudou e já se foi ou a quem já não carece desse conhecimento. Não. Pensei nos jovens que têm a vida e uma carreira à frente. São eles quem poderão fazer uma real diferença no mundo conturbado e complexo em que vivemos, carente de lideranças e de inspirações diferenciadas. Avaliei que seria o caso de colaborar, de alguma forma, para que as gerações mais calejadas também pudessem refletir sob uma perspectiva pouco usual – e da qual já vamos falar –, sem menosprezar o muito que já sabem. Pensei, é claro, nos estudantes e nos profissionais de várias áreas que estão abertos a olhares distintos daqueles aos quais estão acostumados: psicologia, comunicação, RH (*headhunting*, treinamento, *coaching*, *mentoring*), história, antropologia, filosofia, ciências sociais, administração, entre outras.

Pode parecer pretensioso – e francamente o é, no sentido puro do termo: pretendi ir além do convencional, tanto na forma como no conteúdo desse compartilhamento. Havia um desejo latente de fazê-lo, mas com originalidade. Queria fugir dos clichês dos casos de sucesso (e dos poucos fracassos confessáveis) e me afastar o máximo possível da tentação de conceber uma obra de autoajuda, recheada de fórmulas prontas e fáceis de usar. Ao contrário, buscava algo que levasse o leitor a identificar e enfrentar questões complexas, a refletir sobre elas – uma equação que cada um teria de solucionar por conta própria, de modo individual, e não no atacado.

Ao cabo de quatro anos, a obra se concretizou com o apoio de um recurso adicional e fascinante: o estudo e a análise dos mitos gregos, mais especificamente de seus deuses e deusas. Tarefa difícil e instigante a de conciliar e promover um diálogo entre a minha experiência individual e o manancial coletivo de conhecimento acumulado durante séculos. Claro, muitos estudiosos brilhantes têm produzido excelente material sobre o tema, mas a abordagem que proponho abarca outras perspectivas, sem depreciar ou descartar as já colocadas, que, aliás, foram vitais – basta consultar a bibliografia ao final deste livro. Analisar o mundo e os eventos que nos cercam sob a ótica da mitologia me exigiu muita pesquisa e reflexão e trouxe uma nova compreensão, um novo aprendizado. Foi necessária uma boa dose de coragem para atender e mesclar as vozes de um passado distante, repleto de conteúdos e de experiências conscientes e inconscientes, às vivências contemporâneas para partilhá-las de maneira compreensível e útil. O resultado desse longo trabalho solitário é o que compartilho agora com você, leitor.

Os mitos: por que eles são tão importantes na nossa vida e na carreira?

Não há dia em que não se ouçam frases ligadas a algum mito que, de tão empregadas, acabaram por se tornar surrados clichês. Prova indiscutível da força do mito que sobreviveu ao tempo e que nos toca até hoje.

"O jogo hoje entre os times vai ser um duelo de titãs."

"Esse projeto vai ser um trabalho hercúleo."

"A volta da praia depois do feriado foi uma verdadeira odisseia."

"Tomar decisões sob pressão é o calcanhar de aquiles do João."

"Estava tudo bem até a Mariza transformar a reunião em um pomo da discórdia!"

"A embalagem está hermeticamente fechada."

"Marilyn Monroe era a típica vênus platinada."

"Nosso jatinho vai decolar do Campo de Marte."

"A jovem, corajosa, monta como uma amazona."

"As mocinhas vibraram com a chegada do novo aluno: ele é belo como um Apolo!"

"O gerente fez pouco, mas colheu os louros da vitória."

Quem já não proferiu, leu ou ouviu frases como essas? São tão numerosas que poderíamos compor um outro livro só com essas saborosas citações, todas originárias da mitologia grega (e romana), o nosso foco, mas nem é preciso chegar a tanto para comprovar a presença dos mitos nos dias de hoje.

A ideia por trás das próximas páginas é proporcionar um esclarecimento introdutório e um alinhamento conceitual sobre quatro temas, independentemente de qual seja o seu grau de conhecimento sobre o assunto: mito, inconsciente coletivo, arquétipos e deuses. E, também, explicar por que tais frases, como as que vimos, e os próprios mitos conseguiram se manter vivos na sua essência – ainda que sob várias versões – por tanto tempo e em culturas tão díspares. Por que continuam a nos fascinar e fazem parte do nosso cotidiano tão marcado por objetividade, imediatismo, fragmentação, impessoalidade, pragmatismo?

Primeiro, é vital mostrar o que um mito *não é*. Para começar, mito não é sinônimo de algo falso. Embora a palavra figure em dicionários como sinônimo de algo fantasioso, essa é uma redução excessiva e, na maioria das vezes, equivocada, da acepção exata do termo. Talvez um dos maiores lugares-comuns resida no tratamento do assunto (por parte de vários autores e, principalmente, por jornalistas, o que é indesculpável) sob o surrado tema "Verdades e mitos sobre...". E aí seguem os mais variados temas: saúde e tipos de dieta, benefícios e malefícios do chocolate, do vinho, da gema de ovo, sexo na velhice, etc. O termo é igualmente maltratado quando alguém se refere a um jogador famoso como um verdadeiro mito do futebol mundial. Ou a uma celebridade do boxe ou do cinema.

Bem, já se falou sobre o que o mito não é. Mas, afinal, o que um mito é?

Etimologicamente, o termo vem do grego *mythos* ou *mithos*, cujo significado está atrelado a "enredo", "palavra" ou "fala"; uma forma de expressão. Em suma: uma narrativa. Guarda relação com outras línguas, como o sânscrito, o que confere complexidade e amplitude ao seu conceito, passando por um "calar-se para ouvir os deuses", até chegar a uma relação com a magia e o mistério, termos que têm a raiz em comum.

Por meio do mito se estabelece um relacionamento entre o conhecido e o desconhecido, o visível e o invisível, buscando construir uma ponte até os mistérios distantes. O mistério sugere alguma coisa digna de reverência, mas que se encontra longe de nossa visão e insinua algo mais amplo e igualmente distante do nosso alcance. Ou está relacionado ao conceito de divino, referente aos deuses. O homem, de alguma forma, tenta entender o mistério e se conectar com algo maior, transcendente ou cósmico. Ao tentar se conectar aos deuses, dá-se um processo religioso no seu sentido autêntico, que procura construir essa ponte com algo que vai além da nossa compreensão.

Dois grandes pilares de conhecimento e sabedoria ancoram esse resumo e nos conduzirão ao longo do restante do texto. No início, de forma paralela; depois, convergindo conceitualmente: a psicologia analítica profunda, concebida pelo psiquiatra suíço C. G. Jung, e os exaustivos estudos míticos do norte-americano Joseph Campbell. Eu os complementei com contribuições de outros autores, seguidores e discípulos dos dois mestres, como James Hillman, James Hollis, Jean S. Bolen e Marie-Louise von Franz. Há outros mais – inclusive brasileiros –, que, sem qualquer demérito por não serem aqui citados, constam da bibliografia para quem quiser se aprofundar nos temas.

Entre os muitos méritos de Campbell estão a coleta, a ordenação e a sistematização de algo precioso que sempre existiu e acabou sendo embutido no enredo e na estrutura das narrativas dos mitos. Há um conjunto de temas que se repetem ao longo do tempo em vários locais no mundo e entre povos e culturas tão diferentes quanto distantes. Apenas como exemplo, o modelo ou a estrutura da típica jornada do herói – que tanto nos toca – parece ser algo universal e atemporal, como um eixo em torno do qual giram infindáveis variantes, à medida que o mito é contado e recontado em locais diversos. O mito do herói sobrevive e é revivido sob outras formas contemporâneas – por exemplo, o Super-Homem e o Homem-Aranha – e em diversos personagens dos filmes da série *Star Wars*, nos quais George Lucas não apenas se inspirou em Joseph Campbell como também trocou ideias a respeito com o mitólogo.

O mito permite o nosso acesso a um mundo inconsciente e invisível, que se expressa por meio de duas principais formas: a metáfora e o símbolo. Os mitos condensam experiências vividas repetidamente por milênios, vivências típicas que se cristalizam como modelos de situações pelas quais o homem sempre passou. Os mitos também nos contam ou relembram a nossa busca por algo que nos conecte mais profundamente à nossa própria natureza e ao nosso lugar no cosmos.

Apesar da etimologia da palavra, isso não quer dizer que os mitos sejam tipicamente gregos. O próprio Zeus, uma marca registrada do Olimpo dos mitos da Grécia antiga, tem uma provável origem indo-europeia bem anterior. Esses mitos foram sendo transmitidos oralmente por várias culturas, com variações que não descaracterizam a sua essência e chegaram até nós – no caso dos gregos clássicos, graças a textos escritos, obras literárias no formato de poesias épicas, epopeias e tragédias encenadas no teatro. A escrita rica e criativa de expoentes como Homero, Hesíodo, Ésquilo e Apolodoro permitiu que peças fragmentadas fossem melhor estruturadas, elaboradas e organizadas, facilitando a coesão, a compreensão e a transmissão. Uma narrativa com um bom enredo a gente sempre quer passar adiante. É assim que funciona.

Inconsciente coletivo e arquétipos

Jung percebeu que ocorria uma surpreendente correspondência entre as imagens e os elementos que surgiam nos sonhos de seus pacientes e os mitos os quais ele analisava. Concluiu que os elementos e as imagens, bem como os mitos, procediam de uma mesma fonte profunda, a qual ele denominou inconsciente coletivo da humanidade. Trata-se, de modo simplificado, da herança das vivências das gerações passadas, independentemente da época ou do local dessas experiências, uma camada profunda e inconsciente – coletiva e impessoal – comum a todos nós, da mesma forma que também temos em comum a anatomia humana. Como esse inconsciente coletivo se manifesta e como chega até nós? Como o mito nos fala?

Jung também introduziu outro conceito: o dos arquétipos. Em grego, é a combinação dos termos *arché* ("ponta", "princípio superior", "princípio") e *tipos* ("impressão", "marca", "tipo"). Ou seja, o primeiro modelo, ou a imagem e as antigas impressões sobre algo. Eles são padrões ou modelos autônomos de comportamento os quais, segundo Jung, estavam contidos nesse inconsciente coletivo e se expressam nos modos de se comportar, de estar no mundo ou reagir a ele. São tipos (ou imagens) primordiais, arcaicos, que existem e são repetidos desde tempos remotos.

Esses arquétipos aparecem nos mitos, nos contos de fadas e, também, nos nossos sonhos e fantasias. São situações ou cenas típicas, como o retorno a uma caverna, a descida ao subterrâneo ou a um tipo de mundo inferior, a luta contra dragões, monstros e animais terríveis, labirintos, o confronto com a morte e a ressurreição. Aparecem sereias, tentações nas jornadas, os filhos rejeitados e os preferidos, as disputas familiares, as grandes buscas e as múltiplas metamorfoses. Afloram também certos personagens marcantes, que se repetem: o herói, a Grande Mãe ou a Mãe Terra, o trapaceiro – o *trickster* –, o mentor e os velhos sábios, entre outros. Nos contos de fadas, imagens arquetípicas se repetem com notável frequência: o caçador, o lobo, o príncipe, a princesa adormecida, a bruxa ou a madrasta malvada, a fada madrinha, os feiticeiros e sábios (masculinos e femininos), a floresta escura, os eternos meninos – *puer aeternus*, como Peter Pan –, o sapo que se transforma em príncipe, e por aí vai. Para cada situação humana típica poderá haver a manifestação de um ou mais arquétipos. Para reforçar o conceito: os arquétipos são predisposições instintivas dentro de nós, padrões preexistentes internamente e determinantes de nosso modo de ser, de nos comportarmos, de perceber certas situações, de ver o mundo, de reagir a ele.

Já os símbolos – dos quais vamos fazer grande uso – representam sempre mais que o seu significado evidente e imediato, funcionando como conexões, verdadeiros *links* entre o consciente e o inconsciente, o conhecido e o desconhecido. O símbolo não é racional, é passível de infindáveis interpretações – depende de quem o vê – e não se refere a algo certo ou errado no modo de vê-lo e senti-lo. Como se diz, a pedra que o tolo vê não é a mesma que o sábio vê.

Surgem, então, duas perguntas: por que a mitologia é povoada por uma enorme variedade de deuses? Afinal, o que são esses tão falados deuses? É o que será explicado a seguir.

Deuses

Compreendidos os conceitos de mito, inconsciente coletivo e arquétipo, resta esclarecer um último tema: deuses – termo que talvez constitua a maior fonte da resistência que encontramos em relação ao assunto. Muitos torcem o nariz ou, incrédulos, meneiam a cabeça. Poupemos o nosso precioso órgão nasal e os músculos que sustentam a nossa cabeça: não se trata absolutamente de uma questão simplista de divergência entre correntes de monoteísmo e de politeísmo, tampouco de esoterismo barato ou de misticismo banal. Por trás do conceito de deuses, há um profundo e complexo significado que diz respeito a nós mesmos, como somos e como nos comportamos.

Uma primeira perspectiva, nem sempre aceita, sobre o surgimento dos chamados deuses está relacionada aos fenômenos que ocorrem no céu desde sempre: raios, nuvens, tempestades, trovões, eclipses, escurecimento, chuvas, trânsito de cometas e meteoros, evoluções solares e lunares. Essas manifestações celestes sempre tiveram um impacto enorme sobre os homens primitivos, principalmente na transição de uma época de povos nômades, composta por caçadores e coletores, para uma outra, a da agricultura, mais sedentária. Reside aí, talvez, o marco do início de uma cultura mítica. A sobrevivência do homem passa, então, a depender ainda mais dos fenômenos meteorológicos e de seus consequentes efeitos na sua vida cotidiana. Um processo que, se combinado à já existente imaginação humana, fez com que essas manifestações – positivas ou negativas, suaves ou violentas – trouxessem a noção de uma benção ou de um castigo, de uma admiração ou de um temor, sentimentos que se alternavam e que ainda permanecem. Basta ver as reações diante de terremotos, inundações urbanas, tsunamis, tufões, etc. Essas poderosas forças ou energias representam certos pares de opostos, como a luz e as trevas, a inundação e a seca, o nascimento e a morte das plantas e das pessoas. É como se essas misteriosas manifestações vindas do alto estivessem se digladiando permanentemente, ora protegendo, ora castigando os homens, que passam a orar, fazer oferendas com o intuito de obter coisas boas e evitar as ruins. Um misto de veneração, respeito, medo e, digamos, certo utilitarismo presente até hoje no nosso comportamento religioso. Os astros e estrelas que brilham no céu passaram a ser percebidos como imortais porque são eternos, algo que não morre, o que faz com que o homem se veja na condição de ter de ser digno, merecedor das dádivas e não passível de punição. Já havia a percepção de diferenças entre o que é mortal e o que é imortal, eterno, mas a chamada intervenção divina ainda se dá sem a intermediação de sacerdotes e xamãs.

Logo foi surgindo uma necessidade que é característica do homem: a de denominar as coisas – e, no caso, essas forças. E a melhor maneira é personificar ou humanizar cada uma delas. Aí fica mais fácil se referir aos acontecimentos cotidianos – bons ou ruins – e passar adiante essas vivências. É muito mais fácil falar sobre um deus que tenha nomes e atributos específicos semelhantes aos nossos do que de energias ou forças sobre as quais nada se sabe. O homem passou a chamar essas energias misteriosas de deuses.

As primeiras divindades foram as forças puras da natureza. Só depois, com as complexidades comportamentais e psicológicas (graças a um nível mais elevado de consciência), criou-se a necessidade de humanizar essas figuras como projeções inconscientes dos próprios homens.

Se um líder tribal fosse considerado o chefe supremo local, alguém que coloca ordem naquele pedaço e atribui responsabilidades, regras, recompensas e punições aos demais, logo seria associado a um fenômeno celeste – uma força dominante e imortal, o que muito mais tarde seria reconhecido como um dos muitos deuses solares, aqueles que brilham mais do que os outros. Seria o caso de Zeus (Júpiter). Como dizia a tradição hermética (derivada de Hermes, é claro): o que está em cima é igual ao que está embaixo. O macrocosmo e o microcosmo têm uma ponte entre si.

Embora não seja aceita por todas as correntes de pensamento, a questão fenomenológica ajuda a explicar o possível surgimento dos deuses como os conhecemos – e os quais seriam, mais tarde, descritos de forma organizada e metafórica por Hesíodo. Tampouco a linha proposta e aplicada por Jung é plenamente aceita por todos os segmentos da psicologia.

Como bem resumia Joseph Campbell, os deuses pertencem às várias categorias que representam. Primeiro, às forças da natureza; segundo, às energias cósmicas e universais; terceiro, àquelas forças e pulsões atuantes dentro de nós. Sob outra perspectiva, não necessariamente conflitante como a resumida por Campbell, o Alto refere-se à dimensão sagrada ou divina, na qual tudo existe no estado de potencialidade – de bom ou de mau, de positivo ou de negativo. O firmamento, o céu ou o cosmos, algo mais além e amplo, seja como se chame, significa a totalidade das potencialidades e dos talentos disponíveis aos mortais quando nascem. Infelizmente, ao longo do tempo, o homem foi perdendo esse contato, essa conexão com a natureza, e também sua ligação mística com o cosmos. Há uma crescente dessacralização da natureza e uma sensação de falta de pertencimento a algo maior.

O Olimpo, onde residem os deuses gregos de que vamos falar, refere-se, portanto, ao ponto mais elevado, o Alto, o máximo da excelência, o almejado padrão olímpico, cabendo aos mortais fazer tudo o que podem para se aproximarem do uso desse elenco de possibilidades. Maximizando as qualidades e minimizando os defeitos ou fraquezas. Integrando os aspectos luminosos e sombrios expressos pelos deuses, que não são nenhum exemplo de perfeição, e, sim, de potencialidades sob todos os aspectos.

O analista junguiano James Hollis diz que o mito é uma estrutura capaz de transportar energia e que, ao circular, tem o poder de evocar uma resposta enérgica dentro de nós. Por exemplo, quando somos tomados pela raiva a partir de um estímulo, ficamos meio "possuídos" pela ação do deus Ares (ou o Marte dos romanos), cuja energia agressiva e sanguinária é canalizada para acabar com o potencial oponente, reação que se manifesta e pode sumir tão rapidamente como apareceu. Ou a mulher ciumenta, a qual luta ferozmente para manter a estabilidade do casamento e da família e que pode estar investida da energia ou do padrão de comportamento de Hera (ou Juno, dos romanos, esposa oficial de Zeus). Ela se torna irada e vingativa contra as mulheres com quem o marido se relacionou, atormentando os filhos dele fora do casamento, como ocorre com Héracles (Hércules). Imagino que, a essa altura, você já deve ter se identificado com episódios semelhantes nada míticos. Ao contrário, bastante reais.

O curioso é que, nos dias de hoje, a mulher ciumenta ou traída pode exercer sua vingança, por exemplo, postando nas redes sociais comentários negativos sobre a virilidade do parceiro. Da mesma forma, embora ainda continuem a praticar a violência física, os homens também costumam usar as mídias sociais para postar vídeos íntimos da parceira – em uma forma virtual de violência. Enfim: os meios diferem, mas, na essência, os modelos de comportamento e de emoções permanecem. Isso demonstra a atualidade dos mitos tantos séculos depois.

É natural que não um só deus, mas vários, atuem simultaneamente em nós e que, ao longo do tempo, possam ou não perder força, como é o caso do arquétipo do herói. Entram em ação outros deuses – ou modelos de comportamento –, mais adequados ao estágio atual de vida e que requerem outros talentos e posturas. Podemos ter de atuar como heróis impetuosos quando jovens e depois, mais velhos, como sábios e prudentes conselheiros.

Espero que, esclarecidos esses pontos, a leitura deste livro seja muito mais proveitosa. Vamos, então, a ele, caro leitor. Afinal, ele fala de nós e da necessidade de governarmos esses deuses internos. Em nossas vidas, há deuses que devem ser liberados e outros a serem contidos. Vamos juntos aprender sobre esse processo.

E, por fim, cá entre nós: como metáfora[1] ou símbolo,[2] há algo mais importante do que falar de nós mesmos e de como podemos viver melhor? Como dizia Campbell (2003, p. 299): "Se você deseja tudo, os deuses lhe darão, mas esteja preparado para isso!".

COMO ESTE LIVRO ESTÁ ORGANIZADO

Cada capítulo se compõe de quatro seções: a primeira trata do mito, da narrativa sobre o deus, ou deusa, ou outra figura mítica; a segunda aborda o seu significado, envolvendo a sua interpretação simbólica sob várias possíveis perspectivas; a terceira discorre sobre a presença e a aplicação do mito no cotidiano, ou seja, os possíveis

---

[1] **Metáfora**: *meta* ("além") + *phorein* ("conduzir"). Trata-se da significação natural de uma coisa que é substituída por outra em virtude da semelhança subentendida; linguagem figurativa; comparação entre dois seres ou duas situações – por exemplo, qualificar o dilúvio verbal à eloquência de um orador.

[2] **Símbolo**, *symbolon*: *sym* ("junto") + *bolon* ("aquilo que foi colocado"). Reunir, juntar o que foi despedaçado, as duas metades de um objeto que foram separadas; o símbolo nos leva à parte faltante do homem inteiro, coloca-nos em contato com a nossa totalidade original. Da mesma raiz, *cymbalum* ("repercutir").

desdobramentos e impactos práticos na vida pessoal e na profissional. A quarta e última seção traz provocações que relacionam passagens do mito a situações bem reais que podemos encontrar em nosso dia a dia.

Do modo como foi concebido, o texto pode ser lido, interrompido e retomado a partir de qualquer capítulo, sem prejuízo ao seu entendimento. Já temos demasiadas regras na vida. Liberdade, então, a você, leitor.

Um lembrete sobre o contexto histórico: os mitos gregos tiveram uma relevância e uma veneração mais significativas durante dois períodos: na Grécia arcaica (700-500 a.C.) e na Grécia clássica (500-332 a.C.), estendendo-se territorialmente muito além das fronteiras da Grécia atual. O mesmo ocorreu mais à frente, no Império romano, quando o elenco dos deuses gregos originais foi adotado, passando por adaptações e recebendo nomes latinos, e depois se expandiu às terras conquistadas.

Em razão de minha extensa experiência no mundo empresarial – o que torna mais rico e real o conteúdo, por tratar de algo que foi vivido –, há possivelmente um maior volume de passagens referentes a esse universo dito corporativo, mas que é, igualmente, aplicável a outros segmentos, nas suas diversas formas. Afinal, estamos falando de pessoas e de seus relacionamentos.

Há diversas passagens importantes que deram origem às várias gerações de deuses e que não são abordadas neste livro. No panteão olímpico reinavam duas divindades maiores: Zeus e Hera, casal complementado por outros doze deuses. Dois deles eram irmãos de Zeus e com ele dividiam o poder no universo (ou o cosmo): Poseidon (Netuno para os romanos), que ficou com os mares e rios (ou seja, as águas), e Hades (ou Plutão conforme os romanos), com o mundo ou reino inferior, subterrâneo, sombrio. Zeus, além de se tornar o chefe de todos, dominava os céus.

Como pano de fundo, de modo bem resumido, a *Teogonia* de Hesíodo[3] fala de uma luta incessante e brutal entre as forças lideradas por Zeus e seus aliados e as dos titãs, que apoiavam Cronos – ou Kronos, o Saturno dos romanos –, pai de Zeus. Cronos, que tinha o péssimo hábito de devorar os filhos, acaba derrotado e destronado. Mas o medo de destronamento é eterno – e assim permanece entre nós.

Os titãs derrotados foram aprisionados no Tártaro, o ponto mais interior da mãe Gaia (a Terra). As duas partes representam, respectivamente, a nossa eterna luta para manter a ordem, a harmonia e a justiça em oposição às forças titânicas voluntariosas, sombrias e rebeldes que desejam o restabelecimento do caos original. Bom ter isso em mente, pois vai permear os vários temas.

De modo condensado, o elenco dos chamados deuses olímpicos se compõe das figuras citadas a seguir. Você pode voltar a esse resumo sempre que for o caso.

AFRODITE (VÊNUS): DEUSA DA BELEZA, DO AMOR ERÓTICO E DA SEDUÇÃO.

APOLO (FEBO): DEUS DAS ARTES, DA LUZ, DA MÚSICA, DA BELEZA E DA PROFECIA.

ARES* (MARTE): DEUS DAS BATALHAS, DAS GUERRAS.

ÁRTEMIS* (DIANA): A DEUSA DA CAÇA, DA NATUREZA E DA INTUIÇÃO, IRMÃ GÊMEA DE APOLO.

ATENÁ* (MINERVA): DEUSA DA ASTÚCIA, DA SABEDORIA, DA EQUIDADE, DA JUSTIÇA E DA ESTRATÉGIA.

DEMÉTER (CERES): DEUSA DAS ESTAÇÕES, DAS COLHEITAS, DOS CEREAIS; GRANDE PROVEDORA, NUTRIDORA.

---

[3] Compilação de narrativas orais que discorre sobre a origem e a hierarquia dos deuses e heróis da mitologia grega.

Dioniso (Baco): deus do vinho, do êxtase, das paixões e da alegria.

Hades (Plutão): deus do mundo inferior e rei da Morada dos Mortos.

Hefesto (Vulcano): o deus ferreiro, o artesão das forjas.

Hera (Juno): esposa de Zeus, o feminino por excelência, a deusa da estabilidade do casamento, da união e da consolidação do que foi criado.

Hermes* (Mercúrio): o mensageiro dos deuses, o guia das almas e o deus do comércio.

Héstia (Vesta): deusa do lar, da lareira – o fogo sagrado –, da vida interior.

Poseidon (ou Netuno): deus dos mares e dos rios.

Zeus* (ou Júpiter): o chefe supremo do Olimpo, deus da criação e da expansão, responsável pela manutenção da ordem cósmica.

Os deuses e deusas marcados com um asterisco (*) são os que analisei em profundidade, embora os outros citados em cada capítulo sejam decisivos na interpretação, já que compõem uma complexa teia de relações. Estão, assim, interligados. Procurei balancear o conteúdo, incluindo mitos de características mais marcantes tanto masculinas como femininas.

Mesmo que você nunca tenha estudado mitologia em profundidade, acredito que tirará bom proveito desta leitura – a qual, espero, seja também prazerosa.

Então, com a palavra, os deuses, deusas e heróis.

Hermes
(Mercúrio)

Mensageiro dos deuses,
patrono do comércio
e da comunicação

Hermes (Mercúrio)

A ambivalência em movimento

O mito

Na galeria dos deuses da Antiguidade grega, é provável que Hermes seja o mais polivalente – e, decerto, um dos mais ambíguos. Seu mito chega aos nossos dias com grande força e atualidade. Hermes é filho de Zeus e de Maia (uma ninfa), fruto de uma relação fora do casamento do senhor do Olimpo, cuja esposa oficial era a deusa Hera. Ele nasceu em uma caverna do monte Cilene, na Arcádia (situada no Peloponeso), e se revelou uma criança de enorme precocidade. Como mandava o costume, logo foi enfaixado com os chamados cueiros, mas conseguiu escapar da caverna e do controle da mãe ainda recém-nascido. Desvencilhou-se rapidamente das faixas de pano que o imobilizavam e saiu em busca de aventuras. Viajou até a Tessália e lá roubou parte de um rebanho de vacas pertencente ao seu meio-irmão mais velho, Apolo (Febo para os romanos).

Para apagar os rastros do gado, Hermes recorreu a um primeiro estratagema: amarrou ramos de folhas na cauda dos animais, a fim de que as pegadas desaparecessem. Em uma gruta, sacrificou duas novilhas, para serem oferecidas aos deuses, dividindo o resultado em doze porções. Os deuses imortais eram apenas onze, mas ele promoveu a si mesmo como o décimo segundo. Escondeu o que pôde do restante do rebanho e regressou ao monte Cilene.

No caminho, já na entrada da caverna, encontrou uma tartaruga que parecia atrapalhar sua passagem e decidiu matá-la. Arrancou-lhe o casco, retirou as vísceras, nele fez uns furos e, usando as tripas das novilhas sacrificadas, improvisou cordas que, amarradas ao casco, criaram o primeiro instrumento musical: a lira!

Apolo procurou intensamente o ladrão, ofereceu recompensas a quem achasse o gado e, afinal, obteve notícias das andanças do responsável. Chegando à caverna onde Hermes nascera, queixou-se do furto à mãe dele, Maia. Ela procurou negar, argumentando que o menino acabara de nascer e não poderia ter realizado tal tarefa, ainda mais enfaixado. Mas Apolo, ao notar o couro de animais mortos, reafirmou a acusação e pediu a devolução do gado, sem sucesso. Pensou e julgou, então, mais conveniente recorrer à justiça de Zeus, levando o menino ao Olimpo, como recurso de última instância.

Zeus os recebeu e interrogou Hermes. No entanto, adotou uma postura hábil, diplomática e até menos severa do que o esperado. O mais poderoso dos deuses, afinal, percebeu que se tratava de uma criança bem promissora. O menino negou outra vez o furto do gado. Mas, convencido pelo pai e diante das evidências indicadas por Apolo (as peles do gado), confessou que levara as vacas. Após a repreenda do pai também sobre a mentira, prometeu que nunca mais o faria. Convém, no entanto, gravar o que o menino disse a seguir.

Engenhosamente, Hermes prometeu que nunca mais mentiria, mas tampouco estaria obrigado a contar a verdade por inteiro. Disse que devolveria o rebanho, reafirmando que havia matado apenas duas reses. Calmamente, complementou: "Cortei só essas duas, dividindo-as em doze partes iguais para oferecer aos doze deuses do Olimpo!". "Doze?", interveio Apolo, aturdido. "Se são apenas onze os deuses existentes, quem seria por acaso esse décimo segundo?", perguntou a Hermes. Ao que o menino respondeu, com certa modéstia mesclada a um tom de arrogância e ironia: "Este seu criado, senhor". E complementou o raciocínio: "Não comi mais do que o meu quinhão, ainda que fosse grande a minha fome, e queimei o resto como manda a lei".

Depois desse episódio, os dois regressaram ao monte Cilene. Hermes saudou a mãe e entrou na caverna com Apolo, que, observador, logo reparou algo escondido pelo irmão sob uma pele de carneiro. Perguntou do que se tratava. Hermes mostrou sua criação, a lira, e dela tirou belíssimos acordes. Apolo logo ficou tocado. Deleitou-se. Enquanto tocava a lira, Hermes entoou cantos ressaltando algumas das características positivas do irmão: a beleza, a generosidade, a inteligência. Como resultado, sem demora foi perdoado por ele. Apolo, então, sugeriu uma barganha: daria seu rebanho em troca daquele instrumento maravilhoso que tanto o sensibilizara. Os dois fecharam negócio e resolveram caminhar até o monte Pilo, com Hermes tocando o tempo todo a sua lira, emitindo um elevado som divino.

Pouco mais tarde, enquanto pastoreava seu novo gado, Hermes notou talos ocos de junco e, imediatamente, inventou e tocou outro instrumento, dele extraindo outros sons magníficos. Hermes acabara de criar a flauta de Pã. Esta logo se tornou o novo objeto de desejo de Apolo, que de imediato fez uma nova proposta de negociação. Ofereceu, em troca da flauta, um cajado de ouro. "Com ele", argumentou, "você poderá pastorear com sucesso o seu novo rebanho e, no futuro, será reconhecido como o deus de todos os pastores e guardadores de gado".

Hermes mais uma vez aceitou o negócio, mas ainda procurou barganhar, afirmando que sua flauta valia mais do que o cajado. Pediu a Apolo, mais experiente e sábio, aulas de adivinhação, de como fazer augúrios. O irmão novamente concordou, mas disse que infelizmente não possuía esse dom, embora soubesse quem o tinha: as suas velhas amas, as trias. E afirmou: "Elas poderão lhe ensinar como adivinhar o futuro usando pequenos seixos de rio". Hermes concordou de imediato, tomou posse do cajado de ouro e, ainda, como uma espécie de bônus, aprenderia a arte divinatória. Excelente negócio!

Trato consumado, Apolo novamente levou a criança ao Olimpo, para que os dois se reencontrassem com Zeus. Lá narraram o que se passara. Zeus escutou atentamente e, ao fim do relato, advertiu Hermes de que, doravante, deveria respeitar os direitos de propriedade e abster-se de contar mentiras imprudentes. O senhor do Olimpo manteve o tom tolerante diante das habilidades precoces do filho e disse: "Parece-me um pequeno deus extremamente engenhoso, eloquente e persuasivo". Hermes mais uma vez identificou uma oportunidade e dela se aproveitou para pedir mais: "Se é assim, faça de mim o seu arauto, pai, e ficarei responsável pela segurança de toda a propriedade divina. Não direi mais mentiras, se bem que, como já disse, não possa prometer que direi toda a verdade".

"Bem", respondeu Zeus, sorrindo, "ninguém iria esperar esse tipo de conduta de sua parte, mas as suas funções adicionais incluirão firmar contratos, fomentar o comércio e garantir a livre circulação dos viajantes por qualquer estrada no mundo". Dito isso, Zeus lhe deu os atributos necessários ao cumprimento das tarefas: o caduceu (um bastão mágico que todos devem respeitar), um capacete redondo ladeado por asas douradas e sandálias aladas, também de ouro, que o transportariam com a velocidade do vento. Assim, Hermes foi admitido à seleta família olímpica e passou a interagir intensamente com os vários deuses e deusas. O novo deus manteve diversos relacionamentos amorosos, o principal deles com Afrodite (ou Vênus, a deusa do amor), gerando o filho Hermafrodito.

Claro que não esperamos que o leitor memorize toda a narrativa. Mas sem problemas. Na sequência, o mito será desmembrado e analisado por tópicos ou temas.

Significado

Da necessidade de sair precocemente da zona de conforto

Hermes nasce em uma caverna, cujo significado mais comum é a representação do útero materno, um lugar escuro e abrigado, onde todos somos gerados e de lá expulsos algum dia, afastados assim de um ambiente de proteção, alimentação garantida e calor. Essa "partida", uma separação, significa a proximidade do primeiro e mais radical limiar a ser transposto pelo homem ao longo da sua vida. Serão muitos, como se verá.

Os povos antigos adotavam certos ritos de passagem que conduziam o adolescente à posição de adulto, cortando os fortes laços de dependência da família de origem. Isso já não acontece hoje, tornando menos claras as definições acerca das fases da vida. Veja-se a chamada geração "nem-nem": aqueles que nem estudam nem trabalham, residindo com os pais até bem mais tarde, adiando a entrada na idade psicologicamente adulta e o enfrentamento de desafios, deixando de lado a busca pelo desconhecido – processo difícil, penoso, mas que pode nos fortalecer.

O mito enfatiza, por meio de uma narrativa pautada pelo exagero, uma das características mais acentuadas em Hermes: o desejo de se libertar das amarras o mais rápido possível, partindo rumo à exploração daquilo que ainda não conhece – com seus riscos associados – em busca de aventuras e de coisas novas. Isso fica evidente ao desatar os cueiros e se livrar deles, ou seja, dos laços que poderiam continuar a imobilizá-lo para executar sua trajetória em direção aos seus objetivos e protagonizar o seu próprio futuro. Em resumo: a capacidade de superar o medo para sair e desbravar o mundo.

Hermes o faz precocemente. A mensagem é claríssima. Quanto mais cedo, maiores as chances de sucesso. A criança é o futuro potencial, uma antecipação do desenvolvimento futuro, portanto qualquer tipo de amarra pode limitar o fluxo da vida, o fluir para um bom futuro, como dizia C. G. Jung. Essa dificuldade inicial marca a trajetória do indivíduo: para uns, pode ser algo impeditivo; para outros, o motor ou o *drive* do desenvolvimento, que permite mudar a sua situação e não ficar atado a ela para sempre, evitando a estagnação e uma vida modorrenta.

A importância das trocas e da negociação: Hermes, o promotor do comércio

O menino Hermes se apossa de algo que não é dele (o rebanho) utilizando o caminho mais fácil e inadequado, transgredindo as regras básicas da convivência e da ética. Mas não nos apressemos no julgamento, colocando-o de imediato na categoria de um ladrãozinho comum. Convém trazer Apolo à releitura do mito. Ele tem características que se apresentam ausentes ou pouco desenvolvidas em Hermes: retidão de caráter, maturidade, sensibilidade, integridade, senso de justiça, pensamento racional e linear, entre outras, em oposição às de seu meio-irmão mais novo: criatividade, ardileza, astúcia, trapaça e mentira para atingir os seus objetivos.

Apolo é uma entidade solar, brilhante; Hermes, uma figura mais obscura, nebulosa. São qualidades praticamente opostas. Na verdade, simbolicamente, Hermes parece querer se apropriar dessas qualidades do irmão. É bem provável que a um indivíduo do tipo apolíneo cairia muito bem alguma dose, uma pitada que fosse, dos atributos de Hermes para que ele pudesse enfrentar certas situações e não ser ludibriado.

Hermes se coloca na posição de merecimento de um atributo divino por ser igualmente filho de Zeus, inferindo que deve se apoderar dessa qualidade: vai tentar resgatar e tomar posse do que lhe parece de direito. Mas ele o faz a qualquer custo, trapaceando e mentindo se necessário, como foi no caso do roubo do gado, em que revela não ter limites para alcançar seus objetivos.

No entanto, para gerenciar as outras situações que surgem, Hermes adota a louvável abordagem da negociação. Como se diz popularmente, tal atitude só gera satisfação quando é boa para os dois lados – o que parece ter ocorrido nos dois casos: o rebanho trocado pela lira, e a flauta de Pã, pelo valioso cajado. Aparecem oportunidades de negociação que são aproveitadas: um cede ao outro algo que o outro não tem ou de que carece em parte, rumo a um bom "negócio". Simbolicamente, significa uma integração interna ao indivíduo das suas polaridades, "uma parceria", visando algo mais completo.

Nas duas situações, Hermes usa a estratégia de sensibilizar o outro em um ponto da negociação no qual a temperatura dos ânimos e a desconfiança por parte de Apolo poderiam fazê-la naufragar. Ele o faz tocando o coração, os sentimentos de Apolo, sensível à beleza da música que emana dos dois instrumentos, e o faz aquiescer, quebrando resistências e abrindo espaço para a troca.

Os dois saem satisfeitos. Tanto que retornam à instância superior, Zeus, para reportar o progresso feito. Metaforicamente, são essas "trocas" e barganhas que fazem de Hermes o deus patrono do comércio, das transações, que podem ser justas ou desembocar em um embuste. Zeus atua como avalista dessa diversidade de qualidades: é tolerante com as molecagens e a esperteza do filho, mostrando a capacidade de aceitar a natureza e a maneira de ser de cada um. É o princípio da tolerância e do respeito à individualidade expressa pelas variedades de filhos e mulheres que marcam a trajetória do líder supremo do Olimpo.

O PATRONO DA COMUNICAÇÃO E O CONSTRUTOR DE CONEXÕES

Ao ser nomeado por Zeus mensageiro dos deuses, Hermes torna-se inspirador das várias formas de comunicação. Como mensageiro, ele nos conecta aos vários deuses, ou, simbólica e internamente, a todos os nossos talentos, permitindo que possamos recorrer à variedade de recursos que cada situação requer.

Como exemplo, em uma situação de confronto ou limítrofe, seja na esfera pessoal ou na profissional, precisamos contar com a ação decisiva e impetuosa de um Ares (Marte) ou de um Héracles (Hércules), mas, também, com os sábios e prudentes conselhos estratégicos de uma Atená (Minerva). Assim, Hermes identifica e faz as necessárias pontes entre os vários deuses disponíveis, pois eles espelham as potencialidades que residem dentro de nós. Com frequência, entendemos mal, não queremos entender e até nos sabotamos sobre as mensagens que nos são direcionadas e, assim, não usufruímos plenamente dessas capacidades.

O FACILITADOR DA TRAVESSIA E DA CIRCULAÇÃO

Todos nós temos de encarar a passagem por certos limiares durante a vida. A palavra limiar, do latim *limen*, significa "soleira da porta", "portal" ou algo assim. Enfim: uma passagem que permite a circulação de um espaço, um ambiente ou uma situação a outro(a). O limiar demarca a fronteira entre um estado que deve ficar para trás, algo que deve "morrer", e um novo. É uma transição. Hermes é o deus que conduz as pessoas de lugares aparentemente seguros a territórios novos e desconhecidos.

É a capacidade de circulação, combinada à de travessia de limiares, que conduz a um trânsito rápido e decisivo, em oposição à estagnação e ao conformismo. Zeus fornece a Hermes os recursos necessários:

pequenas e eficazes asas para seu capacete e para seus pés. Quando alguma pessoa tem essas características, dizemos que tem "asinhas nos pés": é irrequieta, quer viajar, circular, não deseja ficar estacionada. Então as coisas fluem: as negociações, as trocas e a comunicação avançam.

O processo conduz o indivíduo a uma mudança de estado, daí a sua conotação alquímica, como se verá adiante. Toda vez que passamos de uma posição a outra, seja no campo pessoal, no psicológico ou no profissional, somos desafiados a empreender uma separação com relação ao que é ou era, cruzando-se algum tipo de limiar. Em sua essência, esse processo de travessia representa uma fase importante de um ciclo que pode permitir o florescimento de algo novo em todos os sentidos.

Hermes é o deus que "vê através de"; enxerga o que existe potencialmente à frente e nos guia ao outro lado. Isso é importante, pois significa a ação. Um "não" ao imobilismo. Sempre a caminho, Hermes aguça a nossa curiosidade em experimentar algo novo e abandonar o velho e estagnado repertório de atitudes e posturas.

O GUIA CONDUTOR DAS ALMAS PELOS CAMINHOS DIFÍCEIS E SOMBRIOS

Embora os limites, contornos e limiares não sejam muito claros, ao ingressar na meia-idade (ou o meio da vida, como bem diz Dante, em sua *Divina comédia*) visita-se "o outro lado". Essa antevisão pode, entre outras coisas, significar psicologicamente o começo da transição de um estado inconsciente a outro mais consciente. Ou, ainda, uma nova maneira de encarar as curvas e os desafios da vida.

Sair da caverna, como faz Hermes logo cedo, sugere vir à luz, criar uma nova visão. Mas, talvez, em determinado ponto da vida, seja necessária uma prova maior: descer ao mundo inferior, o Hades, regido pelo deus de mesmo nome. E Hermes é o deus mais adequado para isso: é sempre o guia nos trajetos mais complicados, achando o caminho em meio a encruzilhadas, nas situações limítrofes, ambíguas e obscuras. Assemelha-se a Virgílio conduzindo Dante; primeiro, às portas do inferno e, depois, rumo ao purgatório e ao paraíso.

Hermes é aquele que nos tira da vida segura e sonolenta, bem estruturada, "estável", e nos conduz a um passeio pleno de descobertas. É o único deus "autorizado" a lidar com as profundezas e os mistérios do Reino dos Mortos, conduzindo as almas ao mundo profundo e escuro, metáfora perfeita para o território do inconsciente e da reflexão, além de residência de nossos aspectos sombrios.

Os caminhos ou trânsitos abertos por Hermes podem desembocar, ao longo do tempo, tanto na construção de uma figura criativa e inspiradora para o bem da sociedade, como em alguém que usa as mesmas qualidades em direção a uma vida repleta de aspectos sombrios, quando não de natureza ilícita ou criminosa. Todos esses aspectos (positivos e negativos) têm seus alicerces em um mesmo Hermes – um deus ambíguo, multifacetado e complexo, que revela as várias faces da natureza humana. Boas ou ruins.

O GUIA DOS PRÓPRIOS LIMITES NAS ENCRUZILHADAS DA VIDA

Nos tempos remotos em que as pessoas veneravam o deus Hermes, colocava-se uma pedra ou um montículo de pedras para demarcar um local especial. A ideia era assinalar o caminho a seguir em uma encruzilhada, bem como os limites de um certo território ou uma propriedade. Até na soleira da porta ou na frente das casas costumavam-se posicionar essas pedras, indicando que ali Hermes estava presente.

O deus torna-se, então, reconhecido como o nosso guia nos caminhos frente aos dilemas e indecisões, orientando-nos diante das múltiplas escolhas e das duras travessias. Aqui surge um complemento ao que se falou anteriormente sobre limiares, mas sob outra perspectiva. Primeiro, porque precisamos respeitar os nossos próprios limites e, principalmente, o território dos outros. Não avançar no que não é nosso. Hermes apossa-se do gado do irmão Apolo, extrapolando os limites. Segundo, pelo lado positivo, ele nos ajuda a enfrentar, atravessar e ultrapassar as situações limítrofes com as quais vamos topando na vida. Às vezes, são situações fronteiriças, tensas, que implicam atuar no escuro, sem muitos dados. Daí podermos contar com certos *insights* que Hermes proporciona, pois, com razão, era considerado o deus mais próximo aos homens, o companheiro das horas difíceis.

O PROVEDOR DO SENSO DE *TIMING* E DE MUDANÇAS DE RUMO

Hermes nos dá a capacidade de agir rapidamente e na hora certa para não perder o momento. Acrescente-se: ele promove mudanças surpreendentes em situações que requeiram ação, utilizando-se dos poucos e simples recursos disponíveis. No mito, o casco da tartaruga e os canudos do junco, que permitem criar instrumentos musicais viabilizando as trocas com Apolo, por exemplo. Não carece de coisas sofisticadas e complexas para encontrar soluções. Usa o que tem à mão e não precisa recorrer a terceiros, a algo externo. Tampouco fica reclamando dos obstáculos que surgem. Acha as respostas dentro dele mesmo, a partir de grandes sacadas, e promove viradas que podem redesenhar o rumo da trajetória.

O DISSOLVENTE DO ULTRAPASSADO: O MERCÚRIO ALQUÍMICO

Entre os romanos, Hermes era conhecido como o deus Mercúrio, e, entre os egípcios, como Thot (ou Tot). Em qualquer dos casos, trata-se de um deus associado às coisas ocultas, à magia, às operações feitas no escuro, sob uma linguagem velada, depois adequadamente chamada de hermética.

Hermes representa também a sabedoria oculta. Mercúrio, como metal, é o único que se mantém líquido à temperatura ambiente, demonstrando a sua ambiguidade – que, na realidade, é um aspecto de todos nós. Um metal que atribui outra característica a Hermes: é escorregadio; sua quase "não forma" o torna difícil de ser apanhado. Há pessoas assim, bem como certos tipos de comunicação. Todas difíceis de serem capturadas ou decifradas.

Na alquimia, surge como o mercúrio, conhecido por ser o solvente universal que promove a passagem de um estado a outro, um metal dotado da habilidade de decompor qualquer outro metal ou substância. É aquele que ajuda a transmutar algo impuro em ouro. Entenda-se esse processo pelo lado metafórico, claro.

Usamos a expressão "hermeticamente fechado" para caracterizar algo que é bem vedado, inacessível para a maioria, escuro, isolado do mundo comum e, assim, reservado a poucos. É o caso do esquife de chumbo perfeitamente lacrado no qual é aprisionado o deus egípcio Osíris. Lá colocado pelo irmão Seth, Osíris tem de encarar as coisas pelo "lado de dentro", ou seja, somente pelo seu lado interno, antes da sua regeneração.

O espírito de Hermes está associado a tudo o que carece de transformação, ou seja, algo ou situação que requer uma intervenção alquímica.[1] Isso envolve uma espécie de dissolução antes de ser assumida uma outra forma. Sob a perspectiva psicológica, essa transmutação

---

[1] A alquimia, cujo nome em árabe deriva de *al*, que significa "o", e *Khem*, "terra negra", refere-se ao antigo nome do Vale do Nilo. A terra preta e, portanto, fértil. Para outros autores, seria composta pela mesma palavra *al* ("o"), mais *kimia*, que significaria algo como "escondido, oculto". O processo alquímico, que em latim era chamado de *Opus*, a Obra, dava-se por meio das fases principais: nigredo, albedo e rubedo. Enfim, tratava-se de um processo de transformação, uma transmutação. Uma arte de passar de um estado a outro, superior. C. G. Jung viu na alquimia o que ocorria na psicologia profunda, enxergando na figura do alquimista, metaforicamente, uma elevação a um estado mais elevado de consciência, um árduo e sofrido trabalho, também metaforicamente, dosando e manejando o fogo e os materiais, no tempo adequado e na ordem certa. Para maior profundidade conceitual, ver as referências, ao final do livro.

significa a passagem de um nível de consciência para outro, superior, ou, metaforicamente, de um estado fixo a um volátil. O homem é o seu próprio laboratório sob a ação do seu fogo interno, que deve ser dosado: se muito forte, calcina; se fraco demais, torna o processo muito lento e talvez não dê tempo para que a *Opus* aconteça. É preciso ocorrer no tempo certo, o *kairós* (o "tempo interno"), nem antes nem depois. Hermes simboliza o curto momento em que as coisas são possíveis, o tempo da oportunidade. Aquele tempo que, ao contrário de *kronos* – o deus Cronos, o tempo que devora –, não tem idade nem envelhece.

O *TRICKSTER*: O LADO LÚDICO E CRIATIVO, MAS QUE PODE NOS ENGANAR

É comum Hermes portar-se como uma espécie de *puer aeternus*, uma criança eterna. Aquela que não cresce e vai continuar a fazer suas travessuras e traquinagens. Apolo representa algo que já amadureceu e está mais estabelecido, mas ainda aberto às coisas novas que o irmão lhe traz, aspectos que podem ser combinados sob uma fórmula interessante ao longo do tempo.

Esse lado trapaceiro, embusteiro, um "quase Macunaíma" (uma face do nosso malandro típico), apresenta as qualidades positivas da esperteza, do uso de estratagemas, truques, seduções e trapaças criativas que podem nos ser úteis em certas situações. É também o que nos move a romper com certas tradições e determinados padrões que nos engessam.

Originalmente, o nome desse trapaceiro parece ter origem no termo grego *Kléptein*, que significa algo como "remover ou agir em segredo", não ficando caracterizado como um ladrão, pura e simplesmente, ou um cleptomaníaco, como sugere o nome. Parece que, em outros tempos, os limites entre engano, furto e roubo não eram muito definidos.

Talvez fossem mais associados à astúcia e à esperteza em fazer certas coisas.

No caso dos filhos homens, em qualquer tempo ou cultura, é visto como saudável que o menino aprenda macetes com o pai, o irmão mais velho ou até o avô para enfrentar a vida. Precisamos de vários truques que Hermes nos proporciona na hora certa. A questão – como em tudo – está nos limites do uso desses recursos. Podem-se facilmente ultrapassar as fronteiras que conduzem ao ilícito, ao ilegal, a algo embusteiro no pior sentido. Do esperto para o espertalhão. Portanto, não sem razão – embora, talvez, com exagero –, Hermes é também conhecido como o patrono dos ladrões.

Pelo prisma psicológico, o Hermes infantil é aquele pequeno travesso que nos rouba alguma coisa lá trás a qual temos de reaver em algum ponto da vida para retornar ao que éramos na essência original. Antes, portanto, de sermos formatados e de nos afastarmos do que era mais autêntico em nós. Apolo é o espírito solar, luminoso, o qual nos ajuda a achar e recuperar algo surrupiado prematuramente. Metaforicamente, o nosso gado roubado, um bem valioso no passado e que hoje nos faz falta. Há, portanto, o resgate de algo que nos foi tomado anteriormente e que, por intermédio de Hermes, é devolvido.

Com Hermes, doze: o Olimpo está completo

Em uma combinação de ousadia e certa arrogância, mas sob postura assertiva e para a surpresa de Zeus, Hermes se intitula o décimo segundo deus olímpico. Até aquele momento havia onze deuses no "primeiro escalão". Simbolicamente, o doze significa a totalidade a ser alcançada: todos os potenciais estarão ali representados e ao dispor do homem. Não se pode almejar mais do que isso. É o topo. O Olimpo está no cume do monte que leva o seu nome, situado no nordeste da Grécia.

Chegar ao doze é a maximização do uso dos talentos potenciais para melhor estar e agir no mundo. Para a psicologia analítica, seria a proximidade do estágio que Jung chamava de individuação. No plano mais amplo, expressa o desejo e o empenho de não se contentar com pouco, fazendo apenas o mínimo ou o necessário. É, sim, saber o que queremos e aonde queremos chegar. Mas agindo; não permanecendo apenas no plano das ideias. A elevação à condição divina deveu-se, no caso de Hermes, a uma precocidade brilhante, reconhecida pelos demais deuses. Uma promoção, digamos, merecida.

O EQUILÍBRIO ENTRE AS POLARIDADES: O CADUCEU

Para finalizar, há uma passagem em que Hermes recebe o caduceu. Trata-se de um bastão ou cajado especial, de ouro, portanto algo muito nobre e valioso. Na narrativa, Hermes recebe um bastão de ambos: de Apolo, pela troca, e de Zeus, ao atribuir-lhe maiores poderes e responsabilidades (o bastão simboliza, entre outras coisas, o poder). O termo vem de *kérukeion* (no grego, "cetro do arauto"), no sentido daquele que anuncia as novidades, algo que está vindo, atributo típico de Hermes.

Ser tocado pelo bastão pode significar uma mudança de rumo, a varinha de condão que produz transformações, o toque de mestre ou do mágico. O caduceu contém duas serpentes enroscadas que, embora se enfrentem, acabam balanceando os vários aspectos de alteridade e polaridade. Os opostos presentes em nós – esquerdo/direito, diurno/noturno, benéfico/maléfico, trevas/luz, fixo/volátil, úmido/seco, quente/frio, etc.

Representa a "marca registrada" de Hermes: a ambivalência, uma expressão do nosso padrão de comportamento ambíguo. As serpentes afastam-se em alguns pontos, mostrando a repulsa por serem aparentemente inconciliáveis; em outros, tocam-se, integrando seus atributos e criando um equilíbrio que torna possível o movimento ascendente.

O caduceu também é o símbolo da medicina e da cura. Das curas externas e internas. Primeiro, separam-se as coisas para que não sejam confundidas, para depois poder uni-las. Heráclito já dizia sobre os opostos: "Os diferentes são reunidos, e das diferenças resulta a mais bela harmonia; e todas as coisas se manifestam pela oposição". O mito diz que da relação entre Hermes e Afrodite nasce Hermafrodito – a união, em um só ser, do feminino e do masculino bem integrados.

Zeus é responsável pelo equilíbrio, pela harmonia e pela justiça entre as diversas polaridades. Ele tem o poder e a liderança, como se verá, mas o sucesso na integração das diversidades não pode acontecer simplesmente por imposição, pela força. O senhor do Olimpo, afinal, é como o regente de uma orquestra. Precisa de todos e, ao mesmo tempo, de cada instrumento.

Lições de Hermes para a sua carreira e a vida

Desenhe a sua própria trajetória o mais rápido possível

O mito sugere que o indivíduo deve cuidar permanentemente para não cair na chamada zona do conforto, da acomodação. Pode ser um clichê, mas não se pode ignorar essa postura tão comum. É preciso combater essa situação que relaxa, acomoda e aprisiona as suas potencialidades. Seja por temor, tentando minimizar, ou até pautado pela ilusão – a de evitar correr riscos –, o que é impossível no mercado de trabalho e na vida de hoje. É igualmente ilusório e equivocado imaginar que possamos terceirizar a responsabilidade pela nossa carreira. Achar que alguém ou o empregador pensará no nosso futuro.

No mito, o jovem Hermes determina e vive a sua própria trajetória, não aquela desenhada pelo pai ou pela mãe ou pela cultura que o permeia. Sai logo da caverna e, apesar dos cueiros que poderiam imobilizá-lo, segue em frente. Atende, portanto, ao chamado – o *vocatus* –, abrindo mão da segurança e do conforto e movendo-se bem cedo em busca de seus caminhos. Na nossa vida prática, pode significar, por exemplo, a escolha de profissões ou, de modo geral, a procura pelo nosso próprio modo de viver com o mínimo de formatação ou conformação pela família e pelo entorno.

Na vida, como no mito, essa iniciativa vem acompanhada de consequências, podendo envolver muitos erros. Como Hermes é um deus de transições, essa passagem simboliza o ato de tomar decisões, de travessias, mas é preciso estar ciente de que outras mudanças de rota certamente ocorrerão no futuro. A mensagem-chave talvez seja a de que não precisamos estar prontos e suficientemente crescidos para tomar as decisões na carreira e na vida. Na verdade, nunca estaremos totalmente prontos para nada.

Qualquer coisa é melhor do que a imobilidade e a estagnação conformista. Até os erros.

Para Hermes, está claro o seu objetivo principal: tornar-se um dos deuses olímpicos, ou seja, atingir o máximo possível, o topo, a excelência. Uma atitude positiva e assertiva. A questão refere-se aos meios. Primeiro, Hermes transgride em excesso, apropria-se do que não é dele, tapeia o próximo. Depois, sob a influência de algo superior (a consciência de Zeus, que ilumina e inspira, e de Apolo, também uma entidade solar), ele migra para uma postura de negociação e conciliação. Uma troca proveitosa. Ou seja: na vida é possível alcançar os objetivos sem prejudicar as outras partes, evitando conflitos desnecessários. Muitas vezes, estabelecer a sua própria trajetória requer uma dose de ousadia e diferenciação.

Para sair da mesmice, escapar daquilo que todos enxergam e fazem quase mecanicamente, é necessário ousar. Isso quer dizer escapar do senso comum e pensar "fora da caixa". Agir com independência no modo de pensar e colocar as ideias em prática. Eis um dos atributos das pessoas e, consequentemente, dos profissionais do tipo Hermes.

Elas sabem o que querem logo cedo. O mito é claro. Para achar o seu lugar naquele divino espaço já ocupado por onze deuses, o jovem Hermes, o ousado pretendente ao Olimpo, teve de apresentar algo que o distinguisse. Na arena sangrenta e competitiva do trabalho não é diferente. Sempre haverá uma massa homogênea – útil e necessária, é claro –, mas são poucos os que caminharão adiante dos demais para se destacar e chegar ao topo, ao Olimpo empresarial. Não importa qual o campo de atuação, são aqueles que desenham e decidem a sua própria trajetória, avançando além do convencional e do esperado. Por vezes, esses são rotulados de *bad boys*, ou fora da curva, e nem sempre são compreendidos pelo entorno ou pela sociedade.

O processo pode se dar por meio de atitudes admiráveis, novos modos e ângulos de ver as mesmas coisas. Ou pela criatividade combinada a outros fatores típicos de Hermes: circular por entre os vários níveis hierárquicos, levar com rapidez as mensagens adequadas a cada situação e a cada tipo de interlocutor, sem se amedrontar ou aborrecer com os obstáculos que se apresentam ao longo da trajetória (a sua carreira). Enfim, gerenciando as suas "tartarugas" particulares que cruzam a sua estrada e extraindo o melhor da situação, mesmo que esta inicialmente aparente ser adversa.

Essa ousadia e o ímpeto da transgressão são características apreciáveis e compatíveis com o profissional regido pelo espírito de Hermes, diferentes daquelas expressas por Prometeu (que será analisado mais à frente; ver página 197). Entre outros aspectos, Hermes desenvolve uma postura diplomática – quando não matreira – perante o pai, Zeus, e o irmão mais velho, Apolo. Já Prometeu, um titã – e, como tal, voluntarioso –, vai para o confronto, o que lhe rende consequências amargas. No entanto, ambos desafiam o *status quo*, a estabilidade das regras e o senso comum. Há que se ter coragem na vida e no trabalho – e correr os riscos inerentes a cada missão. A questão está na dosagem cabível em cada circunstância.

Mas, ao transgredir, é fundamental que o indivíduo desenvolva uma percepção a respeito dos limites, para que as outras partes envolvidas (o outro, enfim) não sejam prejudicadas de alguma forma. Perceber o alerta, o sinal amarelo, é uma arte, um talento a ser desenvolvido. Por isso, um mentor é sempre importante: um profissional mais experiente, os pais, irmãos mais maduros, consultores, terapeutas e, sobretudo, a sua voz interna, seu Zeus interior, que pode lhe soprar nos ouvidos: "Cuidado, menino, o limite está próximo!". Ou aprender de um jeito pior, com os tombos, com os fracassos. Quebrar a cara, cair do cavalo são, às vezes, os melhores mestres.

Zeus, como líder, faz o seu trabalho pelo diálogo temperado por alguma dose de paciência e até por um sorriso mesclado a um "um pito bem dado". E, como é de seu atributo, enviando tempestades, raios e trovões para que se volte à harmonia e para que o caos não impere. Coloca as coisas no devido lugar, ajusta o tom. Melhor que a gente se antecipe, corrigindo os excessos, e não fique esperando por essa terrível ira.

Hermes aqui também mostra outra habilidade: a de enfrentar a autoridade sem se submeter totalmente. Sabe até onde pode ir. Se deve ou não recuar. Assim, quando necessário, mostra o devido juízo. Bom pensar nisso. No trabalho e nos relacionamentos.

Uma pitada de sedução pode azeitar a engrenagem da vida

Falamos que um dos traços da esperteza e da astúcia de Hermes é expresso pelo conhecido termo *trickster*, em inglês. Talvez seja um complemento ao exposto anteriormente: a transgressão. Hoje há nuances, mas ser esperto é uma qualidade apreciada. Já o espertalhão, como foi dito, pertence a outra categoria. Existe aqui também um limiar, que pode ser algo tênue, não muito claro. O lado trapaceiro pode ficar apenas no aspecto de fazer as coisas com astúcia, condizente com o conceito original grego, mas pode facilmente se mover no sentido de formar embusteiros, charlatões, profissionais não éticos, desonestos, corruptos, velhacos e os demais que levam vantagem indevida. Em suma, rumo a algum crime ou ato ilícito em suas várias graduações.

Um profissional do tipo Hermes pode comumente trapacear, enganar, fazer de trouxas os que lidam ou negociam com ele. São as minúsculas notas de rodapé, detalhes de contrato que visam criar brechas para o ilegal, a omissão de dados ou a sua distorção nos rótulos e na composição de produtos de consumo, entre outras falcatruas.

Um bom exemplo é a chamada "lei de Gerson", popularizada em uma propaganda de cigarro na qual o ex-jogador de futebol defende o "levar vantagem em tudo", ser mais esperto que os outros. Tal comportamento reflete uma faceta daqueles que gostam de cortar o caminho trafegando pelo acostamento ou furando fila dos pobres mortais. Enfim, um modo malandro e esperto de burlar as regras, atitude que recebe aceitação e a tolerância de parte da sociedade.

Essa complacência com a transgressão representa o olhar tolerante de Zeus. Desde pequeno, Hermes exibe seu caráter sedutor e irresistível. Na vida profissional, não é diferente: muitos obtêm sucesso por serem portadores de uma boa lábia e de um conjunto de argumentos aparentemente infalíveis. São simpáticos, sempre adornados por um bom sorriso desenhado nos lábios. Difícil dizer um "não" a ele (ou a ela). Esse arsenal, se combinado a uma apimentada dose de malandragem, pode ajudar no alcance dos objetivos.

Na dose certa, a transgressão e a esperteza são elementos vitais para enfrentar os desafios da vida competitiva. Logo no início da narrativa, quando do roubo do gado, Hermes, precoce e criativamente, cria um modo de agir para que as pegadas dos bois roubados sejam apagadas. Eis um traço bem característico daqueles que, de alguma forma, agem ilicitamente: procuram não deixar rastro. É o que fazem os que hoje atuam no crime, por meio de licitações fraudulentas, tráfico de drogas e outros crimes, ao montar criativas "soluções" financeiras em paraísos fiscais, *offshores* e em certos bancos obscuros para que o dinheiro ilícito não seja rastreado.

O cenário brasileiro, tanto empresarial quanto político está repleto de exemplos recentes: arquiteturas bem engendradas para "lavar" recursos ilícitos sem mostrar quem são os detentores e onde se encontram esses valores. Os bois roubados são difíceis de rastrear. É a caixa (ou "o caixa dois") hermeticamente fechada que, dificilmente, será decifrada ou aberta. Uma postura que pavimenta os caminhos ilícitos, deixando poucas pistas. Isso também é Hermes. De suas personas, essa é a mais sombria. Ele, porém, nos mostra as alternativas ao nos defrontarmos com esses limiares: o caminho que pode nos conduzir à luz ou à sombra, embora ambas as faces façam parte de todos nós. Cada indivíduo escolhe qual irá trilhar.

Encontre o espaço para uma negociação saudável

A habilidade de negociação no lugar da simples apropriação, como Hermes faz de início, pode e deve ser desenvolvida. No ambiente de trabalho, um líder sempre procura compor (e contar com) uma equipe dotada de talentos diversos para atingir os objetivos da sua organização. Entretanto, conflitos podem ocorrer, entre outras razões, em decorrência de diferentes habilidades, valores e estilos mais ou menos agressivos. O Zeus-chefe há que saber gerenciar os seus respectivos Hermes e Apolos disponíveis.

A intervenção do superior hierárquico (típica de Zeus no mito) é vital para manter a harmonia e para extrair de cada indivíduo o máximo do seu potencial e da sua experiência. Significa conduzir as negociações com os demais participantes do grupo para que a diversidade de habilidades e de qualidades possa produzir uma integração, amalgamando um *mix* comportamental que permita alcançar as metas.

No plano individual, cabe ao profissional fazer a sua negociação interna, buscando identificar as características, bem como as habilidades específicas (técnicas) e comportamentais, que carecem de uma complementação. Deve também ter consciência daquilo de que deve abrir mão. Esse exercício ganha maior mérito se feito pelo desenvolvimento da própria percepção interna individual, ou seja, pela consciência. Mas nem sempre isso é possível. O indivíduo pode "não querer ver" ou até sabotar essa tarefa por questões diversas, inclusive – e principalmente – de caráter psicológico.

Assim, entram em ação outras formas mais neutras de identificação e mapeamento das necessidades de aprimoramento e de complementação de atributos: sessões de avaliação de desempenho feitas pelo superior, com o resultante *feedback*, ou processos mais estruturados de *coaching* e *mentoring*. É preciso um diálogo interno honesto para aceitar essas carências ou esses pontos a serem desenvolvidos. "Qual a troca que eu tenho de fazer para chegar a uma boa 'negociação'?"

Uma excessiva impulsividade, por exemplo – característica não só de Hermes como também de Ares (ver página 169) –, é passível de ser melhor dosada e trocada por um estilo mais ponderado, qualidade que uma nova posição ou emprego podem requerer. Repita-se: há sempre espaço para desenvolvimento no processo de troca, desconstruindo o discurso do "Eu sou assim, e pronto!".

Veja Apolo. Ele é dotado predominantemente de um pensamento linear, lógico, objetivo (sua flechada é infalível). No entanto, também conta com uma sensibilidade potencial. Adormecida em algum lugar do seu ser, ela acaba sendo despertada, ativada e desenvolvida pela música que vem dos instrumentos inventados por Hermes, o astucioso e manipulador. Apesar das suas características tidas como racionais, Apolo é considerado o deus da música, das artes e da beleza, demonstrando que é possível integrar diversos aspectos, aparentemente opostos, o que ele faz efetivamente.

Como lemos nossas atitudes frente aos obstáculos

Um curto episódio, aparentemente sem importância, e já comentado: Hermes encontra uma tartaruga na entrada da caverna. Logo aquele animal lento, "sem graça", aparece para atrapalhar o seu trajeto. No entanto, Hermes vê nele uma oportunidade. Daquele ser aparentemente desprovido de encantos pode-se criar algo novo, gracioso e útil: a lira.

Aqui, a lição que se depreende da atitude de Hermes é a de identificar e distinguir algo que, à primeira vista, pode se apresentar como um obstáculo ou uma chateação, mas que, na verdade, pode ocultar uma oportunidade. É preciso saber ver; não basta, simplesmente, olhar. Ele a percebe e a aproveita. Cria um instrumento musical. Também não basta apenas perceber. É preciso agir, e essa é uma das características de Hermes. Ele não fica se lamentando, reclamando do empecilho e das dificuldades que surgem. Sua postura é recomendável para a nossa vida pessoal e a profissional. O animal não foi escolhido pelo mito por acaso, pois a tartaruga também compensa seus pontos fracos (lentidão, pouca beleza) com uma qualidade da qual bem se apropria: a astúcia. Tanto a tem que, em outras tantas histórias, consegue superar a lebre, que se vangloriava da sua velocidade, achando que esse ponto forte bastaria para vencer na selva implacável.

A COMUNICAÇÃO LEVA AO CONVENCIMENTO E À PERSUASÃO

No citado processo de troca surge a necessidade, expressa por Hermes, de argumentar, de convencer e de persuadir. São atos distintos. A argumentação segue um encadeamento lógico e estruturado de ideias e pontos de vista por parte de quem quer convencer o outro. É preciso usar esses argumentos para convencer. Analisemos a origem do termo convencer: *vencer + com*, trazer o outro ao seu campo, dando-lhe a percepção de que também estará vencendo e, portanto, agindo a favor do movimento do primeiro. Vencer a favor e não contra. Se a outra parte estiver contra e em um campo muito oposto, ficará mais difícil a negociação.

Para que ela ocorra, é vital que o outro a ser convencido seja sensibilizado, tocado, como Hermes o fez valendo-se de apelos emocionais. Em outros casos, porém, cabem recursos de outra ordem, às vezes puramente racionais, dependendo do perfil do interlocutor. Mas não basta convencer: é preciso persuadir o outro a agir, a fazer algo que desejamos. A outra parte pode estar convencida ("Isso parece bom para mim"), mas, por algum motivo (receio, riscos, desconfiança sobre o outro), não age, não toma uma decisão. Está convencido, mas permanece inerte. É preciso algo mais.

Um exemplo simples do cotidiano do trabalho: um funcionário pede aumento de salário (ou uma promoção) ao chefe, apresentando uma série de sólidos argumentos sobre suas qualidades e realizações, ao que o seu supervisor poderia dizer: "Você está coberto de razão, mas não vou lhe dar o que pede porque não tenho condições para isso". Na sequência, geralmente expõe os famosos e detestáveis argumentos: *budget* e *headcount*. Pode ser que o chefe esteja sendo sincero; ele está convencido, mas não pode – ou não quer –, naquele momento, fazer o que o empregado quer que ele faça: agir.

Falta a persuasão, um passo além. A solução, no caso, pode residir na comunicação por parte do empregado, que, de modo sutil (hermético), dá a entender que sabe do seu valor no mercado e para a empresa e que, se não for atendido, provavelmente cairá fora assim que puder! Não o diz explicitamente – nem deve –, o que criaria uma situação defensiva ou de enfrentamento na qual o chefe do tipo Zeus sempre venceria. Este, se bom entendedor da mensagem velada, se sentirá não apenas convencido mas também, agora, persuadido. Arrumará os recursos e reterá o talento. É Hermes em ação, promovendo trocas por meio da comunicação e da negociação.

Em tempo: essa é a sequência típica de ações que caracterizam o *lobby*, no seu sentido mais autêntico e legítimo. Tema de momento, cujo sentido original acabou distorcido. Um processo de comunicação que tem como objetivo determinada ação por parte de alguém – pessoas ou instituições ou, principalmente, o governo.

A COMUNICAÇÃO COMO PACIFICADORA NA VIDA E NO TRABALHO

Vimos que Hermes, quando ainda uma tenra criança, é levado por Apolo ao pai, Zeus, para discutir o roubo do gado e a mentira pregada para esconder o delito. Ao se defrontar com a forte figura patriarcal de Zeus, Hermes estará diante do mais poderoso dos deuses olímpicos.

Acata, então, o que o pai determina, já que, imaginamos, ele teria noção suficiente para saber com quem estava lidando. Entretanto, não se submete inteiramente, ao dizer de modo sutilmente desafiador que não mais mentiria, mas também nunca diria a verdade por inteiro. Uma jogada brilhante, temos de admitir.

Parece que Zeus aceita essa postura. Tanto que atribui ao filho outras responsabilidades, demonstrando confiança nas suas potencialidades para ir além do que já provou saber fazer. Hermes torna-se, assim, mensageiro não só do pai, Zeus, como de todos os deuses do Olimpo. Zeus sabe delegar, portando-se como um bom líder, e Hermes honra essa confiança ao entregar as tarefas a ele confiadas. Um bom exemplo de relação chefe–subordinado.

Bom insistir aqui que Hermes, como mensageiro, é aquele deus interior que sugere ou convoca outros deuses, ou seja, outros potenciais e talentos com os quais já contamos interiormente, para melhor enfrentarmos certas situações. Embora tenhamos características e habilidades mais marcantes, há ocasiões em que elas não são suficientes para equacionar e superar nossos desafios. Há que se convocar um time mais completo. Aqui Hermes é considerado o deus vinculador, aspecto vital, por exemplo, para construir e manter coesa uma cultura empresarial ou familiar. Reúne lados e talentos aparentemente irreconciliáveis. Essa é a arte hermética, por vezes executada nos bastidores.

Ao receber esses poderes de Zeus, Hermes eleva-se à condição de patrono da comunicação, dos oradores e de todos os que, de alguma forma, comunicam-se: jornalistas, políticos, líderes de todos os tipos e setores, chefes e empregados, publicitários, profissionais de relações públicas, de comunicação corporativa e de RH, advogados, vendedores de pastel na feira, mascates e camelôs nas ruas e nos mercados, apresentadores de TV, artistas, escritores, atores. Enfim, todos nós. Todos inspirados por Hermes, utilizamo-nos, de maneira estruturada, profissional ou meramente intuitiva, dos recursos desse deus para transmitir as suas mensagens.

Esse manancial de palavras que constrói mensagens deve circular como bem transita um Hermes, não podendo ficar estagnado, represado. Deve, sim, fluir, mover-se (rapidamente, de preferência), antes que outras versões ou interpretações se cristalizem, solidifiquem-se. Palavras paradas, imóveis, são formas de energia contida. Já as histórias não contadas ou pouco partilhadas são mensagens não endereçadas e, portanto, inúteis.

Comunicação: verdades e meias verdades

Aqui cabe uma reflexão: assim como para Hermes e Zeus, também para parte da sociedade parece não ser "pecado" omitir parcelas da história ou contar meias verdades. Há um certo grau de tolerância, talvez por causa de uma possível identificação, quem sabe inconsciente, com os personagens e suas atitudes. "Talvez eu fizesse o mesmo" ou "Ele(a) é meio parecido(a) comigo".

Parece aceitável que se diga apenas parte da verdade, mesmo porque todos nós, em algumas situações, também assim procedemos. Para certas pessoas, inclusive eleitores e consumidores, parece não incomodar muito o fato de uma mensagem ser totalmente verdadeira ou falsa. Pode ser uma meia verdade; fica de bom tamanho e adequada ao momento, algo que se sabe bem identificar e discernir. Não é hora de abrir os flancos, expor os podres e as fraquezas. Constrói-se um discurso para que, no mínimo, ganhe-se tempo para avaliar as várias faces da questão e os riscos. É o que as empresas e os políticos fazem corriqueiramente.

O que Hermes propõe ao pai (não mentir, mas não dizer toda a verdade) faz parte do arsenal de qualquer porta-voz que sabe do seu ofício. Entretanto, nos tempos mais recentes, a comunicação com os públicos de interesse das instituições soa como algo pouco crível, tampouco transparente, para dizer o mínimo. É o que acontece na empresa ou em qualquer governo quando surge uma situação mais delicada ou uma crise séria: geralmente recorre-se a frases feitas, verdadeiros clichês, sem qualquer credibilidade, mas que continuam a ser usadas sem pudor e incrivelmente toleradas, inclusive por parte da imprensa.

Exemplos do cotidiano real: "Estamos colaborando com as autoridades na apuração dos fatos (ou dos acidentes, das fraudes, etc.)". "A empresa não vai se manifestar no momento sobre a suposta investigação, pois não foi formalmente comunicada pela Justiça." "É prematuro especular sobre as causas do acidente (ou da contaminação, etc.), mas a situação está sob controle e estamos dando total apoio às vítimas." "Nossa participação nessas licitações (ou na contribuição para campanhas políticas) seguiu rigorosamente a legislação em vigor." "Meu cliente (diz o advogado) está à disposição das autoridades competentes." E por aí vamos. Há hoje, com razão, um ambiente de desconfiança geral sobre o que se fala e sobre quem fala.

A mensagem, tanto quanto o discurso hermético, tem os seus lados visível e invisível. É como um iceberg, só para usar outro clichê. A parte de baixo, submersa, não revelada, é provavelmente a mais importante, pois embute os maiores riscos potenciais. Para ficar em um só exemplo, note-se o caso da maior empresa de petróleo e gás do Brasil, cuja parte escura e suja acabou emergindo das profundezas.

Como lidar com mensagens ocultas e veladas?

Hermes é difícil de ser decifrado, tanto que a hermenêutica (a técnica e a arte de interpretar textos) deriva da mesma raiz. Isso traz complexidade ao tema e, ao mesmo tempo, revela uma das facetas de Hermes em todos nós: por vezes é difícil saber o que nos está sendo comunicado, soprado interiormente.

Vamos por partes. O que seria a chamada comunicação velada, igualmente inspirada por Hermes? Um exemplo prosaico do cotidiano talvez a explique. Diante de um potencial novo parceiro, uma mulher poderia dizer algo como: "Quando eu era casada, costumava ir ao restaurante tal". Uma simples frase. Pode (ou não) ser que ela queira veladamente dizer que está aberta a um novo relacionamento. Diz, mas não diz. Cabe ao interlocutor decifrar o que foi dito não explicitamente, o que se trata de uma arte. Errar na interpretação pode ter consequências desastrosas.

Um outro exemplo – distante, mas bem real – pode ser o texto de uma ata do Comitê de Política Monetária do Banco Central (Copom) após uma rodada na definição da taxa de juros. Ela nunca é clara, cristalina, talvez por motivos até justificáveis, já que o órgão é gerador de expectativas e percepções dentro do mercado: fica ao sabor e ao talento dos analistas e dos jornalistas econômicos o ofício de desvendar, fazer uma leitura dessa comunicação tão velada, quase hermética, acessível a poucos iluminados. Tanto é específica e de interpretação seletiva, que é tratada pelos jornalistas e analistas como um idioma: o "coponês". Tente o leitor decifrar a seguinte frase real, pinçada de uma ata do Copom: "O balanço do setor público tende a se deslocar para a zona de neutralidade e não se descarta a migração para a zona de contenção".

Em algumas (ou muitas) situações, no entanto, os infelizes destinatários das mensagens as recebem sutilmente embaladas por outra modalidade da comunicação, a chamada propaganda subliminar. Aqui o que se quer comunicar ou embutir na mente dos consumidores é algo que reside em algum ponto misterioso aquém da consciência, um certo limiar hermético, o terreno pantanoso no qual prospera um tipo de manipulação da mente. O exemplo clássico é o da propaganda subliminar de cigarros e de bebidas nos filmes de Hollywood nos quais os atores (todos eles!!!) fumavam desbragadamente e/ou tomavam um drinque tão logo chegassem em casa, induzindo o espectador e potencial consumidor a aceitar e achar "normal" fazer o mesmo que os seus ídolos. Isso teve seu auge nos anos 1940 e 1950, declinando somente depois das restrições e da regulamentação mais dura à propaganda e à venda de bebidas alcoólicas e cigarros. Claro que o cinema norte-americano era patrocinado (veladamente) pelas respectivas indústrias. Promovia-se uma categoria de produtos (cigarros e bebidas alcoólicas), e não marcas específicas, o que começou a ocorrer mais tarde e ainda perdura (com restrições), com pouquíssima sutileza, sob a forma escancarada de *merchandising* em novelas na TV e até em filmes de longa duração totalmente patrocinados. Tal como fez a FedEx no filme *Náufrago*, com Tom Hanks. Nesse tipo de comunicação – discutível, diga-se –, há um espaço difuso entre a comunicação velada e a induzida, entre a clareza da mensagem, que deveria dizer o que se quer com ela, e algo embutido que nem sequer chegamos a perceber.

A hermenêutica dá-se na prática diária: a interpretação da profusão de textos cotidianos. Trata-se de atribuir significado, ler nas entrelinhas, apreender o não dito, trazer as partes ocultas da narrativa à luz. É o papel dos jornalistas investigativos, dos analistas críticos e dos observadores atentos que enxergam além do discurso padronizado, pasteurizado, hipócrita, vazio e despido de credibilidade. As palavras devem ser esculpidas artesanalmente, com talento, antes de serem expostas à opinião pública, aos interlocutores. E com ética, matéria-prima muito em falta nos dias de hoje.

A COMUNICAÇÃO COMO MEIO PARA ALCANÇAR O PODER: VERDADES ALTERNATIVAS E *FAKE NEWS*

A comunicação sempre foi vista pelos líderes políticos e religiosos como o instrumento de construção e de manutenção de poder sobre seus domínios. Não é diferente com as empresas. Imagine-se o Império romano, há dois mil anos, no seu auge, expandindo-se para muitos territórios e continentes distantes e diversos, sem algum tipo de comunicação eficaz entre os comandantes e os comandados. Com recursos escassos, claro. Ou, em um exemplo extremo e bem mais recente, a ação avassaladora do nazismo sob o controle de Hitler operando em vários países (como uma multinacional) no desenrolar de uma guerra mundial.

Na arena política contemporânea há um outro exemplo: nos anos 1990, Bill Clinton, então presidente norte-americano, envolveu-se com uma estagiária, Monica Lewinsky. Para encurtar a história e poupar os leitores que já a conhecem, quando a situação já se tornara pública e insustentável, sob a ameaça de impeachment, Clinton, em cadeia nacional (e internacional) de TV, pediu perdão pela mágoa que causou à sua família e ao povo norte-americano. E fez uma histórica declaração: "Eu não fiz sexo com aquela mulher!".

Clinton contou com uma boa equipe de assessores, que certamente deve ter pesquisado a fundo o que significa "fazer sexo", mas não negou que tivera uma conduta imprópria. O ex-presidente foi simplesmente hermético, claro, catalogado como cínico ou "cara de pau", mas avaliou corretamente os riscos e escolheu uma vertente difícil, embora menos perigosa. Talvez, a única.

Atuando como um Zeus, a opinião pública norte-americana (que tinha e sempre tem o real poder de aceitar qualquer narrativa ou versão) resolveu dar uma oportunidade àquele menino travesso, mas talentoso, e, tal qual Hermes, uma figura extremamente sedutora nos atos e nas palavras. O presidente safou-se e continuou a ser uma personalidade respeitada e muito requisitada para palestras que lhe rendem uma fortuna, o que atesta que sua credibilidade permaneceu quase intocada. A abordagem da meia verdade hermética, ocultando parte da versão, funcionou.

Tanto no caso de personagens públicas como no de instituições (empresas privadas, governos, ONGs), vale o ensinamento clássico de gerenciamento da comunicação em situações de crise: a parte envolvida (pessoa física ou jurídica) deve manter sempre um estoque de imagem positiva e de reputação, como uma conta de poupança. Quando necessário, ao deparar com uma crise real ou potencial, a parte afetada vai sacando certos créditos para gerenciar as percepções a serem formadas pela imprensa e pela opinião pública. Esse estoque de credibilidade deve ser suficiente para atravessar o período crítico, minimizando os danos. Clinton o acumulou. Outros, nem tanto. Esses naufragaram em situações semelhantes.

Um ótimo exemplo da presença do espírito hermético, agora no Brasil, é o do conhecido empresário cujas múltiplas empresas ostentavam na sua logomarca e no nome a letra X. Não fazemos aqui juízo da conduta, do tipo de trajetória e dos métodos utilizados para construir seu império, que tempo depois desmoronou, empresa após empresa, como castelinhos de areia. Mas, mesmo já bilionário, o empresário em questão tinha como objetivo declarado ser o homem mais rico do mundo. É o que na psicologia se chama inflação. O ego inflado. A presença de Hermes nesse personagem consistiu em realizar o que fosse necessário para o alcance dos seus fins, sem medir consequências para si próprio (o protagonista da empreitada) e, principalmente, para os outros, negativamente afetados por sua conduta. Fiquemos em apenas um aspecto, o mesmo que focamos em Clinton: a comunicação. Esse é o X da questão, sem querer fazer trocadilho.

O empresário se vangloriava, nos seus discursos, de que todos os setores nos quais investia tinham grande potencial de retorno para os investidores, principalmente na empresa de exploração de petróleo. Parecia dizer: "Tenho o toque de Midas. Tudo o que toco vira ouro". Assim, foi qualificado como um empresário modelo, um orgulho e exemplo. Ele usou seu carisma para apresentar projeções infladas e sem base de sustentação. Vendia, sedutoramente, sonhos, algo que ainda não existia. Empresas de papel. Quando as expectativas foram frustradas por resultados pífios em alguns dos poços mais promissores, iniciou-se a derrocada geral. O valor das ações caiu 96% em um ano.

Nessa história, o papel de Zeus foi interpretado pelo chamado mercado: acionistas, investidores, bancos privados e públicos, jornalistas econômicos, agências de avaliação de riscos, corretores e analistas. O pai, aqui, foi implacável: não perdoou o menino transgressor; julgou que ele não teria direito a uma segunda chance.

Embora a prática de disseminar mentiras para conquistar e manter o poder, ganhar dinheiro e prejudicar pessoas, candidatos a cargos eletivos, celebridades e/ou instituições exista desde sempre, o mundo digital criou um campo propício para as chamadas *fake news*, um processo que reforça o lado obscuro das mentes por meio do uso inadequado da comunicação e da tecnologia. Atuam como máquinas de moer reputações, desestabilizar mercados e semear convenientes verdades alternativas, palatáveis e degustáveis por grande parcela do público. A aceitação sem questionamento passa por questões psicológicas, de projeção ou de identificação com o que chega a esses consumidores e multiplicadores vorazes de notícias falsas.

Seria pretensioso especular onde esse caudaloso e ameaçador rio de mentiras e falsas versões irá desembocar.

Grau de excesso: onde estão fincados os seus limites e fronteiras?

Nos dois casos, como sugere o mito, há uma espécie de regra universal, aqui metaforicamente representada por Zeus, responsável por colocar limites na transgressão, evitando o caos, a desordem e a injustiça. Ou, como disse Jung, "o organizador, o agente desconhecido, que organiza os eventos por trás da vontade e do conhecimento humano". Ou então, na linguagem popular e revestida de religiosidade: "Deus castigou!". Há uma intervenção superior, visando ao equilíbrio, à justiça e à harmonia. A eterna luta contra o retorno ao caos e ao desequilíbrio. Sempre onde houver excesso, surgirá a tesoura que faz a poda. Esse aspecto faz parte do indecifrável e jamais desvendado Grande Mistério. A grande quota do que jamais saberemos.

Seja como for, o exposto nessas últimas páginas fica como uma mensagem para o profissional que tem tais características ou lida com elas. É um arquétipo, um modelo de comportamento que se repete em vários mitos com exemplos significativos de figuras "que se acham", como se diz popularmente, que se julgam as mais espertas, astutas e pretensiosas.

É oportuno, nesse ponto, focar o conceito de *hybris*. Para os gregos antigos, significava o descomedimento, o orgulho desvairado, a arrogância que leva os seres a não saber guardar o seu lugar no meio do cosmos – ou *kosmos*, a ordem e a harmonia maior –, fazendo com que as coisas, pelo exagero, tendam a voltar às forças obscuras do caos. É essa a postura que leva as pessoas a querer mais do que lhes cabe, ignorando o que são e no que consiste a ordem do mundo.

A *hybris* faz oposição ao que se chama, também em grego, de *diké* ("justiça", "justa medida"), a qual – esta sim – estaria em harmonia com a ordem cósmica. Trata-se de conhecer os nossos próprios limites, nosso real lugar. Além do famoso "Conhece-te a ti mesmo", inscrito no Oráculo de Delfos, também ali está eternizado: "Nada em excesso". Ou, como mensagem-chave: "Saiba qual é o seu lugar, o seu lugar natural, e nele permaneça". Vamos insistir nisso mais adiante. Em alguns dos episódios relatados – e em outros que virão –, parece que alguns personagens bem humanos se julgam deuses, acima de tudo e de todos, agindo sem limites.

A CRIAÇÃO TEM UM ESPÍRITO PRÁTICO E NÃO SE RESUME ÀS IDEIAS

Um aspecto positivo de Hermes é o seu caráter inventivo. Ele rapidamente concebe "produtos" ainda inexistentes, como os instrumentos musicais (a lira e a flauta), antecipando-se aos desejos de Apolo e visando obter alguma vantagem.

Não é difícil imaginar exemplos recentes dessa criatividade empreendedora em nosso mundo empresarial: Akio Morita, Bill Gates e Steve Jobs, respectivamente fundadores das empresas Sony, Microsoft e Apple, para ficar apenas no campo da tecnologia. Poderíamos incluir também os fundadores do Google, do Twitter, do Uber e do Facebook, e de algumas novas *start-ups*. Mas, para simplificar, vamos ficar só com os três primeiros e apenas no setor de tecnologia. O que eles têm em comum com Hermes como modelo de comportamento? Primeiro, a visão para enxergar além, muito adiante do que as pessoas comuns veem, ao criar coisas que elas nem sonham que precisam. Desse modo, antecipam o futuro. São, portanto, o sumo da inovação, os visionários modernos. Profetas digitais. Segundo, eles colocam as ideias em prática.

Lembram-se da passagem na narrativa do mito em que Hermes pede também o dom da adivinhação por meio dos seixos de rio? Aí está! Apolo não imagina que iria desejar um dia uma lira, tampouco uma flauta, e que ambas tocariam o fundo do seu coração. Não poderia mais viver sem elas! Mas elas simplesmente nem sequer existiam. Da mesma forma, os consumidores igualmente não sabiam que amariam e devotariam uma paixão e uma fidelidade quase canina aos produtos e serviços concebidos por três empresários empreendedores, criativos e ousados: walkman, Windows e iPhone. Há muitos outros brilhantes visionários digitais, mas vamos ficar por aqui.

Esses criadores não se apegaram ao que conceberam. Não permaneceram descansando, relaxando, colhendo os lucros, acomodando-se. Foram em frente, para adivinhar e criar outros itens da mesma natureza, ou novas categorias de bens e serviços, ou ideias. Não ficaram estagnados apenas usufruindo dos benefícios na zona de conforto. Usando um jargão corporativo, os três são empreendedores disruptivos, que rompem com regras e padrões estabelecidos e deixam ultrapassados pelo caminho os modelos tradicionais de negócios baseados em produtos tangíveis, sólidos. A disrupção é um fenômeno que abate pela raiz os padrões até então adotados por uma atividade ou um segmento, cuja lógica muda por completo. Os concorrentes não se limitam mais àqueles feitos de cimento, aço e tijolos. Não entender isso significa a condenação à morte. De produtos, serviços, empresas e carreiras.

O DESAPEGO ÀS CONQUISTAS GERA MOBILIDADE NO EMPREGO

O lado criativo e positivo do profissional regido por Hermes pode trazer bons retornos a uma empresa, mas o fato de estar sempre criando produtos, serviços e ideias, desapegando-se rapidamente do que já é passado, cria uma carência permanente por novos estímulos. Essa postura faz com que a sua possível jornada naquele local de trabalho não se alongue muito. O desapegar-se, encarado aqui no sentido positivo, pode também, como tudo, assumir um lado menos alentador quando significa que dificilmente serão fincadas raízes nas relações profissionais e pessoais. Elas passam a ser descartáveis depois do período de utilidade. Essas relações são fluidas, como dizia Zygmunt Bauman.

Dificilmente uma organização poderá oferecer condições permanentes para alimentar a sua inventividade. Mesmo no setor de tecnologia digital, no mundo da internet, em que o ambiente é criativo e dinâmico, os profissionais mais destacados acabam saindo rapidamente para formatar seus próprios negócios ou migrar para outra empresa, tão ou mais ativa e inovadora.

Trabalhar em um local que pode se tornar rotineiro, sem grandes desafios e com ausência de um ambiente propício à criatividade e à velocidade, é capaz de se transformar em um grande martírio, um verdadeiro cárcere para um profissional do tipo Hermes. Portanto, o empregador ou o superior imediato deve estar ciente dessa condição, sabendo que o funcionário pode permanecer ali por pouco tempo. E é bom que o empregador trate de aproveitar esse manancial inventivo enquanto for possível.

Ser empregador desse tipo de profissional, quando nele se apresentam aspectos potencialmente sombrios, é um grande desafio. Pois haverá, antes de tudo, um chefe e/ou a empresa se beneficiando das grandes qualidades positivas já descritas. O processo requer, assim, um acompanhamento muito estreito e uma vigilância permanente com relação à adesão às normas e aos códigos de conduta no cotidiano. Mas, principalmente, nas negociações e transações mais significativas, nas quais Hermes, embora seja mestre, pode facilmente transgredir, ultrapassar as fronteiras.

Ocorre que certas empresas têm seu modelo de negócio pautado por esse tipo de comportamento. São as que frequentam as colunas policiais e recheiam o noticiário sobre licitações fraudulentas. Nelas, um Hermes é muito apreciado, um talento disputado, não importa o que aconteça depois – mesmo que seu lado sombrio prevaleça.

A necessidade de transformação permanente

Já falamos do componente alquímico de Hermes, que atua como um solvente universal, pelo seu lado Mercúrio. Ele tende a destruir e reconstruir estruturas, reinventar modos de pensar e agir, renovar ou renascer sobre as bases anteriores aparentemente fixas, tornando-as mais voláteis e expansivas.

Sob a ótica do mundo corporativo, esse mesmo aspecto dissolvente não caberia como modelo em qualquer tipo de organização ou em qualquer cultura empresarial. O espírito transformador de Hermes dificilmente germinará e prosperará em ambientes propícios à acomodação, ao conservadorismo, à estabilidade ou à prudência excessiva.

Também raramente fermentará e crescerá a massa crítica favorável à inventividade e à atração desse tipo de talento. O profissional do tipo Hermes costuma agir de modo não conformista, como dissolvente das verdades estabelecidas e das posturas dogmáticas. Tais traços emperram o desenvolvimento da carreira e do indivíduo e, igualmente, os negócios e a própria organização. Hermes nos concede a capacidade de metamorfose que permite as grandes viradas de carreira ou dos modelos de negócios.

No entanto, quando uma empresa vai muito mal, está naufragando, é necessária uma intervenção drástica para salvá-la por parte de um potencial investidor ou um novo acionista-controlador. É necessária uma ação enérgica que quebre e dissolva as rígidas estruturas consolidadas e ineficazes; que quebre a sua espinha dorsal degenerada e reconstrua o empreendimento sobre novas bases. Em uma metamorfose ou reinvenção, o profissional Hermes torna-se o elemento que deve ser chamado a intervir.

A putrefação – a *putrefactio* dos alquimistas – já está em curso nessas empresas em decomposição. Elas começam a cheirar mal. É necessário quebrar a coluna da estrutura até que vire pó. Ou implodi-la, não deixando pedra sobre pedra. Palavras adequadas. Só então será possível construir algo novo sobre esses escombros. Há especialistas e consultores extremamente bem remunerados e dedicados a essa arriscada tarefa de recuperação de empresas quase falidas. Recuperadas e saneadas, hermeticamente transformam-se em ouro.

O CADUCEU: DA COMBINAÇÃO DE OPOSTOS CHEGA-SE À UNICIDADE

Por fim, relembramos a menção ao caduceu, o valioso bastão de ouro conferido por Zeus a Hermes. Ele representa a capacidade de integração das várias polaridades que surgem na nossa vida, tanto no aspecto pessoal como no profissional. Apenas como exemplo, vejamos duas qualidades: disciplina e flexibilidade. A primeira, se exagerada, transforma-se no defeito da rigidez. A segunda, tão apreciada quanto a primeira, se relaxada demais desemboca no defeito da frouxidão. Há um ponto ideal em que se cruzam (como as serpentes) e se encontram no bastão do caduceu. Enfim, todos os opostos tendem a alcançar um estado de equilíbrio. As polaridades, assim como as ambiguidades, são inerentes a todos nós. Como dizem os alquimistas, somente as coisas separadas podem ser unidas, formando o todo almejado. Hermes nos mostra essa dualidade integrada.

O caduceu é o emblema da medicina, que promove a cura. Em todos os sentidos. E é assim que deve ser visto. Mas também é o instrumento de poder: quem detém o bastão é poderoso. Por isso, deve ser utilizado com ponderação, discernimento e equilíbrio. Sem abusos. E deve ser passado adiante quando for a hora.

Com o bastão que recebe, Hermes está habilitado a atuar como o pastor que inspira e guia os seus seguidores, uma característica de liderança válida para todas as arenas: política, empresarial e familiar. Eis Apolo, com a sua maturidade e sua clareza solar, balanceando os importantes impulsos do irmão mais jovem e indicando que, para ser um bom guardião dos rebanhos, há de evitar os meios ilícitos, os desvios de conduta e os atalhos fáceis e repreensíveis.

Só o brilho apolíneo tem o poder de iluminar os nossos atos, lançando luz sobre as áreas sombrias, promovendo a tão falada e necessária transparência. Os irmãos Apolo e Hermes, embora tão diferentes, agora caminham unidos para sempre. O bastão, que concentra os vários talentos em torno de si, expressa esses poderes que nos são concedidos. Cabe a cada indivíduo usá-lo adequadamente e no tempo certo da sua trajetória, apropriando-se dessa benção, desse privilegiado presente divino.

Esse é Hermes ou Mercúrio!

Provocações

HERMES FALA AO PAI, ZEUS, QUE NÃO MAIS DIRÁ MENTIRAS, MAS QUE TAMBÉM NÃO PODERIA PROMETER QUE DIRIA TODA A VERDADE.

Em alguma situação pessoal e/ou profissional você já procedeu como Hermes? Omitiu parte da verdade, embora não tenha mentido? Se sim, teve consciência de que pode ter prejudicado alguém? Acha que vale a pena usar esse expediente em certas situações? Procure se lembrar das suas entrevistas de seleção para um novo emprego feitas pelos recrutadores de RH ou por *headhunters*, por exemplo.

HERMES É AQUELE QUE ANUNCIA QUE MUDANÇAS SÃO NECESSÁRIAS (ATUA COMO ARAUTO) E NOS EMPURRA PARA ATRAVESSAR UM LIMIAR, PASSANDO DE UM ESTADO A OUTRO.

Você já teve um *insight* ou um tipo de chamado fazendo-o perceber que sua vida profissional precisava de uma mudança de rota mais radical, como acontece também na vida pessoal, nos relacionamentos? Procure lembrar como foi e se realmente cruzou esse limiar, ou se continuou na mesma posição, no "piloto automático".

HERMES É AQUELE QUE TRANSITA RAPIDAMENTE, EXIBINDO SUA AMBIGUIDADE E ATUANDO SEMPRE NO LIMIAR ENTRE LUZ E SOMBRA, OS ASPECTOS POSITIVOS E NEGATIVOS, PODENDO CAMINHAR PARA UMA ILICITUDE OU FALTA DE ÉTICA NAS SUAS AÇÕES, NÃO RESPEITANDO OS LIMITES DO OUTRO.

A ambiguidade é uma característica da humanidade. Você já procedeu como Hermes, levando, por exemplo, vantagem sobre os outros, não respeitando regras? Prejudicando alguém ou instituições?

O SEU MÉDICO OU DENTISTA (OU QUALQUER OUTRO PROFISSIONAL) OFERECE-LHE DOIS PREÇOS – UM, COM RECIBO; OUTRO, MENOR, SEM RECIBO OU NOTA FISCAL. ELE NÃO VAI, ASSIM, RECOLHER TRIBUTOS, E VOCÊ VAI PAGAR MENOS. PARECE UM BOM NEGÓCIO PARA AMBOS, MAS... ENVOLVE UM DILEMA ÉTICO. É HERMES EM AÇÃO, TRANSITANDO PELOS LIMIARES ENTRE O QUE É CORRETO E O QUE NÃO É, O LEGAL E O ILEGAL. ELE NÃO OFERECE SOLUÇÕES, APENAS MOSTRA AS OPÇÕES EM UMA ENCRUZILHADA. DEIXA VOCÊ NA SOLEIRA DA PORTA. VOCÊ DECIDE O CAMINHO QUE SEGUIRÁ.

Assumindo que você já passou por dilema semelhante, como procedeu? Como se sentiu? Flexibilizou seu comportamento ético? Se sim, que pretexto usou para justificar sua opção?

HÉRACLES (HÉRCULES)

A CAPACIDADE DE ENFRENTAR O DESCONHECIDO,
SUPERAR ADVERSIDADES E SE TRANSFORMAR

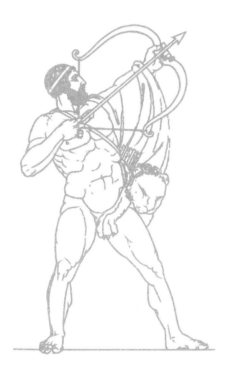

Héracles
(Hércules)

O ESPÍRITO HEROICO QUE HABITA EM NÓS

O mito

Quem percebeu Hermes como uma figura complexa vai se surpreender mais ainda com Héracles, o Hércules para os romanos. A riqueza simbólica desse mito heroico requer uma abordagem por blocos ou ciclos, para o seu melhor entendimento: a origem e as primeiras façanhas, os famosos Doze Trabalhos e, finalmente, o ciclo de morte e apoteose. Sua trajetória, tão excitante e inesquecível quanto trágica e, ao mesmo tempo, tão contemporânea, merece uma leitura atenta.

Ciclo 1

A ORIGEM E AS PRIMEIRAS FAÇANHAS

Anfitrião, filho do herói Alceu, casou-se com uma prima, Alcmena, mas acidentalmente provocou a morte de seu sogro – por isso, foi deportado. Para complicar a vida do marido, Alcmena resolveu não consumar o matrimônio até que ele vingasse a morte dos seus irmãos envolvidos nas várias batalhas decorrentes do episódio. Anfitrião fez o que ela lhe pediu. Participou, vitorioso, de longas e sangrentas guerras e tratou de retornar para consumar o casamento com Alcmena.

Pouco antes de seu regresso, o todo-poderoso Zeus entrou em ação com suas artimanhas. Ele desejava colocar no mundo um filho que se tornasse o maior herói de todos os tempos. E, não satisfeito com a ideia, queria fazê-lo não com sua mulher, Hera, e sim com a mais linda mulher mortal: Alcmena. Aqui vai um *spoiler*: essa história vai gerar múltiplas complicações.

Zeus sabia que Alcmena tinha dois defeitos: era casada e muito fiel. Aproveitando que o marido ainda estava em batalha, Zeus valeu-se dos seus múltiplos atributos e surgiu para Alcmena como se fosse seu herói voltando da guerra. Para que a armadilha fosse perfeita, trouxe espólios de guerra e narrou seus feitos heroicos de tal maneira que Alcmena não teve dúvida de que aquele era o seu marido. Funcionou. Foram três longos e proveitosos dias de amor, o suficiente para que Zeus a engravidasse.

Como em toda história, nesta também existe um porém. Logo depois, o verdadeiro Anfitrião voltou das batalhas e ali se instalou uma situação insólita. Alcmena se surpreende com o fato de o marido não se lembrar das ardentes três noites de amor, e ele, por sua vez, fica aturdido com o fato de ela já saber, em detalhes, das suas façanhas. Como seria possível? Anfitrião consultou, então, um adivinho, que lhe revelou a verdade: sua mulher o havia traído com Zeus. Mesmo sabendo que ela cedera a um engenhoso estratagema, Anfitrião, cego de ciúmes, resolveu queimá-la viva em uma pira. Mas Zeus, atento e ciente dos seus poderes, mandou uma chuva providencial para apagar o fogo. Consciente de que estava lidando com algo muito poderoso, Anfitrião se rendeu, deixou o ressentimento de lado e fez algo bem melhor: atirou-se em uma ardente noite de amor com a esposa, como que sempre desejara. Diante das circunstâncias, uma sábia decisão! Depois de tão variadas e profícuas noites de amor, Alcmena daria à luz filhos gêmeos, só que de dois pais: um de Zeus, Héracles, portanto um semideus, e outro de Anfitrião, Íficles.

Zeus, como sabemos, embora tão poderoso, gostaria de ter um representante divino confiável, suficientemente capaz e corajoso para ajudá-lo na missão aqui, neste mundo, de combater a desordem e a injustiça. Só que ele não contava com a ira de sua mulher titular, Hera. Ele já a havia traído com outras belas figuras femininas, mas o fruto do amor com uma bela mortal mobilizou-a muito além da conta, tornando-a mais vingativa do que já era naturalmente. Desta vez, Hera canalizou a sua raiva para o nosso candidato a herói, Héracles, de modo que ele, o primeiro varão a nascer entre os nobres, não viesse a se tornar o herdeiro do reino de Micenas, como mandava a tradição. Hera celebrou um acordo com Ilítia, deusa dos partos, para que retardasse o nascimento do filho de Zeus e acelerasse o de Euristeu, seu futuro primo e potencial candidato. Assim, o primeiro nasceu depois de dez meses e o segundo veio à luz antes, com apenas sete meses de gestação, assegurando os seus direitos.

Zeus também não perdeu tempo diante dessa nova circunstância e tratou de garantir a imortalidade do filho. Era preciso que o bebê pudesse ser amamentado, mesmo que pouco, por Hera, uma imortal. Para isso, recorreu ao nosso já conhecido amigo Hermes e lhe pediu que colocasse a criança para mamar nos seios imortais quando a deusa adormecesse. Ele assim o fez, mas Hera despertou assustada e, irritada, repeliu Héracles, fazendo com que parte do leite voasse violentamente e criasse no céu a Via Láctea, segundo alguns autores. Seja lá o que tenha acontecido, Héracles havia recebido o néctar necessário à sua imortalidade potencial, e é isso o que interessa ao mito, como se verá mais à frente.

Hera continuou a atormentar e tentar exterminar a criança: quando tinha apenas 8 meses de vida, colocou duas enormes serpentes junto ao seu berço. Para sua surpresa, precocemente Héracles exibiu seus recursos heroicos e as estrangulou com facilidade. Essa foi sua primeira proeza.

Héracles também passou por um processo de educação e treinamento bastante completos. Recebeu não só educação; foi também aparelhado pela nata do Olimpo, o que já lhe conferiu um caráter divino na sua missão. Não bastasse isso, Anfitrião, um homem íntegro e de enorme retidão, criou Héracles como se fosse seu filho legítimo. Embora tenha desenvolvido uma série de habilidades, o menino mostrou-se um aluno indisciplinado e de temperamento violento. Muito forte, chegava à loucura facilmente. Já adulto, desposou Mégara, com quem teve vários filhos, porém, acometido por acessos de insanidade, tentou matá-los. Recuperada a razão, Héracles abandonou a mulher e se dirigiu, arrependido, ao famoso Oráculo de Delfos. Pediu ajuda e orientação a Apolo para se purificar dos seus atos, mas dele recebeu um conselho inesperado: deveria se colocar a serviço do seu detestável primo, agora rei de fato, Euristeu. Apesar de não concordar, Héracles submeteu-se ao novo rei, o qual lhe impôs a realização de doze trabalhos, durante doze anos, na expectativa de que ele sucumbisse diante de tão pesados desafios.

Euristeu tinha um caráter fraco; era medroso e pouco confiável. Um fracote. Estipulou que as evidências de que Héracles tivesse cumprido cada trabalho fossem depositadas fora dos muros da sua cidade. Ele mesmo mandou construir uma espécie de jarro gigante de bronze no qual pudesse se esconder caso necessário. Para compensar, Héracles passou a contar com o auxílio de olímpicos de peso: Atená e Apolo, que foram seus mentores (e que mentores, tendo ainda Hermes para dar uma força!). Vaticinaram que, se ele tivesse sucesso na empreitada, chegaria à imortalidade. Para isso, começou bem armado: Hermes lhe deu uma espada especial, acrescida da túnica protetora de Atená. Mais: um colete de bronze feito por Hefesto (ou Vulcano para os romanos, o deus ferreiro), além de um arco e a flecha, fornecidos por Apolo. Poseidon (o Netuno romano) lhe deu belos e fogosos cavalos. Ele apenas construiu, por sua conta e escolha, uma arma, a conhecida clava (ou maça) – um porrete gigantesco, feito de madeira da oliveira.

Héracles realizou outras façanhas, mas vamos nos concentrar nos famosos Doze Trabalhos. Mais adiante analisaremos outra importante – a de libertar Prometeu acorrentado a um rochedo (ver página 201).

Ciclo 2

OS DOZE TRABALHOS

Por ora vamos apenas listá-los, já que logo mais eles serão analisados em profundidade, tanto no âmbito de seu significado como no âmbito dos ensinamentos da jornada do herói.

1. Matar o leão de Nemeia e trazer a sua pele a Euristeu.
2. Matar a Hidra de Lerna.
3. Domar o javali de Erimanto.
4. Capturar viva a corça de Cerínia.
5. Liquidar as aves do lago Estínfalo.
6. Lavar os estábulos de Áugias.
7. Trazer vivo o touro de Creta.
8. Capturar as éguas de Diomedes.
9. Obter o cinturão de Hipólita, rainha das amazonas.
10. Capturar e trazer os bois de Gerião.
11. Empreender a busca do cão Cérbero no Hades.
12. Trazer os pomos de ouro do Jardim das Hespérides.

Ciclo 3

MORTE E APOTEOSE

Mais tarde, Héracles conquistou o amor de Dejanira, que foi sua última esposa. Certa vez, o casal ia atravessar um rio, quando surgiu o centauro de nome Nesso. Com a desculpa de ajudar Dejanira na travessia, o centauro tentou violentá-la. Ela gritou, e Héracles disparou-lhe uma flechada certeira. A ponta da flecha estava envenenada pelo sangue da Hidra de Lerna (proveniente de um dos Doze

Trabalhos). Nesso sucumbiu e agonizou ao lado de Dejanira. Mas o centauro ainda conseguiu engendrar uma vingança contra Héracles que funcionaria mesmo após a sua morte: sussurrou a Dejanira que o sangue que saía da sua ferida poderia atuar como um antídoto contra as possíveis infidelidades de seu marido, que já eram famosas. Ela, ingênua e tragicamente, como se verá logo mais, acreditou nele.

Depois disso, Héracles tomou a linda Iole como amante. Dejanira viu nela uma real ameaça e se lembrou do que o centauro Nesso havia lhe confidenciado antes de morrer. Foi, então, buscar a poção de sangue envenenado, misturado ao esperma do centauro. Ocorre que Héracles havia pedido a Dejanira uma nova túnica para fazer sacrifícios a Zeus, e ela aí viu a oportunidade de usar a poção mágica para não perder o marido para Iole. Espalhou a poção sobre toda a túnica. Héracles a vestiu, e a túnica envenenada cobriu todo o seu corpo. Ao sentir dores terríveis por causa do veneno da Hidra, lembrou-se de um oráculo o qual afirmara que ele seria morto por um morto. Isso estava acontecendo. A dor era insuportável, e não havia salvação. Pediu a um de seus filhos que acendesse uma enorme fogueira. O filho recusou-se. Implorou, então, a um dos seus companheiros de luta para que o fizesse. Aceso o fogo, o herói imolou-se, e ali terminou a sua vida de mortal.

Mas não é o final do mito, pois da pira subiu aos céus uma fumaça intensa e ouviu-se um trovão: era a intervenção divina de Zeus, que decidiu resgatar o filho da morte física para levá-lo ao Olimpo. Mas, para isso, ele precisava ser transformado em um deus. Sabendo disso, Hera reconciliou-se com o herói Héracles, que, agora sim, passou a ser realmente a glória de Hera (tal como o significado de seu nome). Na nova vida, como imortal, casou-se com Hebe, a deusa da juventude eterna e filha de Hera.

Significado

Tomemos algumas frases do cotidiano que evidenciam como, mesmo depois de tanto tempo, o mito do herói permanece próximo de nós.

"Maria é uma verdadeira heroína: acorda de madrugada, pega quatro conduções, trabalha mais de oito horas e, na volta, ainda cuida da casa e do jantar do marido e dos filhos."

"O atacante foi o herói do jogo ao marcar o gol da vitória no último minuto."

"Alcançar os objetivos da empresa neste ano vai ser uma tarefa hercúlea."

Outros grandes heróis – como Teseu, Aquiles, Perseu, Ulisses, Heitor, Jasão – são muito lembrados, mas não na magnitude e na popularidade de Héracles (ou Hércules, seu nome romano e mais conhecido).

De onde vem o termo herói?

A origem grega do termo é *hiruas*, *hieros* ("sagrado", "aquele que está destinado ao sagrado"). Não sem razão, a jornada heroica é pontuada por sacrifícios. Sacrifício = *sacre* + *facere* ("fazer-se sagrado"). Já o nome específico de Héracles significa, como vimos, a glória de Hera – que, recordemos, era a mulher de Zeus. *Hérakles = Hera + klés* ("destinado a Hera"). O seu correspondente latino, Hércules, teria vindo da mesma origem grega por meio do termo etrusco e intermediário *Hercle*. Héracles é neto de Alceu e, assim, chamado originalmente de Alcides ou *Alkéides*, que significa "vigor", "força em ação" ou algo assim. A rigor, deveríamos chamar nosso herói de Alcides até que terminem os Doze Trabalhos para, daí sim, tornar-se Héracles. Fica o registro, mas que o leitor não se sinta obrigado a memorizar tudo isso.

Os personagens centrais do mito: a gênese do herói

Zeus, o rei do Olimpo, é a força de fecundação, criativa, expansiva e ordenadora. Hera, sua mulher, a expressão de retenção, estruturação, consolidação e continuidade da família e do que foi criado. Nosso Héracles representa o impulso de ir adiante, ousar, fazer e crescer, o que contrasta com o perfil de Hera, que procura, de certo modo, contê-lo. Já Anfitrião, embora não seja o pai de Héracles, tem a capacidade do perdão e da tolerância; assim, educa e treina o filho para enfrentar a vida, sem ressentimentos. Vale lembrar que todos – Hera, Anfitrião e sua esposa Alcmena, a verdadeira mãe de Héracles – foram traídos por Zeus.

O mito sugere que a força da impetuosidade, da imaginação fértil e engenhosa de um Zeus não deve ser contida e aprisionada pela ação ou pela reação conservadora de uma Hera, mas balanceada. Hera representa as importantes estruturas convencionais de respeito às regras e à estabilidade que podem acabar retendo o avanço do que foi criado. Essas regras, sob o excesso da rigidez, acabam também por tolher o caminho do desenvolvimento dos filhos, ou seja, do novo.

Quem ajuda Hera na empreitada de reter ou matar o desenvolvimento do herói é Euristeu, seu primo, o qual só detém o poder porque nasceu antes. Representa simbolicamente nosso próprio aspecto fraco, covarde, medroso, conformista e obediente ao que a nós é mandado fazer, sem contestações. Aqui temos as várias faces de nós mesmos, com nossas qualidades positivas e negativas, luminosas ou sombrias, mas que podem e devem coexistir de forma equilibrada e harmoniosa. Nada em excesso, já dizia o Oráculo de Delfos.

O conjunto desses personagens míticos reflete o modelo das dinâmicas e dos conflitos familiares e da própria sociedade.

O QUE É SER HERÓI?

Trata-se, primeiro, da busca da excelência em tudo o que se faz. A *areté* ("excelência") combinada à *timé* ("honradez"), segundo os gregos. É se esforçar ao máximo, superar marcas – como fazem os atletas, principalmente os olímpicos –, não se contentando com o que já se alcançou, não se acomodando diante dos resultados passados. É alguém tomado pelo impulso de ir em frente, à luta, superando o medo do fracasso, não se intimidando com os potenciais riscos. Dotado da capacidade de superação dos desafios e de recuperação nas derrotas e decepções, o herói pode hesitar, mas não recua diante de obstáculos aparentemente intransponíveis. Expressa a resiliência de que somos dotados internamente. Cai, levanta-se, reinventa-se e transforma-se tantas vezes quantas necessárias. Ser herói implica aceitar o que ainda tem de ser aprendido, aparando arestas, desenvolvendo habilidades, pois os desafios, além de constantes, são mais complexos e desconhecidos, principalmente depois que se decide partir da vida morna e convencional. É o impulso do querer mais posto em prática, não permanecendo só nas ideias, nos desejos.

A força do herói, porém, traduz-se em maior poder, o que, se em excesso e abuso, pode resultar na terrível *hybris* ("inflação", "soberba", "descomedimento"). Há que se perceberem os limites. Caso contrário, como ocorre nos mitos, a punição é certa.

O herói procura utilizar ao máximo os talentos e as potencialidades que lhe foram colocados à disposição pelos vários deuses. Com isso, aproxima-se deles. Realiza as tarefas, por mais desafiantes, repetitivas e até chatas que sejam. Se necessárias à sua missão, ele as faz. Sua trajetória não é composta somente por iniciativas excitantes, muito ao contrário. A repetição de esforços é cansativa. E cada desafio ou etapa da sua jornada tem sua correspondência em um ou mais deuses, até que todos os doze sejam honrados e o ciclo seja fechado. Simbolicamente, são os Doze Trabalhos.

Para proteger e servir os outros, o herói não se recusa a se sacrificar, abrindo mão das suas próprias necessidades e seus desejos, em benefício do coletivo, do outro. O exemplo máximo seria Jesus, além de figuras famosas como Martin Luther King e Madre Teresa de Calcutá, mas também os mães, os pais, os bombeiros... – heróis anônimos do cotidiano.

O herói nos toca, nos inspira e nos dá forças por meio dos seus atos concretos. Torna-se um exemplo a ser seguido. Pode, assim, até se configurar como o chamado bode expiatório, um sacrifício para que os outros possam ter uma vida melhor. É natural, portanto, que nos identifiquemos com a figura do herói, seja ele um mito antigo, como Hércules/Héracles, ou um contemporâneo, como o Super-Homem ou o Homem-Aranha.

O herói pode também relutar quando tem de se aprofundar nos caminhos escuros dos subterrâneos, das dimensões ocultas e profundas da sua própria alma, mas adentra, se necessário, o Hades, o assustador e sombrio mundo inferior. Reúne, assim, condições para enfrentar os assustadores dragões alojados nos nossos labirintos internos.

A JORNADA DO HERÓI: O QUE É E QUAIS OS SEUS COMPONENTES

O modelo básico geral da jornada é, de certo modo, universal, apesar das infinitas variantes. Joseph Campbell, o mais brilhante estudioso dos mitos, gostava de apresentar o ciclo heroico de modo resumido: separação (partida ou ruptura após um chamado); iniciação (aprendizado, encontro com mestres ou mentores e primeiros trabalhos, seguidos de outros mais difíceis), e retorno (a volta ao cotidiano, já transformado e de posse do tesouro, partilhando o que aprendeu).

Onde há desejo de mudança, de transformação, por mais latente e inconsciente que possa parecer, o arquétipo do herói emerge. Queiramos ou não. É quase irresistível. Podemos até fraquejar ou recusar, mas, chegada a hora, o chamado ocorre. Externa ou internamente, por meio de um estalo, um *insight*.

Partir significa estar no caminho da transformação, romper com a estagnação. Representa uma segunda separação: a primeira ocorreu com a saída do útero, a separação da mãe. Já falamos disso em Hermes. Aqui, o ato de sair é algo que depende de uma decisão individual e que não pode ser delegada, tampouco ser atribuída a alguém.

Às vezes, "amarelamos" diante dos chamados; preferimos ficar no modo letárgico. Até Jesus hesitou diante do sacrifício ao qual sabia que seria exposto. Mas se decidiu e deixou o Horto das Oliveiras rumo ao martírio, e não ao deserto, em fuga, como poderia ter feito. Não foi diferente com Ulisses (Odisseu), que se fez até de louco para não sair rumo às batalhas que acabaram por consagrá-lo. Se essa relutância ocorreu com os grandes – figuras reais ou mitológicas –, por que não aconteceria conosco? Duvidar, hesitar não é depreciativo. Faz parte do processo.

O ponto máximo de relutância em muitos mitos – não apenas os heróis – é a citada descida ao Hades, o mundo inferior. É o maior desafio, pois passa-se por uma situação-limite, uma inflexão de rota na jornada. É preciso primeiro descer às profundezas e, depois, guiado por um Hermes, dali sair e se elevar. As soluções para nossos dramas não se encontram na superfície, no que é aparente, e sim no invisível e difícil de alcançar, portanto algo muito valioso. Hades, o rei desse mundo inferior de mesmo nome, é percebido como o invisível e muito rico. Na alquimia, não sem razão, essa fase é conhecida como nigredo.

Aí, sim, depois da descida e dos sacrifícios, o herói estará habilitado para retornar à sociedade, à comunidade ou à família (como é o caso do retorno de Ulisses à sua Ítaca e à sua fiel Penélope), partilhando o que obteve: o tesouro, a espada, o Graal, a Pedra Filosofal, o elixir ou o ouro alquímico, ou, simplesmente, sabedoria. Enfim, tudo o que aprendeu com os acertos e erros.

Estarão criadas as condições para a transformação: dá-se uma nova significação ao modo de estar no mundo. No caso de Héracles, a jornada culmina na chamada apoteose, ou seja, uma ascensão rumo a uma união com o Divino. Um processo de transcendência com relação às questões cotidianas e mortais, chegando a algo mais elevado. Uma mudança de estado, porém agora ocorrendo dentro de uma dimensão mais ampla. Como diz Campbell, o herói encontra a si mesmo.

Os vários olhares sobre o significado da jornada

Na psicologia analítica desenvolvida por C. G. Jung, a jornada do herói seria uma representação do que ele chamou de individuação. A seguir vamos visitar outras abordagens simbólicas, e ao final o leitor perceberá que elas acabam convergindo em algum ponto. Afinal, estamos tratando das mesmas coisas, vistas apenas sob diferentes óticas. Importante é estar aberto, sem preconceitos, a todas elas.

Em resumo, individuação, segundo Jung, consiste no processo de desenvolvimento da consciência, no sentido de a pessoa se tornar um todo, combinando as experiências internas, psíquicas, com as externas. O significado da vida seria a realização das nossas potencialidades psíquicas. É como uma proposta ao indivíduo para alcançar algo maior, que é o transcendente (é o que acontece metaforicamente no final do mito). Na tentativa de entender a psique, Jung concluiu que o desenvolvimento psíquico se dá durante toda a nossa vida, do nascimento à morte. Temos, assim, a tarefa de realizar, de viver o nosso potencial psíquico. Em cada fase da vida há novas experiências a serem vividas, novos potenciais arquetípicos a serem concretizados e incorporados à consciência, buscando a sua ampliação. É dele a afirmação de que, se você se mirar na superfície de um lago, verá a sua imagem; se olhar para dentro de você, verá a si mesmo. Cada fase da jornada é regida por um ou mais arquétipos que sugerem que novas potencialidades, novas empreitadas psíquicas são requeridas para serem vividas e realizadas.

Já para os gregos antigos, trata-se da trajetória para a construção do homem mais elevado, sutil, a partir de um estado bruto, rumo à transcendência e à imortalidade, vencendo a temporalidade da vida comum. É a lapidação do homem a partir da pedra bruta. Segundo Hesíodo, temos dentro de nós o mortal e o imortal, já que contamos com os talentos dos deuses e, mesmo morrendo como comuns mortais, também podemos deixar uma obra, um legado, que nos torne imortais.

Finalmente, sob a ótica da alquimia, simboliza a trajetória rumo à transformação ou transmutação: do lento e pesado chumbo (Saturno) ao ouro, algo mais valioso e incorruptível. Como nas visões anteriores, o trabalho alquímico – a *Opus* – é duro, lento e feito em muitas etapas, que devem ocorrer na hora e na intensidade do fogo adequadas para uma mudança de estado em direção a algo mais valioso.

Todas essas visões contemplam, de certo modo, um processo severo de purificação: psicologicamente, livrando-se, desvestindo-se de posturas, atitudes e modos de ver e viver a vida que já não fazem mais sentido e que devem, portanto, simbolicamente morrer. Para os gregos, purificando-se ao se livrar dos vícios, da força bruta nas ações e relações, afastando-se das abordagens e das armas inadequadas e destrutivas que já não servem mais e não podem ser aplicadas a todas as situações; e, na alquimia, o processo pelo qual as impurezas da matéria-prima (a escória) são removidas para que se alcance a substância pura, incorruptível – o ouro. Ou, sob outra alegoria alquímica, decantando o mais pesado e descartável, permitindo a liberação da parcela mais volátil, que assim pode se elevar.

Sempre haverá, nas três vertentes, algo a ser percorrido até o fim da vida física: em terapia, ninguém confere ao paciente-herói um atestado ou diploma de individuação; na trajetória do mito grego do herói, há sempre um eterno retorno, um processo não linear, com infindáveis desafios, com diversas mortes e renascimentos, um desenvolvimento contínuo (e com respectivas recaídas). O Eterno Retorno.

Não há, em nenhuma das visões, a pretensão do alcance da perfeição. No processo alquímico, por exemplo, da conversão do chumbo em ouro (ou, segundo James Hillman, de extrair o ouro do chumbo), mesmo que simbolicamente o precioso metal seja alcançado, sempre se perseguirá um teor maior de pureza, o que lhe confere valor adicional. O processo ou jornada, como queira o leitor, é infindável. O *telos* ("objetivo") está no caminho, na trajetória, ou na vida, em que as coisas ocorrem.

Concluindo, seja qual for a perspectiva, temos todos nós a potencialidade de sermos heróis de alguma forma. Homens e mulheres. Pobres, ricos e remediados.

Personagens presentes no caminho do herói: mentores, arautos, guardiões, centauros, monstros e dragões

Nos mitos de heróis gregos vão surgindo personagens bem típicos, alguns um tanto bizarros, exagerados ou polêmicos, mas sempre ricos em simbolismo. É bom prestar atenção a esses atores secundários e tentar interpretá-los metaforicamente.

Mentores e arautos

Quando percebemos que há um chamado para iniciar a jornada, mas estamos paralisados, hesitantes ou tomados pelo medo, é necessário que alguém nos dê um empurrão, uma sacudida, talvez um pito. Aí emerge a figura do mentor, uma personalidade respeitável, experimentada e qualificada. Por vezes, com a roupagem de outro personagem, o arauto, aquele que anuncia as novidades, como no caso do arcanjo anunciando a vinda do Salvador, do Messias, Jesus. Enfim, fica claro que as coisas devem mudar. Ele nos chama para uma mudança significativa. O antes (a.C.) e o depois (d.C.) de Cristo, como exemplo máximo. No filme *Campo dos sonhos*, o personagem interpretado por

Kevin Costner, que queria construir um campo de beisebol em um milharal perdido na zona rural, ouve a voz: "Se o construir, eles virão".

Os mentores podem aflorar em um sonho, ou sob a forma de *insigths*, um chamado interior, quase que soprado, como faz o Grilo Falante ao Pinóquio. Ou algo sincrônico, que surge na hora certa e somente naquela hora, e abre o nosso campo de percepção. O mentor pode, também, mexer com os nossos brios, como ocorre no filme *Lendas da vida*, quando um humilde *caddie* (o auxiliar dos campos de golfe, personagem representado pelo ator Will Smith) que surge do nada, sem quase nada exigir, atua como mentor e *daimon*[1] do personagem de Matt Damon (sem querer fazer trocadilho), anunciando novos desafios e novos campos – *the green* –, onde vai acontecer a nova fase, agora sob novas regras. Estaríamos falando também de um Merlin com o rei Arthur, ou de um Obi-Wan aconselhando Luke Skywalker, estes últimos os personagens centrais dos filmes da série *Star Wars* (confessadamente inspirados nas obras de Campbell).

É preciso enfrentar os riscos e as consequências na busca pela mudança. É o terreno onde habita o medo. Chegar ao limiar do inconsciente, se essa fase for vista sob a perspectiva de Jung, é terrível. A fronteira entre o conhecido e o desconhecido, a travessia do rio de águas turbulentas e escuras que separa o inconsciente do consciente. O barqueiro Caronte nos esperando para a travessia, como diz Dante, com seu mentor, Virgílio. Talvez queiramos, nessa altura, pular fora desse barco. Nesse momento, o herói verdadeiramente empenhado faz o que tem de ser feito: age. Os mentores geralmente aparecem nessas fases críticas, situações-limite, quando são mais requeridos. Podem nos ajudar com conselhos, orientação, compartilhando aquilo pelo qual já passaram e aprenderam. Surgem sob a roupagem do Velho Sábio – arquétipos (modelos) da reflexão –, ou de um xamã na sua tribo, de um pajé ou cacique em um ritual de iniciação dos

---

[1] O termo grego *daimon*, segundo Sócrates, tinha o significado de espírito guardião, espírito inspirador, ou, ainda, de divindade situada entre os homens e os deuses. Para os romanos, o termo era *gennius*, e, entre os cristãos, anjo da guarda.

jovens, de um professor diferenciado, de um amigo ou parente mais experiente. Podem, além de conselhos, fornecer armas e outros apetrechos, ou até talismãs que vão nos ajudar nos combates que agora se iniciam para valer.

O termo mentor tem origem no personagem de mesmo nome na *Odisseia*. Era amigo muito fiel de Ulisses, e este, ao partir, confiou-lhe a educação de seu filho, Telêmaco, tornando-se assim patrono de todos os mentores.

Por trás de um mentor, no entanto, atua frequentemente Atená, a deusa da sabedoria e da estratégia, que o inspira. E, muitas vezes, o nosso conhecido Hermes. Ou aflora uma Afrodite, como ocorre com Páris – o que, no caso específico, desemboca em uma tragédia (a Guerra de Troia).

Em um determinado ponto, é tempo de o mentor se retirar (ou morrer): já foram fornecidos os conselhos, dados os pitos, feitos os chamados e entregues as armas requeridas. Já basta. As coisas devem ficar agora por conta do herói. É de sua inteira responsabilidade continuar a jornada, tomar as decisões, resolver até que ponto está disposto a se arriscar na viagem ao desconhecido. É o exemplo do já citado filme, no qual o *caddie* e mentor resolve sair de cena exatamente em um momento crítico da história, quando seu pupilo já recebeu os *inputs* necessários, os tacos de golfe certos (armas), alguns puxões de orelha (porque o herói se sente inflado demais depois de algumas realizações). Naquela altura, ele já não mais era necessário. Não é diferente no filme norte-americano *Os intocáveis*, quando o experimentado policial (personagem vivido por Sean Connery) instrui o mocinho-herói, Eliot Ness (Kevin Costner), sobre os macetes e truques para lidar com a máfia de Al Capone. Acaba morrendo antes do final da história porque, a partir desse ponto, seus serviços já não eram vitais. O herói já sabe o bastante, tem coragem e está no caminho correto. Como dizem os antigos alquimistas: "Terminada a Obra – *Opus* –, é hora de se retirar".

Guardiões

Em cada passagem crítica, nas mudanças de estado, deve-se enfrentar o guardião do limiar. O mais famoso é o cão Cérbero, com o qual Héracles tem de se confrontar e se entender, na entrada do assustador mundo inferior, o reino de Hades. Nos vários mitos de heróis, esses guardiões surgem metaforicamente como feras, monstros terríveis, dragões, gigantes. Difícil vencê-los ou tapeá-los. É sábio reconhecer que eles existem, não se podem ignorá-los, deixar de lhes atribuir valor, poder ou importância. É dessa atenção (ou consciência) que precisam. Afinal, se lá estão nessa postura atenta e leal de guarda é porque há algo valioso escondido no lugar que protegem. Vital é escolher a abordagem e as armas adequadas, como veremos adiante.

Por vezes, os guardiões são aqueles que nos rodeiam – amigos e familiares –, que já se acostumaram com as nossas neuras e tentam nos impedir de mudar, procurando nos dissuadir de ir em frente, ou nos proteger. Ou, principalmente, somos nós mesmos, em uma sabotagem inconsciente. Pressentimos que o que vem pela frente pode não ser digerível, agradável, e é mais confortável ficarmos com o já conhecido. É a inércia, a letargia que paralisa.

Centauros

Os centauros exprimem, em um só corpo, a combinação do homem racional com seu lado instintivo. A porção animal, que se vê nas imagens de suas patas, sugere que se trata de cavalos. Significam a dupla natureza humana, composta por um lado intelectual (por vezes, nobre) e um outro, selvagem, o qual nos torna capazes de atrocidades e brutalidades. A vida diária está aí para confirmar. Essa duplicidade tem de ser harmonizada e integrada de modo que os instintos e os impulsos, componentes naturais, não dominem a razão. Dois exemplos citados neste livro expressam esse duplo aspecto: em Héracles, surge Nesso, o centauro que tenta violentar sexualmente a mulher do herói depois de se oferecer para ajudá-la a atravessar o rio, o que pode significar uma imagem simbólica do inconsciente. Aqui, o centauro não apenas sucumbe aos seus instintos como também subjuga o feminino brutalmente. Já outro famoso centauro, Quíron (que será analisado em Prometeu; ver páginas 202 e 212), é o arquétipo do curador ferido. Sua dor nunca cessa; é incurável para que ele tenha consciência dessa dura dor para poder curar os outros. É uma figura positiva, com o dom da cura física e psíquica, tornando-se inclusive o instrutor de Asclépio (Esculápio para os romanos), o herói-deus da medicina.

Monstros e dragões

Esses animais com certas deformidades – como Tífon, que Zeus derrota, e a Hidra de Lerna, que Héracles tenta matar sem sucesso – constituem forças ancestrais, primordiais e aterradoras, porém não necessariamente negativas, tanto que são respeitadas e veneradas em certas culturas. Para nosso efeito na jornada heroica, podem ser vistos como os obstáculos que todos nós temos para enfrentar no mundo, os desafios e as dificuldades, os nossos demônios internos. Medos, aspectos sombrios inconfessáveis, dependências e apegos – atitudes que tentam impedir, reter, segurar o nosso desenvolvimento, aspectos instintivos exacerbados, etc.

Embora façam parte da nossa natureza, são duros de enfrentar. Precisamos contar com as qualidades de um São Jorge: seu cavalo, sua lança e uma boa armadura. Esses monstros estão sempre aparecendo nos nossos caminhos. Espécies que nunca serão totalmente extintas dentro de nós, como é o caso da Hidra de Lerna, um dos Doze Trabalhos de Héracles: sempre brotará uma nova cabeça, um novo vício.

As armas disponíveis ao herói

Como nos mitos dos heróis, todos nós, além dos talentos, temos de recorrer a várias armas para abrir caminho e enfrentar as adversidades. Elas podem significar os expedientes, artimanhas e abordagens necessárias a cada estágio ou situação. São, enfim, nosso arsenal de recursos do qual nem sempre nos damos conta. Héracles começa fabricando a sua própria arma – a clava ou maça, feita da madeira da oliveira. É algo ainda tosco, mas afinado com o estágio inicial da jornada. No nível de desenvolvimento inicial em que está, o herói faz uso dessa bem adequada arma, boa para dar uma pancada e encerrar o assunto, sem grandes reflexões, de preferência eliminando brutalmente o oponente, o obstáculo. É de sua própria lavra, e não fornecida pelos deuses e mentores, como ocorre com outras armas mais elaboradas e sutis: o arco e a flecha, a lança, a espada e o escudo. Uma distinção entre o que é nosso e o que é divino, mais elevado. Expressa um mecanismo de atuação condizente com o nosso estado de inconsciência e de necessidade de desenvolvimento a algo superior, governando os excessos no seu uso. Tem grande apelo entre a juventude, o que condiz com essa fase de Héracles. Vejam os jovens nas arquibancadas dos jogos de futebol, pedindo que o zagueiro fortão do seu time entre para quebrar o talentoso e perigoso atacante adversário, aplaudindo as jogadas mais viris. Inesquecível é, também, a cena do ator Michael Douglas no filme *Um dia de fúria*, com o personagem tomado pela raiva e munido de um taco de beisebol, tal qual gostaríamos de agir – embora não o façamos, claro – quando nos vemos aprisionados no trânsito ou maltratados na fila de um hospital ou de uma repartição pública.

Em estágios superiores, o uso dessa força já não cabe. São requeridos outros tipos de armas. É o caso do arco e da flecha, que permitem melhor mira para alcançar o objetivo específico a uma distância segura, sem expor muito o atirador. Por isso, são símbolos da objetividade apolínea. Capacita matar o inimigo ou a caça sob risco menor – como veremos também em Ártemis (ou Diana para os romanos; ver página 131). Pode ser uma ação infalível, como a flechada de Eros (Cupido) ou a do destino.

A lança também permite um distanciamento, mas a sua ação não é tão sutil e controlada como no caso do arco e da flecha. Já a espada

– tão importante que algumas, mais significativas, receberam até nomes, como a famosa Excalibur, do rei Arthur, e a Gram, do herói Sigurd, da mitologia nórdica – é uma preciosidade, não sendo encontrada em qualquer canto. Por vezes, nos mitos e lendas, é dotada de características especiais e sobrenaturais e, assim, símbolo da sabedoria e do poder. Reúne ou combina as propriedades mágicas e de eficácia da lança, do bastão e da clava, pois tem ampliadas as capacidades de cortar, dividir e separar. É considerada uma arma mais nobre.

O escudo já é algo mais passivo, embora muito importante. Note-se que, em Héracles, o escudo não é citado como parte do arsenal fornecido ou presenteado pelos deuses, apesar de haver relatos indicando que ele teria recebido um escudo dotado de poderes mágicos, o que faz sentido – não basta atacar, é preciso ter meios de se defender. Talvez haja aqui uma explicação até compreensível: para o herói, usar um escudo pode parecer um tipo de fraqueza, algo passivo que não cai bem para o personagem. Pode sugerir medo ou que está sujeito ao ataque inimigo, ficando na defensiva; no máximo, se usá-lo, não vai se vangloriar nem se orgulhar dele. Mas não o utilizar poderá representar um risco. O que seria de Perseu, ao enfrentar a terrível Medusa, se não contasse com o escudo espelhado fornecido por Atená? Ele usou a sapiência combinada à coragem e à prudência. No tópico sobre as implicações práticas, veremos como esse arsenal pode nos ser útil no enfrentamento dos adversários bem reais que insistem em infernizar a nossa vida.

Só os homens podem ser heróis?

A jornada heroica não é campo exclusivo dos homens; aflora igualmente entre as mulheres. Não é espaço restrito apenas ao masculino, embora a maioria das figuras heroicas se destaque por meio de representantes do sexo masculino, o que não surpreende, pois essa postura está calcada em uma cultura patriarcal fortemente arraigada e de modo preconceituoso. As sequências básicas da jornada são semelhantes, mas a mulher de hoje enfrenta desafios adicionais para avançar na sua trajetória, para ocupar o espaço que lhe é de direito: preconceitos, violência, inclusive física, e desigualdade. Mas o cenário tem mudado. A jornada masculina e a feminina podem ser semelhantes na estrutura, mas nunca serão iguais, pois, como diz Campbell (2008, p. 174), "a mulher é surpreendida pela vida. Quando ela tem a primeira menstruação, já é uma mulher. O homem nunca terá algo parecido". Os exemplos das mudanças se dão no cotidiano, mas, simbolicamente, nos últimos anos o contingente feminino engrossou o seleto mundo dos super-heróis contemporâneos dos filmes e dos quadrinhos – por exemplo, por meio de uma Mulher-Maravilha e de novas heroínas. Entre as grandes heroínas típicas – históricas ou míticas – está Joana D'Arc, que acaba imolada em uma fogueira e imortalizada por sua coragem e por seus feitos. A mulher, do mesmo modo, tem seu lado guerreiro em diversos campos, como será visto no capítulo dedicado às faces do feminino (ver página 129).

O MAIOR DESAFIO NA JORNADA: OS DOZE TRABALHOS

Seria demasiado caudaloso analisar em profundidade cada trabalho, embora sejam todos fascinantes e ricos em simbolismo. Vamos nos limitar a um resumo, deixando que o leitor encontre o seu aprofundamento na literatura sugerida.

Antes de se dedicar aos famosos Doze Trabalhos, Héracles realizou algumas tarefas preliminares, que poderíamos chamar de vestibulares, credenciando-o a ser herói e, assim, apto a ingressar no Mundo Especial, como diz Campbell, enfrentando demandas mais difíceis, aquelas encomendadas pelo covarde rei Euristeu a pedido de Hera. Aqui, o herói tem de provar que tem a competência, a persistência e a coragem para assumir responsabilidades e riscos adicionais e, daí, ir em frente. Assim é conosco: entrar logo de cara em um grande desafio pode nos fazer desistir.

Afinal, qual a razão de serem doze e não outro o número de trabalhos? A resposta parece residir na geometria sagrada, desenvolvida pelos antigos, cujo detalhamento não cabe aqui. É adotada como medida de vários fatos e episódios históricos, o que lhe confere um caráter sagrado – as doze casas do zodíaco, as doze tribos de Israel, os doze meses do ano, as doze horas, os doze apóstolos, os doze deuses do Olimpo, etc.

Esses trabalhos podem ser vistos como a evolução, as etapas a serem cumpridas em busca da excelência para honrar os doze deuses. Também, a capacidade de observar os limites e de governar os vícios, ímpetos e fraquezas. Significam, ainda, ir ao encontro dos doze deuses e deusas, ao masculino e ao feminino. O herói vai trocando de armas e abordagens ao longo da jornada: no princípio, mata os animais e monstros que surgem; depois, captura-os vivos. Purifica-se, limpando o estrume (psicológico) acumulado nos estábulos (de Áugias) – o inconsciente estagnado no qual nada de novo brota –, canalizando o curso dos rios. No lugar de se impor pela força, pede e conquista o cinto de Hipólita, a terrível rainha das amazonas e inimiga dos homens. Corta e cauteriza as cabeças da Hidra de Lerna, mas tem de exercer vigilância sobre uma cabeça restante que nunca morrerá: os vícios são imortais. Aprende que os pomos de ouro do Jardim das Hespérides – os quais representam os valores incorruptíveis –, se indevidamente apropriados, devem ser devolvidos ao local divino onde foram cultivados, mostrando-nos o lugar de cada um no cosmos. Para capturar vivo o cão Cérbero, guardião do mundo inferior – estágio duro, mas necessário –, entende o recado de que devem ser abandonadas as armas convencionais: não se alcançam todos os objetivos com o uso das mesmas armas sempre, das mesmas abordagens. Tem de aprender a lidar com os vários aspectos do feminino que surgem em cada fase: Hera, Mégara, Dejanira, Hipólita e Hebe. Entende como integrá-los adequadamente e ao seu devido tempo.

Com os Doze Trabalhos concluídos, fecha-se esse segundo ciclo, permitindo que o herói morra, encontre o divino, o sagrado, e ressuscite ou simplesmente retorne com o tesouro alcançado. O texto a seguir é uma reflexão sobre o significado da morte.

Morte e apoteose: o encontro com a finitude em todos os sentidos e a busca pela transcendência

Quando falamos em morte – se é que esse termo é apropriado –, poderíamos, para efeito didático, classificá-la em três categorias: morte física, morte simbólica e experiência de quase morte. Existem várias maneiras de interpretar a morte de Héracles. A primeira refere-se ao fato de que, terminadas as tarefas que o conduzem a uma maturidade e a uma morte de valores, posturas, visões arraigadas e atitudes que não mais servem, ele pode morrer: a jornada heroica já não faz mais sentido, e ele pode se retirar. O processo é longo e doloroso. Não se alcançam a transcendência, a imortalidade dos gregos ou a individuação junguiana, como queiram, sem sofrimento e sem dor. Chegar lá pode ser insuportavelmente doloroso. Simbolicamente, Héracles vive essa dor ao vestir a túnica que Dejanira lhe fornece e que contém o veneno da Hidra. A veste, uma persona que arrastamos pela vida, que gruda irremediavelmente na pele e que, ao tentarmos arrancá-la, traz junto a carne. Na alquimia, seria a fase do *putrefatio*; a estrutura psíquica e as posturas vão se decompondo, dissolvendo-se para dar lugar ao novo.

Antes, porém, é preciso se purificar ao máximo, o *purificatio*, que aqui não se dá pela água – como ocorre na fase intermediária da limpeza dos estábulos de Áugias –, mas pelo fogo radical, em sua máxima temperatura: na pira que ele mesmo, Héracles, constrói. Somos nós mesmos que temos de conduzir o processo. O herói pede aos amigos próximos que o imolem, mas ninguém aceita a ingrata tarefa.

O oráculo havia vaticinado que o herói morreria por ação de algo igualmente morto – o centauro Nesso, no caso. No entanto, Zeus o resgatou da morte física e o levou, ou melhor, elevou-o ao Olimpo. Essa é a típica imortalidade que é brindada ao herói na sua apoteose. Nesse final apoteótico, o herói agora sente ter deus dentro de si. Torna-se igualmente um dos deuses, toma posse de todas as potencialidades disponíveis que o Olimpo nos dá, a homens ou mulheres. Chegou lá. Ou, como disse Campbell, encontra a si mesmo. Encontra o que foi buscar.

Diziam os gregos que devemos aprender não só a envelhecer como também a morrer para que viver além da morte. Dá-se uma espécie de epifania: uma abrupta percepção da divindade. A essência mais profunda que um ser pode alcançar depois de severas provações, experimentando o entendimento da natureza de todas as coisas e apurando as suas percepções.

Com esse clímax, o herói se apossa daquilo em busca do qual saiu: o Graal, o amor, a sabedoria, a completude, seja lá qual for o tesouro, o elixir, a ambrosia ou o néctar. Algo extremamente valioso.

Sob outra perspectiva, abrangendo agora a quase morte física, ao experimentar o gosto da morte, nada mais será igual: *status*, poder, pequenez, mesquinharias, orgulho desmedido, ambição sem limites, acúmulo de riquezas e de bens, querelas miúdas – tudo fica relegado a um plano inferior, desprezível. Tornamo-nos irreconhecíveis para os outros. Diante da proximidade da morte, tudo muda. É o que atestam dois depoimentos indiscutíveis diante da iminência, da proximidade da morte:

Primeiro, Nietzsche, após uma severa doença:

> E (...) ASSIM QUE, AGORA, AQUELE LONGO PERÍODO DE DOENÇA ME APARECE: SINTO COMO SE EU TIVESSE DESCOBERTO DE NOVO A VIDA, DESCOBRINDO A MIM MESMO, INCLUSIVE DE UMA FORMA QUE OS OUTROS NÃO

AS PROVAM COM FACILIDADE. E TRANSFORMEI, ENTÃO,
MINHA VONTADE DE SAÚDE E DE VIVER EM UMA FILOSOFIA.
(YALOM, 2008, P. 130)

Segundo, C. G. Jung, depois de um ataque cardíaco quase fatal, em 1944:

DEPOIS DA DOENÇA COMEÇOU UM PERÍODO DE GRANDE
PRODUTIVIDADE. MUITAS DE MINHAS OBRAS PRINCIPAIS
SURGIRAM ENTÃO. O CONHECIMENTO OU A INTUIÇÃO
DO FIM DAS COISAS DERAM-ME A CORAGEM DE PROCURAR
NOVAS FORMAS DE EXPRESSÃO. NÃO TENTEI MAIS IMPOR
MEU PRÓPRIO PONTO DE VISTA, MAS SUBMETIA-ME AO
FLUIR DOS PENSAMENTOS (...) MINHA DOENÇA TEVE
AINDA OUTRAS REPERCUSSÕES: EM UMA ACEITAÇÃO DAS
CONDIÇÕES DA EXISTÊNCIA COMO AS VEJO E COMPREENDO;
ACEITAÇÃO DO MEU SER COMO ELE É, SIMPLESMENTE
(...) MAS (...) QUANDO SEGUIMOS O CAMINHO DA
INDIVIDUAÇÃO, QUANDO VIVEMOS A NOSSA VIDA, É
PRECISO TAMBÉM ACEITAR O ERRO, SEM O QUAL A VIDA
NÃO SERÁ COMPLETA: NADA NOS GARANTE – EM NENHUM
INSTANTE – QUE NÃO POSSAMOS CAIR NO ERRO (...)
PENSAMOS TAMBÉM QUE HAJA UM CAMINHO SEGURO; ORA,
ESSE SERIA O CAMINHO DOS MORTOS (...) ENTÃO NADA MAIS
ACONTECE. QUEM SEGUE O CAMINHO SEGURO ESTÁ COMO
QUE MORTO. (JUNG, 1963, P. 142)

No entanto, a volta do herói purificado e transformado não é fácil: no roteiro de Campbell, ele deve retornar ao Mundo Comum, no qual as coisas se dão, no qual a vida acontece no cotidiano. Voltar modificado não é simples: ele pode não ser nem reconhecido, aceito. Tal como acontece no curto romance de Balzac, *O coronel Chabert*, a trágica história de um militar tido como morto durante uma heroica batalha que, ao voltar para casa depois de anos de sofrimento, não é mais reconhecido pela família e pelos amigos, já não encontra o seu lugar no mundo. Lembra, também, a saga do Conde de Monte Cristo.

Cabe também o exemplo de retorno, igualmente difícil, dos soldados nos tempos atuais, alguns verdadeiros heróis, que voltam da guerra depois de experiências terríveis e traumáticas. É como ressurgir do inferno. Nunca voltam os mesmos. Regressam carregados de neuroses e amputações. É tudo complicado: não há ritos de passagem para retomar a vida que tinham antes, como ocorria com povos primitivos. Os guerreiros passavam por um tipo de quarentena para se adaptar e se reintegrar à comunidade ou tribo. Hoje, não.

Assim é também conosco após a jornada heroica: retornamos transformados diretamente ao Mundo Comum, sem escalas, sem ritos. Com casca e tudo. Talvez devêssemos ficar um tempo vivendo como ermitões, em quarentena. Mas já basta a temporada no Hades.

Evitamos sempre que possível esse encontro com a morte, com tudo o que nos recorde a nossa fragilidade e a nossa transitoriedade. Em uma tirada de fino humor de Woody Allen, o tema do medo da morte surge. Ele teria dito (como piada, é claro): "Não tenho medo da morte, mas quando ela aparecer não quero estar por perto!".

Por fim, realizada a tarefa heroica, encerrando um ciclo, é natural que o herói, como modelo de comportamento, também deva partir tal qual ocorrera antes com o mentor. Sua jornada só terá sentido enquanto houver essa transição, essa passagem vital de um nível a outro bem mais elevado. Não escapamos dessa regra. Na nossa vida, em certo ponto, não é mais preciso encarnar o papel do herói. Outros deuses, outros arquétipos estão pedindo, às vezes aos berros, para assumir um papel de relevo. É bom abrir espaço para que isso aconteça. Assim, o herói pode morrer em paz.

Lições de Héracles para a sua carreira e a vida

A jornada do herói permeia muitas fases importantes do nosso desenvolvimento, abrangendo desdobramentos bastante práticos, como o mito sugere por meio dos temas que selecionamos.

Da capacidade de resiliência diante das adversidades da vida

Resiliência, termo hoje na moda, foi emprestado pela psicologia e pelos profissionais de RH a partir de um conceito da física. Não há problema e é até criativo fazer a comparação e o compartilhamento do mesmo conceito em áreas tão díspares, mas não sem alguns reparos por parte deste autor.

Originalmente, na física, resiliência consiste na capacidade que alguns materiais têm de, ao sofrer pressões, absorver a energia sem deformação plástica permanente. Trata-se da capacidade de suportar algum tipo de estresse físico sem perder as suas características essenciais, o que é sugestivo e associável à jornada heroica. Da mesma forma, na área da psicologia comportamental, pesquisas indicaram que algumas pessoas reagem de forma distinta diante de situações adversas e do estresse: em um grupo estudado, não apenas resistiam como, ao final do processo desgastante, viam-se até mais fortalecidas, beneficiando-se da situação, enquanto outras simplesmente sucumbiam diante da adversidade radical. Em resumo, a diferença está na capacidade de gerenciar as respostas aos obstáculos.

O reparo que se pode fazer na comparação do fenômeno físico com o psicológico, dentro de uma perspectiva heroica, é o de que sair de uma situação de estresse e voltar a uma situação igual ou similar à anterior não confere com o espírito do herói, em que a pessoa enfrenta as adversidades e delas sai não apenas isenta mas também (e principalmente) renovada e transformada. Sai diferente e melhor preparada; não volta ao que era ou como estava.

Um exemplo emblemático parece ser o do pianista brasileiro João Carlos Martins, que, irônica e tristemente, foi acometido por problemas nas mãos – seu meio de trabalho e arte. Ele encontrou condições de enfrentar esses e outros reveses, reinventando-se como maestro e orientador de músicos mais jovens, permanecendo, portanto, com sucesso, no mesmo campo de atuação: a música. Outros, em seu lugar, poderiam ter desistido.

Poderíamos até ousar dizer que o conceito de resiliência é aplicável a países e cidades, afinal não são constituídos apenas por edifícios, terras, rios, mares, concreto, máquinas, etc., mas, sobretudo, por gente. Suas populações podem estar sujeitas a situações de estresse, ataques, violência e privação. É o caso da Alemanha, que se envolveu e saiu derrotada em duas guerras mundiais, não importando aqui as razões e o mérito, ou a falta dele. A verdade é que o país, por meio de seu povo e seus líderes, recuperou-se e transformou-se na maior potência da União Europeia. Não foi diferente com o Japão, sob o efeito de bombas atômicas e de desastres naturais. Ou, no caso de uma cidade, temos o exemplo de Nova York depois do atentado de 11 de setembro de 2001. Poucas pessoas achariam que a cidade poderia voltar a ser segura, boa opção para o turismo e atraente para os investimentos imobiliários, reinventando-se mais forte ainda. Responsáveis? A capacidade de resiliência de seus habitantes e de seus líderes, sem dúvida, que conferem essa qualidade aos seus países e suas cidades.

Da excelência no que se faz

Como enfatizamos, o que mais distingue o herói dos demais é a sua capacidade e o empenho em superar as marcas e os feitos anteriores. Na vida pessoal e na profissional, significa fazer mais do que é esperado e acima do considerado apenas razoável e, por vezes, superar o que parece ser impossível. Em qualquer trabalho, não se chega ao topo do desempenho conformando-se com pouco ou com a média. Essa capacidade está na essência do espírito heroico, mas pode ser aprendida e aperfeiçoada por esforço próprio, ou por fatores e pessoas externas, mentores e/ou inspiradores. Essa é uma das responsabilidades dos heróis: inspirar os outros, a coletividade, mostrando que avanços, em qualquer campo, sempre são possíveis. Enquanto a resiliência significa a capacidade de resistência, recuperação e transformação, a excelência está conectada à capacidade de superação e à busca do melhor que se pode fazer em tudo – a já citada *areté*, para os gregos.

Das partidas e das necessárias separações

A cada etapa da vida certos rituais de passagem emergem, representando as entradas nos vários Mundos Especiais, como diz Campbell. O ingresso na adolescência e na universidade, bem como os vários inícios – o estágio, o emprego, o salário, a promoção, etc. Estamos sempre deixando algo para trás, hesitando e flertando com a inércia, temendo o desconhecido, o que vem pela frente. Todos nós somos instados a atender a um chamado, uma quase convocação – e esse dia chega, como sabemos. É muito comum a recusa, a dúvida em aceitar esses convites. Na prática, é possível recusar ou evitar uma possível promoção, a entrada em um emprego mais desafiador, ou em um novo mercado ou país.

E as empresas? Sim, elas também hesitam; receiam realizar rupturas contundentes, como testemunhou este autor enquanto era executivo na Kodak. A empresa foi pioneira ao testar a fotografia digital, mas preferiu permanecer no campo aparentemente seguro e confortável da fotografia convencional – decisão que ocasionou, mais adiante, o seu fracasso empresarial. Não estamos falando apenas de rupturas e mudanças tecnológicas mas também de modelos de negócio e de culturas. Do jeito de encarar e fazer as coisas.

A ESCOLHA DO *MIX* DE ARMAS E DE ABORDAGENS PARA CADA SITUAÇÃO

As armas de Héracles representam simbolicamente os recursos e os talentos com os quais podemos contar, pois estão disponíveis a todos, em maior ou menor grau. Como podem ser utilizados no nosso cotidiano?

Quando, por exemplo, a decisão tem de ser drástica, radical e até violenta, como faz Héracles com a sua clava, adota-se a nada sutil porrada. Em um ambiente empresarial extremamente competitivo e hostil, não há como condescender: deve-se agir implacavelmente, caso contrário os opositores ou concorrentes – sejam eles empresas ou outros profissionais internos – podem nos derrubar. Não há como escapar da clava herculea. Essa força, na prática, envolve poder, e aqui o erro pode residir no seu abuso. Com o uso do poder unicamente pela força não há transformação, e sim imposição. Algo que pode funcionar transitoriamente e tem sérias implicações nos estilos de liderança familiar, empresarial e política.

Os recursos simbolizados pelo uso da espada já seriam os mais adequados em situações que requeiram uma tomada de decisão incisiva e que possam ser enormemente auxiliadas se desenvolvermos a condição de enxergar os dois principais lados da questão ou do problema (os dois gumes). Primeiro, separando-os para que um lado não contamine o outro. Por exemplo, o aspecto emocional do racional para, depois de analisados a fundo isoladamente, podermos pesar as consequências boas ou más e, aí sim, decidir efetivamente, sem postergação. Aliás, a procrastinação é um dos mais teimosos e insistentes monstros internos paralisantes. O golpe certeiro da espada corta o nó da questão, dividindo-o ao meio, desatando-o e liberando a tomada de decisão aprisionada. Como Alexandre, cortando o famoso nó górdio, ou Salomão, diante das duas mães. Seria, para ilustrar, a situação da difícil decisão sobre a necessidade de demitir, ou não, uma ou muitas pessoas. No caso, o líder (ou gestor de uma empresa ou de uma entidade) deve separar e levar em conta os aspectos humanos – emocionais e/ou sociais – decorrentes da medida daqueles aspectos racionais: "Será que vamos, com isso, ter recursos financeiros para sermos competitivos e sobreviver, garantindo o emprego dos que permanecerão, bem como a rentabilidade mínima que os acionistas ou donos demandam? Esse é o meu trabalho, é para isso que me pagam". É o tal do discernimento, o aspecto típico da espada. Como se trata de arma nobre, as empresas justas e os seus líderes fazem o que têm de fazer, mas procuram minimizar/atenuar os danos das decisões aos envolvidos, criando ao máximo as condições para que continuem suas carreiras e suas vidas, apesar do tombo. Os executivos e gestores mais eficazes focam toda a sua força e a sua energia para, no momento certo, tomar as decisões imediatas. Tem de ser na hora certa, pois o tempo ideal é fugaz e escorre rapidamente, mesmo que haja outros problemas externos ou internos que os possam distrair. O ímpeto heroico com a ajuda da espada os faz ir em frente e correr os riscos associados à decisão. Rapidamente e de modo assertivo.

A lança nos dá a habilidade para conduzir o combate sem grande proximidade. É possível dar uma estocada e fazer o adversário cambalear, para então subjugá-lo e derrotá-lo. Na vida prática, isso pode se dar no cotidiano, ao longo de diálogos, disputas verbais sobre ideias e posições, principalmente no trabalho. Em certas contendas, é sábio manter o adversário a certa distância, mesmo que seja para nos afastar de um campo negativo de energia.

Outras situações requerem um bom arco e uma boa flecha para mirar o alvo, o objetivo com precisão, atingindo-o, mas mantendo uma distância ainda mais segura dos possíveis envolvimentos de outra natureza que não aqueles da meta específica. O problema da espada é que podemos estar muito próximos (fisicamente ou emocionalmente) do que está em jogo (pessoas, famílias, empregos, etc.), enquanto o arqueiro, no caso, pode nem sequer ser identificado, pois está distante do alvo, e assim o deseja em certas situações empresariais. Faz, decide, alcança os objetivos sob foco apurado, mas não deseja estar sob holofotes, pois a exposição é desnecessária ou até inconveniente. Muitos líderes que assim procedem são percebidos como frios e distantes, mas eficazes, não se importando com o juízo que deles se faça.

No caso da opção defensiva, temos de recorrer a escudos que nos protejam – tanto na vida pessoal como nos corredores das empresas – de atitudes negativas e destruidoras como a inveja, o ciúme, o ódio, a sabotagem, as picuinhas. Assim, evitamos o contato e o contágio, sem que percamos o eixo. Como fez Perseu com relação à Medusa, evitando o seu olhar que petrifica. O escudo espelhado de Perseu, herói que também é equipado por Atená, permite a reflexão, em todos os sentidos, para enfrentar a situação sem ficar imobilizado, fragilizado e sujeito a sucumbir. Há quem tente nos petrificar, paralisar, só com o olhar penetrante e severo. O olhar que seca até pimenteira, como se diz popularmente. Às vezes, não é vergonhoso ficar na defensiva e, em dado momento, até recuar ou flexionar para trás ligeiramente, por instantes, como na esgrima, mas sem perder o eixo, o equilíbrio, e assim atenuar o golpe que não pode ser evitado.

Na vida, é inevitável ser cruelmente atacado: aqui, o escudo permite minimizar os ferimentos. Já é uma vitória. Em uma negociação ou contenda, pode ser aconselhável o recuo bem dosado. Com certa classe, é claro. Nossa atitude, nesse caso, terá de ser percebida como prudente e sábia, e não como sinal de fraqueza. Uma questão de percepção que merece ser bem gerenciada por meio da comunicação.

Em resumo, na vida e no trabalho, a arte está em saber usar o *mix* de armas adequado a cada situação, cada estágio da vida ou da carreira. Quanto mais forte e assustador for o monstro, maior será a variedade do arsenal que o herói terá de utilizar. Se escolhermos a arma inadequada, poderemos quebrar a cara – por exemplo, ao optarmos pelo uso da força quando a sutileza e a diplomacia funcionariam melhor.

Às vezes, cabe até entrar desarmado em um embate, desprovido de posições preconcebidas.

O uso de armas, seja lá quais forem, e de que lado for – se no nosso ou no dos outros – implica ferimentos reais ou potenciais. Portanto, é praticamente impossível ir em frente, crescer e se desenvolver sem ferir ou ser ferido em algum ponto da jornada da vida. A dor sempre fará parte do repertório de vivências. É uma batalha incessante.

Da necessidade de conhecermos os ambientes onde vamos atuar

Como vimos, um dos pontos essenciais ao sucesso para enfrentar os terríveis guardiões que nos testam está em conhecer o máximo possível sobre esses locais de mudança de estágio ou de patamar, tanto na vida pessoal como no trabalho. São atitudes preventivas quando vamos enfrentar um novo e pouco conhecido terreno. Pode ser uma mudança de emprego, de cargo ou até geográfica. O ponderado herói-profissional deve primeiro tentar identificar e melhor conhecer o ambiente dentro do limiar que antecede a entrada no Mundo Especial – o outro lado do limiar no qual terá de enfrentar os desafios do novo e do desconhecido. Às vezes, isso é impossível: passa-se para o outro lado meio que no escuro. Nossa vida é assim.

Os bons roteiristas de cinema – como bem nos ensina Christopher Vogler em seu livro *A jornada do escritor* – sempre colocam no *script* das histórias de faroeste a obrigatoriedade do mocinho-herói passar pelo *saloon* da cidade. De modo similar, no clássico *Casablanca*, o personagem de Humphrey Bogart passa boa parte do tempo no Rick's Café, onde faz as suas leituras sobre os frequentadores. Nas duas situações, o herói identifica possíveis aliados e opositores, suas respectivas características, bem como o ambiente no qual se vai dar o combate ou duelo. É prudente verificar se não há pontos cegos ou inimigos escondidos onde a visão inicial não alcança, como diz Vogler.

Assim também é no trabalho, diante de uma nova e possivelmente desconhecida situação de emprego, profissão ou mercado. Cabem perguntas do tipo: "Quem pode puxar o meu tapete?". "Onde estão escondidas as serpentes?" "São realmente venenosas e representam perigo ou é só jogo de cena, um blefe?" Essas víboras com certeza não apreciam novidades e procuram defender seus territórios sem piedade. Umas são realmente venenosas; outras, nem tanto. E é isso o que temos de descobrir.

A inevitável descida ao mundo subterrâneo

Embora possa ser repetitivo retomar o trabalho de Héracles para capturar o cão Cérbero, é bom lembrar que em determinado ponto da vida é inevitável descer às nossas profundezas e entrar em contato com algo que não apreciaríamos ver lá no fundo: as sombras, o escuro, o medo de que a sujeira acumulada, como nos estábulos de Áugias, possa vir à tona. Pode se dar, na prática, por meio de uma observação feita por um colega de trabalho ou uma avaliação (justa ou não) do superior imediato, etc., que resultem em uma ameaça à nossa autoimagem. E o que encontramos lá embaixo pode ser algo bem diferente do que pensávamos que éramos. Essa dissonância pode nos afetar muito nas relações e no trabalho; é capaz de nos jogar em uma crise existencial ou até mesmo em uma depressão. Afinal, quem somos nós? A soma das máscaras superpostas que temos de usar para enfrentar a vida no trabalho?

Estar no mundo inferior pode também significar ficar por baixo; baixar a bola, ficar *down*, deprimido, no fundo do poço. O processo ocorre ao cair ou ao perder poder, emprego, renda, privilégios, importância, influência e *status*. Hades anuncia que está na hora de descer para depois poder alcançar um andar acima, que é bem distinto em termos de valores. Um dos principais gatilhos profissionais dessa descida está na percepção da finitude da carreira ou de suas etapas, ou seja, a necessidade de atravessar um último limiar por meio de um tipo de morte, como será aprofundado no último tópico da análise deste mito.

Os limites nos atos heroicos e os riscos envolvidos

Trabalhar dessa forma, nessa intensidade, buscando a excelência é um aspecto positivo do herói. Mas julgar-se invencível, invulnerável, tornando-se resistente a admitir possíveis derrotas, pode conduzir certas pessoas a uma situação-limite. Já falamos disso em Hermes, o deus regente desses perigosos limiares.

Não perceber os limites, passar da conta, dar uma de herói quando as circunstâncias não comportam mais essa postura trazem riscos enormes: podemos enfartar (estar farto de...), morrer de tanto trabalhar, carregar o mundo nas costas, como um Atlas, e nos considerar insubstituíveis no trabalho e na família.

A vida corporativa e o mercado para o profissional liberal exercem tão intensa pressão por resultados imediatos e atendimento instantâneo de expectativas que as cargas emocionais e de trabalho podem se tornar insustentáveis. Por vezes, trata-se da pressão interna do próprio indivíduo sobre ele mesmo e da qual não tem plena consciência. Daí, o candidato a herói corre o risco de sucumbir sob esse fardo. Instala-se a situação na qual é requerida uma conversa com o seu Euristeu interno – aquele primo, alguém bem próximo, que ordena a Héracles que faça os terríveis Doze Trabalhos. Cabe, então, dialogar com aquela sua própria parte que lhe cobra sem cessar tarefas quase impossíveis, mesmo que você possa morrer efetivamente tentando realizá-las. E, mesmo que a missão seja integralmente cumprida, ele, o Euristeu interno, nunca estará satisfeito. Sempre cobrará mais e mais. É bom estar atento a esse impiedoso ditador interior e aprender a negociar com ele. Não lhe prometa, tampouco lhe entregue mais do que o necessário e mais do que lhe é possível para aquele estágio da vida. Esse carrasco é um agiota: cobra juros bem altos e não costuma dar descontos. Sujeitinho desagradável. O leitor tem conversado com ele?

Héracles no trabalho

Imaginemos aqui como seria gerenciar um funcionário/empregado de perfil Héracles. No jargão corporativo norte-americano há uma expressão – *go for* –, característica daquele profissional que, quando alguém o manda fazer algo, ele vai lá e faz. É o que Euristeu, o chefe, a mando de uma chefona superior (Hera), faz ao ordenar a Héracles que cumpra certos objetivos. Não é para discutir. Ponto-final. É um verdadeiro soldado, cumpre a missão estritamente, sem questionamentos. Quem vai à batalha não costuma ficar elaborando sobre o mérito ou as a razões da guerra.

Héracles o faz ao aceitar simplesmente e sem contestar as árduas tarefas ordenadas por Euristeu, que, apesar das fraquezas, tem o poder. Ele é o rei, o chefe – muitos dos quais encontraremos por aí, nos empregos ou nos clientes. Portanto, para o chefe do tipo Euristeu, um funcionário Héracles, nessa fase, é um excelente recurso para certas tarefas e situações. Talvez possa se tornar, por exemplo, o profissional destacado para atuar em condições difíceis, arriscadas em todos os sentidos, em busca de objetivos bem estabelecidos. Veremos mais em Ares sobre esse aspecto de prontidão para a batalha. Postura que marca as jornadas profissionais iniciais.

Lidar com outras de suas características pode ser também complicado ao supervisor imediato, principalmente quando o profissional tipo Héracles é ainda muito jovem. Há que domar, gerenciar a agressividade, a impetuosidade e a falta de limites, que lembram o touro e o javali já comentados, mas sem que se mate o espírito animal instintivo, bastante apreciado em certas culturas empresariais e alguns estágios de carreira.

Esse tipo de comportamento pode descambar em certas insanidades (Héracles, inoculado por Hera com um tipo de loucura, tentou exterminar a sua própria família). O arriscar-se além da conta pode levar esses riscos aos negócios ou ao equilíbrio de uma equipe. A força bruta e transgressora tem de ser governada, e a clava, deixada de lado. Bom lembrar que todos nós somos capazes de certas loucuras – maiores ou menores – como parte natural de nosso repertório comportamental.

Mas um Héracles, ao longo da sua carreira, vai passar por transformações que afetarão sua futura relação com o mundo, pois vai adquirir conhecimento e sabedoria que lhe darão o discernimento necessário para saber que outros modos de comportamento são possíveis.

Quanto ao relacionamento com seus pares, certamente um Héracles vai defender seu espaço, seu território, com forte energia e sem observar muito os limites até onde pode ir. Passa por cima, se for o caso. Se necessário, vai vestir algo que está separado e bem guardado em seu armário – a pele e o crânio de leão (de Nemeia) – e com eles passará a intimidar e detonar seus opositores, sem piedade. Principalmente se houver uma promoção em aberto ou alguém avançando e ameaçando os seus domínios e responsabilidades. Vai mostrar que é fera. Assim será percebido até que amadureça e, como os carros, fique amaciado. Encontrará, porém, dificuldades em certos embates com opositores de peso, porque usar um escudo protetor, o que seria melhor, não é seu forte: poderia passar a percepção, como vimos, de que estaria na defensiva. Isso, para Héracles, é insuportável, é quase morte. Ele tem de estar sempre na ofensiva, no comando, na batalha, atuando sob a influência de Ares. Mas, se não contar com um escudo protetor de cautela, poderá se tornar vulnerável e se dar mal.

O profissional tipo Héracles é metaforicamente uma pedra bruta que precisa ser lapidada ao longo do tempo, ter suas arestas aparadas e polidas, para que ele se torne mais elaborado, refinado, pois há nele talentos potenciais a serem descobertos e explorados por meio de sessões de *mentoring* e/ou *coaching*. Isso sem contar os vários tombos que terá e as escoriações que adquirirá em sua trajetória. Ele sai esfolado, mas continua firme, inteiro. É um herói, afinal.

Como é um Héracles como líder?

Como será um profissional Héracles como chefe? E qual a sua relação com os seus pares? Bem, espera-se que ele alcance um cargo de chefia quando tiver desenvolvido uma maior maturidade. Mesmo assim, possivelmente será um chefe durão. Para subir na hierarquia são necessários outros requisitos, e ele terá de se desenvolver, transformar-se, como no mito, moderando nesse aspecto. Alguns tombos e derrotas somados à vontade de aprender farão a tarefa.

É fácil identificar chefes, líderes de grande envergadura, atuando em grandes conglomerados complexos, que mantêm uma postura mais dura, agressiva, quase tosca, principalmente se são os donos do negócio ou um grande acionista. Deram duro para subir na vida, e isso não é feito sem distribuir pancadas. Na realidade corporativa, uma boa parcela dos grandes líderes ostenta uma imagem externa (persona) agradável e carismática, embora, no ambiente das empresas, esse contingente seja composto por verdadeiros tiranos, autoritários e com egos inflados, potencialmente presos da *hybris*, mas, paradoxalmente, não menos capazes e competentes no que fazem – se bem que esse tipo de liderança caminhe para a extinção. Nas reuniões de diretoria e no trato com subordinados, distribuem pancadas hercúleas e socos na mesa em profusão. Dificilmente mudam o seu estilo ou se aposentam por inteiro, mesmo com o peso da idade, a memória falhando e grandes tropeços. Continuam a desbravar corajosamente caminhos e removendo obstáculos usando todos os meios e armas possíveis para alcançar os objetivos bem definidos e diversificados. A mudança, se vier, é difícil e demorada, como no mito. Ele perceberá que o espírito heroico, ao longo do tempo, deixará de se concentrar nos seus objetivos pessoais, deslocando a sua enorme energia também para os outros, partilhando o que aprendeu.

Um Héracles mais velho pode apresentar dificuldade em se dar conta de que é tempo de se retirar, de deslocar sua hercúlea energia para os outros, transmutar-se em um líder inspirador, em um mentor que compartilha o que apendeu com as próximas gerações – com os seus filhos, se for o dono do negócio. Um líder desse tipo acabará sendo reconhecido como um herói corporativo que enfrentou todas as diversidades e triunfou.

Esse passo seria a real transcendência de carreira. Mudar de estado e passar a fazer parte do real Olimpo Empresarial, o panteão daqueles que ficarão na história pelos grandes feitos e exemplos – portanto, imortais.

Carreiras, pessoas, empresas e marcas envelhecem... e morrem. Como lidar com essa verdade?

No final da narrativa do mito, após vestir a túnica envenenada fornecida por Dejanira, sua mulher, Héracles se vê diante de uma dor insuportável e acaba se imolando no fogo. O significado já foi analisado antes, cabendo a pergunta final: como é que esse último ciclo (morte e apoteose) pode nos afetar em termos práticos? Evidentemente, morte física é algo bem claro, porém há muito mais a considerar. Jung dizia:

> Tudo que é jovem um dia envelhece, toda beleza fenece, todo calor esfria, todo brilho se apaga e toda verdade se torna insípida e trivial, pois todas essas coisas um dia tomaram forma, e todas as formas estão sujeitas à ação do tempo: envelhecem, adoecem, desintegram-se caso não se transformem...
> (JUNG, 1963, p. 142)

Agora, pensemos na carreira profissional em qualquer modalidade. Trata-se de estabelecer um paralelo entre a finitude, a morte do herói, seja real ou simbólica, com o encerramento de carreira. Dito de outra forma, a sua vida útil, o prazo de expiração, como ocorre na morte física. Simbolicamente, significa deixar para trás o que já se cristalizou mas que não nos serve mais, virar essas páginas da vida, encerrar ciclos para permitir a entrada do novo. Não há espaço para os dois, o velho e o novo. Algo tem de morrer, atravessar talvez um último limiar, como na jornada do herói que inspira estas reflexões.

Que o fim é inevitável não se discute, e evita-se comentá-lo ou até nele pensar, porém, ao longo do processo, os profissionais têm de se reinventar a cada par de anos, talvez no máximo a cada cinco anos, principalmente se está ou acha que está no topo, mesmo porque a etapa seguinte, certamente, seria a de descer a ladeira. Não há demérito nisso. É tempo de pensar em uma segunda carreira, que vai correr paralela por um tempo e, depois, assumir como a titular, ou de empreender um negócio. Ou, ainda, de usar sua experiência para ajudar os outros, compartilhar conhecimento de alguma forma. Tornar-se mentor, inspirador de boas práticas e condutas. É tempo de desvestir o sobrenome corporativo, uma das mais difíceis tarefas nessa heroica trajetória. Remover a pele e o crânio do leão. O velho rei deve se retirar para outro canto na floresta. E refletir junto ao silêncio, um conselheiro confiável. Semelhante processo se dá com marcas e empresas de sucesso.

Aconteceu com corporações como Levi's, Microsoft, IBM, Kodak, Xerox, Sony, Nokia, Motorola, entre outras, e possivelmente, em um futuro próximo, acontecerá com algumas queridinhas dos mercados digitais e de outras tantas que surgirão: elas têm de se reinventar ou sair de cena. Como dissemos, tudo e todos envelhecem, perdem o brilho, o viço original. Murcham. Algumas se reinventam, como a IBM e até a própria Apple, que quase naufragou. Outras, nem tanto, embora sobrevivam sem brilho. Muitos atores, pessoas ilustres e instituições evaporam. Viram fumaça. Dos envelhecidos e maduros espera-se sapiência, enquanto a inovação, a impetuosidade e a ousadia serão sempre atributos dos jovens que vão abrindo caminho, atropelando. Não é diferente com certos tipos de ocupações e profissões.

A questão aqui é como administrar, gerenciar cada etapa e, principalmente, perceber qual é a hora de parar e/ou de se transformar, metamorfosear-se, percebendo e respeitando o prazo de validade. Mesmo sendo possível alongá-lo, um dia é preciso sair de cena, até porque a fila tem de andar e o mercado é implacável. Um produto pode ser consumido até pouco tempo depois de sua validade expirar, mas há um limite. Existe pouca elasticidade no processo de esticar a corda.

Tal como a vida pessoal, as carreiras têm prazo de vencimento estampado no rótulo, às vezes não muito legível. Nos dois casos, quanto mais cedo começarmos a, no mínimo, considerar a existência da finitude, tanto melhor. Ambas nos são fornecidas a título de concessão temporária, algo que pode ser retomado a qualquer momento. Às vezes, de modo cruel.

Na carreira corporativa, esses benefícios e privilégios que nos dão poder, *status*, benefícios, mordomias, admiração, entrevistas, premiações, convites, brilho, etc. são atributos que formam a nossa segunda identidade, a personalidade, termo que vem de "persona". Aliás, trata-se de *personas*, já que são muitas as que temos de vestir ao longo da vida pessoal e da profissional, principalmente nesta última. Por vezes, como Héracles, temos de vestir a pele e o crânio do leão para mostrar força, poder. Matar um leão por dia para fortalecer o nosso ego e aguentar os trancos da vida. Tarefa digna de super-heróis. Não sem razão, os roteiristas de cinema e de quadrinhos bebem dessa fonte e, dos mitos de heróis, extraem inspiração e criam com tanto sucesso figuras como Homem-Aranha, Capitão América, Super-Homem e Homem de Ferro, para citar umas poucas. Eles representam muito daquilo que gostaríamos de fazer, de ter: uma força incrível, sobrenatural, com a qual contar para enfrentar os desafios e os medos da vida. Os modernos dragões e monstros devem ser enfrentados com armas mais contemporâneas, como uma boa terapia ou outro aconselhamento profissional.

Essas qualidades heroicas têm de ser apresentadas como credenciais conforme a situação, o estágio de carreira ou o cargo ocupado. Tal qual quando enfrentamos os guardiões dos diversos limiares, no trabalho devemos logo apresentar nossas credenciais, mostrar o que somos e a que viemos. Mesmo que estejamos morrendo de medo. Não há tempo para que a outra parte forme sua própria percepção: temos de induzi--la rapidamente ao que queremos. Muitas vezes, ser ou parecer o que não somos totalmente. Como produtos de consumo, somos instados a nos vender o tempo todo, como um sabonete ou um belo carro. Às vezes, por meio de propaganda – digamos, um tanto enganosa –, até que a hora da verdade dê as caras.

A finitude da carreira não passa pela cabeça dos mais jovens (tampouco a finitude da vida), até que a fatura se apresente e tenhamos todos de devolver a concessão outorgada. Daí cabem construir e lapidar uma nova identidade própria. O sobrenome corporativo ficou para trás, aposentou-se. De todos os ritos de passagem, este é, com certeza, o mais difícil. O guardião desse limiar, símbolo do nosso medo do vazio e do esquecimento, ali está postado e firme, como um animal aterrador. É preciso ter coragem. Aliás, essa é a palavra correta, pois a sua raiz reside no latim – *cor* –, daí o termo coração. Agir agora com o coração, com os sentimentos mais autênticos, que ficaram, coitados, prisioneiros dos nossos monstros, máscaras e deveres por um longo período. Como diz Joseph Campbell, somos presas do dragão do Tu Deves.

A percepção da iminência da finitude – seja qual for – define que é chegado o tempo de nos apropriarmos das nossas mais autênticas qualidades, e todos as temos em boa variedade. É tempo, então, de retornarmos da jornada, partilhando a riqueza obtida: sabedoria e um senso de sentido mais amplo sobre o que fizemos ou deixamos de fazer.

Quem nos fornece essa riqueza? Simplesmente, a vivência no cotidiano, com acertos e erros, uma consciência crescente sobre nós mesmos, a travessia das terríveis provas que a vida nos impõe, expressas pelos três ciclos da jornada de Héracles. É hora de perceber os limites e o devido lugar de cada um no mundo, como dizia sabiamente o Oráculo de Delfos. Ainda há tempo, mas é bom não relaxar, como ocorreu com Ulisses/Odisseu ao se aproximar da sua Ítaca, tendo de enfrentar ventos contrários, pois o espírito heroico que nos move adiante um dia se retira. Irremediavelmente.

Esse é Héracles ou Hércules, o maior herói de todos os tempos.

Provocações

UM DOS ATRIBUTOS PRINCIPAIS DO HERÓI É A SUA RESILIÊNCIA, AQUI ENTENDIDA COMO A CAPACIDADE DE SE RECUPERAR DE UMA SITUAÇÃO DRAMÁTICA DE PRESSÃO E ESTRESSE, SEM SUCUMBIR, APRENDENDO COM A ADVERSIDADE E SAINDO TRANSFORMADO.

Procure se lembrar de uma situação em que foi dramaticamente afetado e testado na sua caminhada pessoal ou de trabalho (por exemplos, demissão inesperada, perdas financeiras ou emocionais, traições, etc). Sentiu que conseguiu se recuperar e se transformar, ou sucumbiu, sentindo-se por baixo por um tempo e com a autoestima arrasada? No primeiro caso, positivo, o que aprendeu? E, no negativo? O que deixou de fazer ou fez mal? O que faria de diferente agora?

Para superar as adversidades, o herói deve utilizar os talentos e as armas que lhe foram colocados à disposição pelos vários deuses. A maior ofensa aos deuses é não utilizar ao máximo essas dádivas.

Ao fazer um inventário ou um balanço de sua vida (pessoal e profissional), como você percebe a sua utilização desses talentos, competências e habilidades? Sente que se apropriou dessas qualidades e as colocou em prática? Houve algumas das quais não fez pleno uso? Por que não? O que o bloqueia? Qual a fonte de resistência? Quais são os dragões do medo que ainda o paralisam em ir mais adiante na busca de seus objetivos, inspirando-se no exemplo de Héracles?

Hera, em um acesso de vingança contra as infidelidades de Zeus, pede ao covarde e medroso Euristeu (o qual se tornou rei, posição destinada a Héracles caso este tivesse nascido antes) que exija do nosso herói a execução, praticamente impossível, dos Doze Trabalhos. Héracles, surpreendentemente, vai dando conta da missão, mas Euristeu nunca se satisfaz, pedindo mais e mais objetivos difíceis. Euristeu representa aquele nosso aspecto interno que nunca está satisfeito com o que alcançamos, independentemente dos méritos e das dificuldades. Sempre exige mais.

Você, ao alcançar um objetivo importante, principalmente no trabalho, comporta-se como um Euristeu, que minimiza suas conquistas e sempre exige mais de você mesmo, às vezes nem sequer celebrando as vitórias, já pensando em outros desafios "mais importantes"? Pense se não se trata de um padrão repetitivo que requeira sua atenção. Você se cobra demais? Procure pensar no porquê. Leva o mundo nas costas, como Atlas, irmão de Héracles? Não será agora o tempo de remover esse peso exagerado de suas costas e se tornar mais leve (a você mesmo e aos outros)?

ÁRTEMIS (DIANA), ATENÁ (MINERVA) E ATALANTA

Desafios da competitividade
e da independência

ÁRTEMIS (DIANA), ATENÁ (MINERVA) E ATALANTA

As múltiplas faces do feminino

Duas deusas virgens e Atalanta

Depois de tratarmos de dois mitos com características predominantemente masculinas, vamos enveredar pela arena feminina, começando pela análise de duas deusas das mais emblemáticas – e ditas "virgens": Ártemis e Atená ou Atena.

Grafo "virgens" entre aspas porque, neste caso, não se trata do significado literal da palavra, e sim do fato de essas deusas prescindirem do homem, não terem necessidade dele ou de sua aprovação para tocar as suas vidas e alcançar seus objetivos em todos os planos. Agem ou atuam sem se preocupar com a aprovação ou a aceitação de ninguém, sem se submeter às conveniências e convenções gerais, sobretudo aos padrões clássicos masculinos. Em outras palavras, diz-se que a sua psique não pertence a nenhum homem. Isso, por si só, já nos dá pistas do assunto sobre o qual falaremos.

O sentido de virgindade pode ser melhor compreendido quando nos referimos a aspectos da natureza (que têm tudo a ver com Ártemis): o azeite virgem, que confere ao óleo o caráter de pureza; a floresta virgem, intocada, que permanece na sua real essência. Ártemis e Atená se assemelham ao se dedicarem a objetivos exteriores. São, também, igualmente muito competitivas, enquanto Héstia, a terceira virgem, concentra-se no aspecto interior das coisas. As três, no entanto, são dotadas de um enfoque para conduzi-las a realizações. São, portanto, bastante focadas. Dificilmente se distraem ou se desviam de seus objetivos. Héstia, porém, a deusa da lareira, do templo e da casa, empenha-se nos aspectos interiores, que são mais voltados à reflexão, à meditação e à contemplação, o que só pode ser alcançado sem perturbação que a afaste do objetivo.

ÁRTEMIS

A DEUSA DA CAÇA E DO PODER DA NATUREZA

O MITO

Ártemis, a exemplo dos principais deuses gregos, é mais conhecida pela sua correspondente deusa romana, Diana, a grande caçadora. Ela é filha de Zeus, o deus fecundador, e de Leto, uma divindade da natureza. Portanto, Ártemis é fruto de uma relação fora do casamento do chefe do Olimpo com Hera. O parto de Leto foi extremamente difícil, como se já temendo a ira terrível de Hera. Logo ao nascer, Ártemis mostra precocemente uma de suas facetas – a de deusa dos partos e das dores que afligem as mulheres: ela ajuda a própria mãe a fazer o parto do seu irmão gêmeo, Apolo.

Ao completar 3 anos, a menina foi levada por Leto ao Olimpo, para conhecer o pai. Zeus, encantado, coloca a filha no colo e diz que ela terá tudo o que desejar. A lista de pedidos já estava pronta: arco e flechas, uma linda matilha de cães de caça, uma túnica curta que lhe permitisse amplos movimentos para correr pela floresta e caçar e a castidade eterna. Zeus concordou com tudo e ainda lhe acrescentou o dom e o privilégio de tomar as suas próprias decisões. O que, convenhamos, não é pouco.

Terminada a visita ao pai, Ártemis seguiu imediatamente em direção à floresta, em busca das mais belas ninfas para acompanhá-la. Obteve também os melhores cães de caça, ferozes, sendo sempre seguida por uma variedade de animais. Saiu pela primeira vez para caçar sob a luz de tochas e ficou conhecida por proteger e salvar aqueles que a ela recorriam pedindo ajuda e socorro, assim como pela rapidez em punir severamente aqueles que a ofendessem, ou tentassem desvendar a sua nudez, ou até mesmo violentá-la. E, assim como procedeu com a mãe, vai ao auxílio de outras mães para aliviar seu sofrimento e suas dores.

Dois episódios, ao menos, requerem atenção. No primeiro, o caçador Actéon, ao vagar pela floresta, aproximou-se da deusa e de suas belas ninfas quando tomavam banho nuas em um lago, deslumbrando-se com a cena. Ártemis sentiu-se ofendida e transformou o pobre caçador em um veado. Ele tentou fugir, mas acabou sendo devorado pelos cães.

O segundo episódio envolveu outro caçador, Órion, que acabou morrendo acidentalmente. Apolo foi acometido pelo ciúme ao saber do amor que sua irmã gêmea nutria pelo caçador. Um dia, Apolo notou que seu potencial rival cruzava o mar apenas com a cabeça fora d'água. Provocador, Apolo disse para a irmã que ela não conseguiria atingir aquele alvo distante e pouco claro com suas flechas. Instigada pelo desafio e pelo espírito de competição, Ártemis mirou o alvo, sem saber que se tratava de seu amado, e o matou. Desolada e para compensar Órion por seu desatino, ela o eternizou no firmamento, como uma constelação, acompanhado por um de seus cães, Sirius. Além de deusa da caça, Ártemis também é muito conhecida como a deusa da lua, por se deslocar com facilidade pela floresta sob a luz do luar quando não dispõe de uma tocha para iluminar seu caminho.

Significado

Ártemis simboliza o espírito feminino da independência e da possibilidade de encontrar seus caminhos, tomando suas próprias decisões, sem interferências, principalmente masculinas. Esse é um aspecto bastante característico dessa deusa, de modo que a mulher com traços de Ártemis se sente em condições de buscar seus objetivos sem que precise de um casamento ou da união com um homem para alcançá-los, tampouco desista deles para atender às expectativas de uma figura masculina. Pelo fato de se dedicar à caça utilizando o arco e a flecha, Ártemis tem foco acurado para obter o que procura, com implicações que já vamos discutir. Concentra-se naquilo que lhe é importante, sem se distrair com outras coisas: mira e tenta alcançar o alvo com precisão cirúrgica. Não se perturba com opiniões alheias nem com seus potenciais adversários. Tem sempre em mente a excitação e a motivação para buscar a caça e, para isso, precisa contornar e/ou superar os obstáculos e os perigos que surgem em meio à floresta repleta de surpresas, indomável. Age sob a luz tênue do luar, quando o cenário não é suficientemente claro, com detalhes um tanto vagos. Ártemis defende os mais jovens, principalmente as mulheres, que aqui surgem como misteriosas e atraentes ninfas. A deusa as protege principalmente da violência masculina e das injustiças, punindo severamente os infratores. Atua como a grande e experiente irmã.

Em razão de todas essas características, é comum se afastar dos relacionamentos mais sólidos e da maternidade. Foge, assim, do estereótipo que todos fazem das mulheres, até mesmo seus pais. Vai em busca do que quer com bastante persistência e determinação. Nada a tira do seu objetivo, esteja ele na política, em causas sociais e/ou feministas, ou no trabalho. O empenho é o mesmo.

LIÇÕES DE ÁRTEMIS PARA A SUA CARREIRA E A VIDA

Para a mulher identificada com Ártemis, o trabalho em si não é necessariamente o centro da sua atenção. Ela se empenha em alcançar os objetivos nos quais acredita, mas não necessariamente tem a carreira de sucesso como alvo preferencial. Poderá ser, por exemplo, uma boa profissional de marketing por acreditar sinceramente na qualidade e no benefício de determinado produto ou serviço inovador e útil ao consumidor, e não tanto para, com isso, ser vitoriosa na carreira. Pode, igualmente, até se expor ao defender uma causa na qual acredite, como o combate à violência contra as mulheres, que aqui resultou na Lei Maria da Penha, ou o casamento entre pessoas do mesmo sexo; ou a defesa da isonomia de direitos e de salários, independentemente de gênero, raça ou credo, todos temas bastante atuais.

Uma profissional de perfil Ártemis vai advogar e defender ardorosamente um cliente, uma empresa ou uma causa que, em princípio, poderia se revelar como uma injustiça. Também será uma combatente feroz em defesa do meio ambiente em diversos fóruns, assumindo riscos pela posição adotada. Sempre defenderá seus pontos de vista, mesmo extrapolando os limites, sem se importar muito com a opinião dos opositores, sejam eles quais forem. Aparecerá também como aquela por vezes rotulada de "idealista" e será criticada pelo pouco apego à carreira tradicional, por ir na contramão do que comumente se espera. Em um ambiente corporativo mais convencional e conservador, no qual a ambição de subir na carreira é um fator preponderante, essa postura pode se converter em um problema, tanto para a empresa como para o futuro da funcionária do tipo Ártemis. Também pela sua característica lunar, seus superiores diretos e seus pares podem ter dificuldade para entender suas nuances, suas sutilezas. Não é fácil decifrá-la; ela não se revela por inteiro e não gosta de ser desnudada. Mesma dificuldade têm seus candidatos a parceiro na vida pessoal.

Reforce-se que uma mulher inspirada por Ártemis pode, perfeitamente, sentir-se completa e realizada sem a companhia de um homem, optando até por se unir a outras mulheres, se assim o desejar, apesar das críticas – inclusive dos pais –, que desde cedo poderão tentar enquadrá-la em um modelo mais convencional. Os homens nunca serão o eixo de sua vida. Mesmo na carreira, ela procurará construir sua própria trajetória, sem gravitar em torno do "grande chefe", inspirador, mentor e líder.

Como deusa dos partos complicados, vai facilitar a geração de coisas novas e dar soluções a situações difíceis e dolorosas, aquelas que são "verdadeiramente um parto". Daí o seu poder criativo de trazer à luz coisas e causas complexas, constituindo-se em uma ótima conselheira para a vida profissional e a pessoal. Sendo uma boa "parteira" para essas situações, pode ter uma carreira produtiva em *coaching* e em *mentoring*, bem como em outras áreas relativas a gestão de pessoas, ou mesmo na rotina como chefe, encontrando saídas.

Ainda no trabalho, pensemos em algumas das suas características marcantes: como é imbuída do espírito de caçadora, será sempre uma forte competidora em todos os empreendimentos. Embora mire bem para disparar suas flechadas certeiras, o alvo pode ser, por vezes, equivocado ou enganoso, como vimos no episódio de Órion. Seu amado foi morto por ela, o que reforça o aspecto potencialmente destrutivo de uma Ártemis diante de um desafio competitivo. Do ponto de vista psicológico, o episódio poderia ser analisado como "matar" a possibilidade de integração sadia com o aspecto masculino. No jargão corporativo, sob outro ângulo, o episódio nos remete aos termos "eficiente" e "eficaz". Ártemis foi eficiente ao mirar e acertar o alvo, mas não foi eficaz, pois acertou com precisão o alvo errado. Ser eficaz é fazer corretamente a coisa certa.

Relembrando o que dissemos em Héracles, o uso do arco e da flecha distingue-se da utilização das demais armas porque permite atingir o alvo mantendo o atirador a uma distância segura. O desdobramento – pessoal e profissional – implica um certo distanciamento nas relações, o que pode ser negativo sob um aspecto, mas, como também já comentamos, positivo nas tomadas de decisão. Ao fazê-lo, é importante separar o emocional e o racional, mantendo distância de um possível envolvimento emotivo que poderia fazer hesitar e "tremer" a flecha. Esse comportamento pode levá-la a ser reconhecida por uma certa "frieza". Uma deusa de temperamento frio.

Outro episódio de sugestiva simbologia é o de Ártemis mandar seus cães despedaçarem Actéon porque ele teve a infelicidade de vê-la nua, banhando-se com as ninfas. Aqui percebe-se que ela não admite que um homem a observe "sem roupas", o que pode simbolizar que será terrível para uma mulher desse tipo ser vista pelo homem tal como é, nua, como nasceu, "ao natural". Portanto, expor-se significa arriscar-se a revelar o que ela realmente é em sua essência. Para uma Ártemis, isso pode representar uma ameaça, algo capaz de gerar ira e afastamento do masculino. No episódio, ela demonstra o seu poder destruidor na potência máxima. Torna-se impiedosa. Sob um aspecto mais amplo, Ártemis representa a natureza em todos os sentidos: deve ser respeitada, nem sempre é desvendável, tem os seus segredos, seus mistérios e seus aspectos destrutivos. Quem não entende esse código pode pagar um preço alto.

Merece também reflexão o trânsito da deusa na floresta, ou, transportando para o mundo do trabalho, da "selva corporativa". Frequentemente deparamos com uma Ártemis na floresta virgem, com encruzilhadas sem qualquer indicação do caminho a seguir. A deusa, no entanto, conta com uma ajuda importante: seus cães possuem um faro apurado, o que pode ajudá-la a encontrar os trajetos. Em outras palavras, eles permitem uma maior percepção instintiva a respeito daquilo que poderá encontrar adiante e que os olhos, diante dos obstáculos e da escuridão da mata, não enxergam claramente. Isso é vital na carreira.

Para sobreviver em qualquer selva com sua competitividade acentuada, a mulher Ártemis precisa se valer também de outro animal, o javali, sempre que tiver o ímpeto de invadir territórios reservados aos homens. O animal lhe confere um poder destruidor, devastador, até mesmo perigoso caso ela seja desafiada ou instigada. Para contrabalançar, Ártemis também conta com as características da corça, com sua habilidade de se desvencilhar dos obstáculos com graça e velocidade, dotada que é de grande percepção, pois se trata de um animal arisco e sensível ao pressentir os perigos e riscos à frente. O mito nos sugere – às mulheres e também aos homens – incorporar adequadamente os aspectos primitivos, instintivos e, ao mesmo tempo, conflitantes e ambíguos desses animais que a cercam e que todos potencialmente temos, pois somos integrantes da natureza, em todos os sentidos. A natureza nutre, protege e cria, mas também destrói. É a essência dessa deusa.

Voltando ao caso das ninfas que a acompanham, profissionalmente ou não, a mulher Ártemis terá facilidade para "formar a sua turma", constituída por fiéis seguidores, principalmente mulheres mais jovens, que dela esperam e nela encontram apoio e certa sapiência, principalmente quando ela alcança a maturidade. No trabalho, com suas "ninfas corporativas", constituirá um formidável time muito coeso e unido em torno dos objetivos e da sua preservação/sobrevivência, lutando por ideias e espaços que normalmente lhes são negados ou limitados. Esse aspecto é muito relevante atualmente e ganhará corpo ainda mais no futuro, na ocupação de territórios do mercado de trabalho em áreas tradicionalmente masculinas, como engenharia, tecnologia e relações governamentais, entre outras.

O chefe imediato de uma funcionária Ártemis vai celebrar o fato de sempre poder contar com ela, pois raramente uma mulher desse tipo terá marido e filhos à sua espera para o jantar que ela ainda teria de preparar. Não que seja impossível que se case e forme família, mas esta não será a sua meta prioritária, tampouco o seu projeto de vida. Não hesitará em alongar a sua jornada de trabalho noite adentro ou preparar a mala rapidamente e, sem conflitos, seguir em viagem de trabalho, desde que esteja nele envolvida. Quase sempre estará.

Ressalte-se, porém, que se ofendida certamente usará um poder de ira de causar inveja a uma Hera (a vingança de Ártemis, ao contrário da de Hera, não se restringe às concorrentes mulheres). É capaz, assim, de se tornar cruel e insensível na "punição" aos ofensores. Esse comportamento pode ser atenuado caso ela perceba que já não cabe desbravar tantas "selvas" e que é tempo de se tornar cada vez "mais lunar", portanto mais reflexiva e menos caçadora, voltando-se agora mais para dentro. A introspecção pode ganhar densidade quando somada à análise de algumas trombadas e decepções sofridas ao longo da vida, na luta tenaz por algumas causas que faziam sentido na juventude e vão se esfumaçando na meia-idade.

Mas Ártemis continuará ativa mesmo com o avanço da idade e prosseguirá atuante como resultado de um dos seus mais marcantes aspectos, ainda que de outra forma. Passará a se interessar por seus aspectos mais internos, embora continue se sentindo atraída por atividades que envolvam algum tipo de descobrimento, seja de caráter pessoal ou de continuidade de carreira, ou de pós-carreira. Refletirá sobre como foi o seu passado, as causas que defendeu, os exageros nas reações e as possíveis desilusões, podendo, finalmente, assumir um certo grau de vulnerabilidade que seria natural, mas que até então não se permitiu ter. Ela sempre se obrigou não apenas a ser forte como também a aparentar ser. Essa é outra questão bem atual no trabalho. Um peso que, nesta fase, pode ser atenuado. Ao se permitir ser mais vulnerável, dela emergirá uma criatura não tão dura, menos punitiva, o que encurtará o distanciamento nas relações pessoais e profissionais, preservando o seu papel de guia inspiradora das mais jovens ninfas, as quais ainda buscam os seus caminhos em um terreno inóspito, selvagem.

Essa é Ártemis ou Diana, a caçadora.

Provocações

ÁRTEMIS É EXTREMAMENTE COMPETITIVA, REALIZANDO TAREFAS (COMO A CAÇA, NO MITO) RESTRITAS AOS HOMENS, QUE A VIAM COM CERTA ESTRANHEZA. É TEMA QUE AINDA HOJE PERMEIA A CARREIRA DAS MULHERES PARA CONSEGUIR OPORTUNIDADES E REMUNERAÇÃO IGUAIS ÀS DOS HOMENS EM POSIÇÕES SEMELHANTES.

Você, leitora e profissional competitiva, como tem enfrentado essas restrições e possíveis injustiças?

E você, leitor masculino, qual sua experiência no trabalho com uma mulher competitiva? Sente-se incomodado? Como a compara com seus colegas e chefes homens?

SIMBOLICAMENTE, O USO PREFERENCIAL POR UMA ARMA COMO O ARCO E A FLECHA FAZ COM QUE ÁRTEMIS SEJA RECONHECIDA COMO DISTANTE, OU SEJA, ATINGE SEUS OBJETIVOS MANTENDO CERTO DISTANCIAMENTO. ESSA É UMA QUALIDADE NA TOMADA DE ALGUMAS DECISÕES PESSOAIS E DE TRABALHO. TAMPOUCO IMPORTA O QUE OS OUTROS PENSEM, PRINCIPALMENTE OS HOMENS. MAS, AO PERSISTIR NESSA POSTURA, O INDIVÍDUO PODE SE TORNAR INSENSÍVEL E/OU SER ASSIM PERCEBIDO.

Qual a sua percepção sobre si mesma e como acha que os outros percebem você com relação a um possível distanciamento ou até a uma certa frieza nos relacionamentos?

ÁRTEMIS TEM O FOCO BEM ACURADO, NÃO SE DESVIANDO OU SE DISTRAINDO AO REALIZAR A "CAÇA" AOS OBJETIVOS. INSTADA POR APOLO, LANÇA UMA FLECHA CERTEIRA QUE MATA ÓRION. ELA FAZ A COISA CERTA, PORÉM NO ALVO ERRADO. ESSE COMPORTAMENTO ESTÁ LIGADO A UMA SUTIL DIFERENÇA ENTRE EFICIÊNCIA E EFICÁCIA. EFICIÊNCIA É FAZER CERTO UMA COISA, UM ATO BEM EXECUTADO, EMBORA a pessoa possa não estar sendo eficaz, que consiste em fazer certo a coisa certa.

Você acha que suas iniciativas têm sido apenas eficientes ou também eficazes? Pense em exemplos ou situações.

Ártemis age sob a tênue luz do luar, portanto não é fácil para seus colegas de trabalho e seus superiores decifrá-la. Como a lua, não se revela por inteiro, apresentando nuances e sutilezas dentro da selva corporativa.

Você, leitora dotada desses atributos de Ártemis, concorda com essa dificuldade que os outros podem ter em entendê-la como realmente é na sua intimidade? Sente-se irritada se muito exposta?

Você, leitor, mesmo sendo homem, já sentiu ou passou por essa mesma dificuldade?

Atená

Sabedoria e estratégia, com justiça

O mito

Atená (ou Atena, ou ainda a Minerva dos romanos) tem uma origem única e bastante curiosa: ela é filha de Zeus com Métis, que é muito sábia, mas jamais conheceu a sua mãe. Métis foi a primeira mulher de Zeus, que depois se casou com Hera. Os oráculos haviam vaticinado que Métis teria dois filhos: uma filha, muito parecida com o pai em sapiência, força e coragem, e um filho de bom coração, o qual se tornaria rei dos deuses – o que, evidentemente, seria uma ameaça ao pai. Zeus, então, recorreu aos seus famosos estratagemas: enganou Métis, transformando-a em algo muito pequeno – algumas fontes dizem que em uma gotícula –, e a engoliu com facilidade. Atená nasceu depois, diretamente da cabeça de Zeus, já adulta, prontinha e equipada, emitindo um grito de guerra. O "parto" foi anunciado por dores de cabeça intensas em Zeus, que só conseguiu fazer nascer a filha graças a Hefesto, o deus ferreiro. Com o auxílio das ferramentas por ele forjadas, o crânio de Zeus foi aberto, criando espaço para a nova – mas não tão nova – deusa vir à luz.

Pelo fato de a mãe aparentemente não ter participado do processo, Atená considerava-se filha somente do pai, ficando assim eterna e fortemente ligada a ele. Atuava como o seu "braço direito", ignorando a existência e o papel de Métis na história – e, ao que parece, nem sequer tinha consciência disso. Segundo algumas versões, Atená nasceu com um elmo na cabeça, uma lança em uma das mãos e uma roca de fiar na outra. E o mais importante: toda encouraçada e protegida pela égide, uma segunda pele protetora. Outras narrativas a descrevem com um escudo em uma das mãos, tendo nele embutida a cabeça da Medusa, aquela com serpentes no lugar dos cabelos e um olhar que petrificava quem a encarasse diretamente.

Ao longo da sua trajetória, Atená sempre esteve presente na jornada dos principais heróis, como Héracles, Perseu, Jasão, Ulisses e Aquiles, entre outros, atuando como boa conselheira e mentora. Não é menos famosa pela sua participação em guerras, como a de Troia, destacando-se como estrategista dos chefes guerreiros, figuras masculinas fortes e decididas. Atená representa um tipo de sabedoria peculiar. Entre suas características, certamente herdadas de um cérebro como o de Zeus, estão a capacidade de planejar e executar, de escolher a melhor estratégia de maneira racional e lógica, que nada tem a ver com a intuição e a natureza de uma Ártemis. Faz uso desses atributos tanto no ambiente doméstico como nas guerras, procurando alcançar objetivos tangíveis, bem definidos. Tem forte ligação com as cidades e comunidades – *polis* –, como o caso típico de Atenas, da qual é patrona. Nunca imagine uma Atená flanando pelos bosques, e sim em meio às cidades. O contraste com Ártemis fica evidente porque a natureza, para Atená, deve ser submetida ao domínio da razão e do espírito prático, e as ações não devem ser ditadas pelo coração. Sua origem também fornece pistas para explicar por que prefere a companhia dos homens e também por que sua postura e sua iniciativa são típicas do universo masculino, sobretudo quando permeadas por algum tipo de poder.

Significado

Assim como Ártemis e Héstia, Atená é classificada como uma deusa virgem porque não submete suas escolhas, seus objetivos e os rumos da sua vida à figura masculina. Tampouco se sujeita à sua aprovação para fazer o que desejar em qualquer plano. Sob outra ótica, ela é "impenetrável" pelo masculino e, assim, "virgem". Diferentemente de Ártemis, no entanto, a sua relação com os homens é bem clara: ela não se afasta deles – muito ao contrário –, mas procura evitar um envolvimento emocional sempre que o relacionamento se torna mais próximo, seja ele pessoal ou profissional. Já nasceu adulta e pronta para a vida, portanto mais madura, dotada de certa sabedoria. Pela sua origem, trata-se de uma figura bem "cerebral".

Uma Atená tem elevada propensão para assessorar (e até ser mentora de) homens muito próximos ou no ápice do poder. Poderá se tornar o seu braço direito, como a deusa foi para Zeus, contribuindo para o seu sucesso, muitas vezes permanecendo meio invisível. Também alia o seu lado prático à estética em tudo o que faz. Uma das habilidades da deusa era a tecelagem, atividade que requer bom planejamento e execução cuidadosa, detalhista, para a obtenção de um produto final útil e, ao mesmo tempo, belo.

Tanto no trabalho como nas tarefas domésticas, ela tende a ser mais conservadora; procura manter as coisas como estão. Estabelece sempre uma ordem, com forte disciplina e senso de controle – como seu pai. Com tais características, ela acaba por apoiar e até mesmo fortalecer o padrão patriarcal tão combatido pelas correntes feministas.

Toma partido claramente e desenvolve forte senso de justiça. É nítida a sua capacidade de discernimento nas tomadas de decisão, tanto que sua atuação em um famoso episódio ficou conhecida como "o voto de Minerva", sinônimo de algo decisivo. Para julgar e decidir, precisa separar racionalmente as coisas, os aspectos diversos, e entendê-los em toda a sua extensão, com distanciamento.

Uma mulher Atená não aprecia homens não muito bem-sucedidos, que ela considere fracos. Nutre até certo desprezo por eles. Não tolera os fracassados ou pouco ambiciosos. É dotada de faro para identificar e apostar naqueles tipos heroicos que, em algum momento, possam precisar se valer dos atributos da deusa para dela obter sabedoria e conselho nos momentos difíceis e nos combates. Daí, então, ela permanece fiel ao lado deles, ou na retaguarda, durante suas heroicas trajetórias.

Em meio a discussões, negociações e argumentações, tem a capacidade de manter a cabeça no lugar, exibindo equilíbrio emocional, pensando clara e logicamente para equacionar a situação, sem perder o controle. Mas, contraditoriamente, ela pode ser tomada pelas emoções exaltadas por outras razões – por exemplo, no caso de possíveis competidoras ousarem ombrear com ela, como aconteceu no episódio em que uma tecelã, Aracne, acabou transformada em aranha. Ligada mais ao pensamento, à cabeça, tem dificuldade de lidar com certas emoções, como o ciúme e a inveja, e não aceita ser passada para trás.

Para se tornar mais "integral", ganhar um senso de completude, uma Atená precisa resgatar dois atributos que não estão presentes em sua vida. O primeiro é Métis, sua mãe, o feminino vital, sábio e astuto, que foi engolido por Zeus; o segundo, a infância que ela jamais teve, pois nasceu adulta. Esses atributos acabam sendo desvalorizados em um ambiente patriarcal ao qual Atená se enquadra e se adapta. Mas, em algum momento, ela terá de se lembrar da mãe e com ela entrar em contato, como veremos na seção seguinte. Métis tem associadas à sua sabedoria as qualidades da sensatez, da praticidade e, sobretudo, da prudência – aquela que evita os excessos, o descomedimento, a já falada *hybris*. Zeus, portanto, ao engoli-la, assimila esse senso de prudência necessário para dosar o seu enorme poder. Ele o faz diminuindo-a (o que é significativo), para absorvê-la mais facilmente. Mas, pequena como ficou, mesmo adormecida no ventre de Zeus, tem o potencial de crescer e regressar, se necessário, em benefício da filha que dela nem sequer memória possui. Isso, como veremos, terá consequências para Atená.

Finalmente, aqui cabe a pergunta: aonde foi parar seu irmão, bondoso e potencial herdeiro de Zeus e que também nasceria de Métis?

Parece que potencialmente ele existe e com ele reside a esperança de um novo tipo de liderança, um "aperfeiçoamento" de Zeus, como ele fez com relação ao seu pai e ao seu avô.

Lições de Atená para a sua carreira e a vida

Atená nasce envolta por um tipo de armadura, uma couraça dourada bem ajustada, protetora e impenetrável, perfeitamente integrada ao seu corpo, composta por uma pele de cabra esticada. Ao empunhar uma lança em uma mão e uma roca de fiar na outra, sua figura simboliza a combinação de habilidades diferenciadas: a coragem e a intrepidez de uma guerreira de um lado e, de outro, a praticidade do tecelão, cuja atividade envolve planejar, organizar e criar algo bem objetivo, de uso pragmático e, de preferência, estético. Para fazê-lo sem se perder na complexidade de pontos e desenhos, o tecelão precisa desenvolver a coordenação e o senso estratégico. Não pode se dar ao luxo de divagar, de ficar em devaneios. A profissional do tipo Atená também é bastante focada no alcance dos objetivos e encontra os meios práticos para atingi-los. Assim também é na sua vida particular, ao tornar-se uma dona de casa, solteira ou casada, encarregada de inúmeros afazeres os quais têm de ser planejados e coordenados, mesmo que não lhe rendam qualquer reconhecimento. É capaz de dar conta de múltiplas tarefas com eficácia.

Na vida profissional, como "a filha do papai", tende a ser atraída por homens poderosos, com prestígio, e a gravitar em torno dessas figuras que se destacam em seus campos de atuação. Mas não deve ser confundida com uma figura dócil qualquer: ela tem ideias próprias, firmeza de opiniões e um poder notável de contribuição para o sucesso daquele a quem ela rodeia. Ela não o ameaça; ao contrário, fornece apoio e o defende. Costuma ser incisiva, clara e objetiva na apresentação de seus pontos de vista e das suas contribuições e, por vezes, é considerada uma mulher dura. Mas, geralmente, ela atua nos bastidores, oferecendo ao seu superior suporte e conselhos, muitas vezes acatados e decisivos, que o tornam o astro a brilhar sozinho quando, na verdade, ele é a parte visível de uma dupla talentosa.

No domínio doméstico, ela é aquela grande mulher por trás do grande homem (hoje um jargão detestável). Pode ter sido o caso de Aracy, esposa do escritor Guimarães Rosa. Mulher de coragem para a época, migrou para a Alemanha, em 1934, desquitada e com um filho de 5 anos. O único emprego que conseguiu foi no consulado brasileiro, no setor de passaportes, quando arriscou a sua vida e a carreira do novo marido, que era cônsul-adjunto em Hamburgo, para salvar centenas de vidas de judeus alemães durante a Segunda Guerra. Pouco se falou dela até recentemente, ofuscada pelo brilho do famoso diplomata-escritor. Ou seria também o caso de Eleanor Roosevelt e o notável ex-presidente norte-americano? Ou, ainda, poderíamos pensar em Jacqueline Kennedy Onassis – somente esses seus dois poderosos e consecutivos sobrenomes já poderiam nos dar uma indicação.

Dotada de forte senso estratégico e pragmático combinado a uma habilidade política e diplomática, uma muher Atená pode surgir como uma secretária-executiva, assistente sênior ou assessora qualificada – todas disciplinadas, organizadas e eficazes – ou em um cargo gerencial ou diretivo, mas sempre despontando como a mais ouvida e/ou influente junto ao seu superior.

Se atuar como executiva, poderemos esperar dela uma profissional firme, exigente além da conta. E, também, bastante vingativa e punitiva sempre que seus sensores detectarem situações ameaçadoras – porque é preciso lembrar que ela é muito competitiva. Essa dureza está também associada a um lado meio sombrio, expresso pela Medusa incrustada no seu escudo: olhar diretamente nos olhos dela faz o outro petrificar. Ela é capaz de paralisar aquele que ouse desafiar seus argumentos e ideias. Ou, ainda, seus subordinados ou pares que não sejam – ou mesmo apenas não pareçam – suficientemente fortes para o padrão de uma executiva Atená. Estes se tornarão fortes candidatos ao massacre, como personagens do filme *Onde os fracos não têm vez*. É o lado sombrio da deusa, em contraste com suas enormes qualidades.

Outra característica a ser melhor resolvida por uma Atená no trabalho reside na exacerbação do seu lado masculino, em detrimento dos aspectos femininos mais típicos de sentimento, acolhimento e afeto. O equilíbrio entre esses dois opostos é que definirá um perfil profissional mais adequado e harmonioso em um tempo no qual as mulheres não precisam desse tipo de compensação para sobreviver e crescer no trabalho. Cabe a elas identificar, perceber e integrar outros potenciais disponíveis nas muitas outras deusas.

Uma mulher Atená poderá atuar com sucesso ao longo de carreiras política, acadêmica, científica ou corporativa. Esse território cada vez mais ampliado e aliado a uma proximidade do poder poderá gerar ciúmes e comentários maldosos sobre algum envolvimento mais íntimo com o superior a quem ela se liga com lealdade. Não que isso não possa ocorrer, mas uma mulher Atená tenderá a evitá-lo ao máximo, usando a sua forte couraça protetora, mantendo uma distância emocional e afetiva adequada ao seu padrão.

Constrói-se, assim, uma enorme cumplicidade entre os dois, em um equilíbrio que pode ser administrado e mantido por meio de iniciativas mútuas. Do lado dela, por exemplo, mantendo "o seu chefe do Olimpo" longe da maioria dos comuns mortais, supervalorizando a sua agenda, livrando-o das situações chatas e delicadas. Ou, ainda, afastando-o dos bajuladores. Ela vai buscar equilibrar esse distanciamento, política e diplomaticamente, para que o chefe Zeus não pareça tão apartado na sua torre de marfim e seja percebido como inacessível. No entanto, por excesso de zelo, às vezes ela erra na dose, fazendo-o parecer mais importante e ocupado do que é ou deseja ser. Nesses casos, pode ser muito dura e inflexível, gerando algumas "dores de cabeça" para um chefe Zeus, situações que carecem de um bom gerenciamento. Ele vai retribuir essa fidelidade, elogiando seu trabalho perfeito ao preparar um relatório e entregá-lo antes do prazo e por zelar pela sua privacidade. Ou, se for uma executiva, por não apenas cumprir mas também exceder as metas traçadas. E ela, por outro lado, vai alimentar o ego de Zeus ao elogiar a brilhante entrevista que ele deu a uma importante revista semanal e como está bem na foto incluída no relatório anual da empresa. Talvez ela vá até um pouco além, ao valorizar a gravata nova que combina perfeitamente com o terno bem cortado, e até dando sugestões. Até porque ela está sempre atenta ao ambiente cosmopolita.

Assim, a relação Zeus–Atená é um jogo estimulante que deve ser realimentado continuamente. O desenvolvimento de uma trajetória profissional desse naipe – potencialmente gratificante, diga-se – pode se desdobrar de formas diversas ao longo do tempo: primeiro, ao continuar como o braço direito do "ator principal", ela pode se ver na situação em que o poder se esvazia, muda de mãos ou, como tudo, simplesmente acaba. Isso ocorre quando um político não é eleito ou reeleito, ou quando um CEO (executivo principal) é destituído do cargo e/ou transferido para uma outra empresa ou até para outro país, inviabilizando o propósito de levar junto a sua Atená de confiança (como gostaria e acontece com frequência). Nessas situações, a profissional Atená pode enfrentar uma situação difícil, pois aqueles que por ela nutriram certo nível justificável de ciúme ou inveja costumam se aproveitar e despejar todo o ressentimento acumulado. Vingam-se, tentando expurgá-la como um tumor. Com certeza, em uma circunstância desse tipo, ela se verá na contingência de deixar aquele ambiente de trabalho e, possivelmente, tentar encontrar um novo chefe Zeus que a acolha. Terá, no caso, de desenvolver uma nova simbiose de interesses múltiplos e um arcabouço mútuo de cumplicidade, espírito de lealdade e confiança que caracterizam essas alianças.

Uma segunda variante de desdobramento – dependendo do conjunto de qualidades e capacidades da mulher Atená – poderia se dar ao procurar empreender um voo próprio. Seria, por exemplo, o caso de uma Hillary Clinton. Ela, embora tivesse desenvolvido uma carreira de sucesso como advogada, ao atuar com Bill Clinton durante muitos anos passou a ser percebida apenas como uma figura de retaguarda, secundária na ascensão do marido, que culminou na eleição dele por dois mandatos como presidente dos Estados Unidos. Mesmo nesse período, ela aparentemente não se satisfez com uma posição de primeira-dama típica, sem grande expressão ou brilho. Logo após Clinton deixar o cargo, ela começou a se posicionar eficazmente como personagem forte e independente, elegendo-se senadora e, depois, no primeiro mandato do ex-presidente Obama, sendo escolhida como secretária de Estado – cargo extremamente importante. Qualificou-se assim como a primeira mulher concorrente à presidência da República, embora não tenha vencido.

Há uma outra vertente: a da mulher Atená que traça uma rota só sua, define sua trajetória e desenvolve uma identidade própria, desvencilhando-se do seu inspirador/mentor, apropriando-se das suas potencialidades que excedem o papel de figurante ou de ator/atriz coadjuvante. Identifica-se aqui a situação na qual uma Atená pode se sentir cansada da situação na qual somente Zeus aufere todos os benefícios e o brilho decorrentes desse trabalho em dupla. Possibilita encerrar, desse modo, um ciclo.

Outra variante pode ocorrer quando um empresário morre ou se afasta por doença ou idade, após ter construído seu sólido império e tendo sempre junto de si a "filhinha preferida do papai" (às vezes, em detrimento de outros filhos e herdeiros – o que gera sérias contendas familiares e jurídicas). Ela se sobressai e torna-se a potencial substituta do pai, encarregada de perpetuar a empresa. Por vezes, o processo resulta em tremendos desastres empresariais, por falta de suficiente talento ou pelo grau de resistência dominante em um ambiente patriarcal criado pelo pai-empresário. Mas, por outro lado e com muita frequência, acaba se desenhando uma história de sucesso. A herdeira, bem formada nas melhores escolas e universidades, que contou por tanto tempo com um mentor tão valioso e protetor – com as qualidades de um Zeus –, agora livre das amarras acaba redesenhando os negócios da família em novas bases, de forma criativa e profissional, como deve ser uma legítima Atená. São muitos os exemplos, inclusive no Brasil.

A última possível vertente se dá com uma mulher Atená mais madura. É no momento em que ela faz um balanço, revê a sua vida muito dedicada à carreira, avalia os vários tombos, as desilusões e outros percalços e, talvez, sentindo o próprio cansaço, promove uma mudança significativa de curso. Nesse ponto há semelhanças com uma Ártemis idosa. Ela começa a analisar mais profundamente a sua vida, a avaliar o significado de sucesso e poder, bem como os meios e os custos empregados para alcançá-los, além do que pode ter perdido em troca de tão grande dedicação unilateral – o que deixou de viver pelo desequilíbrio entre a vida pessoal e profissional. Avalia como são e como têm sido suas relações, limitadas e espremidas pela couraça a qual a "protegeu" dos mais profundos sentimentos, isolando o seu coração do que se passava externamente e ela não percebia, embora bem próxima, dedicando pouca atenção ao outro. Talvez a reflexão refira-se à falta de filhos ou, se ela os tiver, a um certo afastamento deles. Ou à carência de um relacionamento mais profundo e longevo. Ou, ainda, à ausência de amigas mais íntimas com quem pudesse partilhar suas questões e seus dilemas, os quais os vários Zeus que pontuaram a sua vida certamente não estariam dispostos a ouvir.

Uma possível resposta a esses dramas reside em reencontrar (e entrar em contato com) a mãe, Métis, engolida e perdida lá no início. Ela é o feminino deixado para trás, ainda repousando no ventre de Zeus, o que faz da mulher tipo Atená um ser incompleto. A conta chegou, mas o potencial está ali vivo, latente. É preciso dissolver a dura e entranhada couraça e desnudar o que há embaixo dela. Desvendar o coração. Talvez seja o caso agora de "perder um pouco a cabeça", ser menos racional e menos controlada. Isso só pode acontecer sob um processo de reflexão e introspecção que emerge somente quando ela amadurece e começa a ver enfraquecido o arquétipo da filha do pai. E, principalmente, ao perceber que agora pode se tornar vulnerável

– algo inimaginável para uma Atená típica –, o que também ocorre a Ártemis, outra deusa virgem, embora de outra forma.

Deixar de ser a deusa virgem significa deixar de ser "impenetrável" ao amor e ao sentimento pelo outro. Abrir um espaço na couraça. Acabará, assim, abrindo uma fresta para incorporar uma sabedoria diferente daquela com a qual sempre contou, agora sim apropriando-se de uma sapiência sensata e prudente típica de Métis, que pode finalmente aflorar.

O segundo aspecto que pede para ser resgatado – a infância que jamais teve, por haver nascido adulta – a induz a tentar observar e experimentar uma postura menos séria, mais leve e divertida, aberta a novidades, com certas coisas deixadas fora de lugar, mais bagunçadas, soltas e sem tanto controle, como bem fazem, naturalmente, as crianças e os jovens.

Mas é difícil escapar do destino que Zeus lhe reserva. Cabe a ela desafiá-lo em algum ponto da sua história, aguentando as consequências, tal como acontece na composição *A valquíria*, de Richard Wagner, baseada na mitologia nórdica. Ali, quando Brunhilde, a filhinha do pai, o poderoso Wotan (ou Odin, equivalente a Zeus), ousa desafiá-lo ao expor as suas próprias ideias, traindo um princípio do patriarcado, acaba punida e permanentemente adormecida, inconsciente, condenada a ser possuída pelo primeiro homem que a encontrar. Uma versão menos romântica e açucarada de *A bela adormecida*, despertada pelo beijo de um príncipe. Na mitologia nórdica, ela acaba pedindo que seja despertada ao menos por um herói, o que faz sentido – afinal, Atená era percebida como uma forte protetora dos heróis. E assim foi. E é com este belíssimo trecho da mitologia nórdica original, na qual Wagner se baseia, que encerramos o fascinante mito de Atená (Minerva).

Depois de matar o dragão, Sigurd cavalgou até a caverna onde estava o tesouro; os pássaros gritavam para ele: "Leve o tesouro, audacioso herói, e ganhará também uma bela mulher!". Cavalgou mais e viu um castelo. Ele apeou e entrou. Lá havia uma pessoa dormindo, vestida com uma armadura. Sigurd tirou-lhe o elmo da cabeça, e longas tranças escorreram pelos ombros; viu então que se tratava de uma bela mulher. Em seguida, quis lhe tirar a couraça, mas ela estava firme como se tivesse crescido junto à carne. Com sua espada, partiu-a, começando pelo pescoço, descendo até o peito e, depois, nos braços. Gram, a espada de Sigurd, cortava o aço como se fosse pano; e, quando não sentiu mais o peso da couraça, a mulher despertou. Levantou-se de um salto e disse, arquejante: "Quem retalhou a minha couraça? Quem interrompeu o meu sono? Quem me libertou da cadeia escura?" "Sigurd, o filho de Sigmund", respondeu o herói. Ela pareceu, então, lembrar-se. "Há muito tempo eu jazia num sono pesado, por vontade de Odin, não conseguia sair dele". Ela estendeu a taça de hidromel e disse: "Salve, destemido herói, você vai beber a força, a fama, a sabedoria e o amor, como prometem as runas". Sentaram-se lado a lado e conversaram por muito tempo, e ele ouviu dela conhecimentos secretos, que só os que estão próximos do pai universal possuem. A mulher parecia cada vez mais inteligente e bela, e quando ela lhe disse "Agora escolha o seu destino, meu herói", ele respondeu "Só quero ter você!". Em seguida, ela disse: "Só desejo você e mais ninguém, mesmo que pudesse escolher entre todos os reis do mundo!". (BULFINCH, 2002, P. 311)

Essa é Atená ou Minerva.

Provocações

ATENÁ ATUA SOB FORTE SENSO DE DISCIPLINA E CONTROLE, BUSCANDO ENCARAR OS FATOS RACIONALMENTE E DE MODO ESTRATÉGICO. PARA ISSO, MANTÉM-SE MUITAS VEZES EMOCIONALMENTE DISTANTE, A FIM DE PODER PENSAR DE FORMA CLARA E EQUACIONAR A SITUAÇÃO.

Agora, mais amadurecida e reavaliando sua trajetória, quais potenciais você terá deixado para trás em prol do desenvolvimento de uma carreira sólida? De quais possibilidades de vida teve de abrir mão para se dedicar preferencialmente ao trabalho? Que atributos, talvez presentes em outras deusas, você gostaria de resgatar?

ATENÁ NASCE A PARTIR DA CABEÇA DE SEU PAI, ZEUS, SEM A PARTICIPAÇÃO DA MÃE, MÉTIS. NASCE JÁ ADULTA E COM UMA COURAÇA QUE COBRE SEU PEITO.

Você sente a falta de aspectos mais tipicamente femininos, principalmente no seu trabalho, como afeto e acolhimento aos outros? Por nascer já "adulta", sente-se carente de uma leveza e uma espontaneidade típicas das crianças, que não levam tão a sério as coisas? Tem receio de se sentir vulnerável, tornando-se mais dura no trato com colegas e subordinados?

E você, leitor, como foi lidar com uma chefe ou colega com o perfil dominante de uma Atená?

Atalanta

Uma competição sadia com o masculino

O mito

Atalanta não é uma deusa como Ártemis e Atená, mas vem de uma linhagem nobre. Ela é filha de um rei que só admitia ter filhos homens. Quando nasceu, foi abandonada no topo de uma montanha e, graças à amamentação de uma ursa, cresceu forte e bela. Tornou-se também caçadora e veloz nas corridas. É consagrada a Ártemis. Apenas para lembrar, Ártemis (Diana, a caçadora), quando ofendida soltava seu javali, aquele de Cálidon, conhecido pelo poder destruidor. Atalanta juntou-se a outros caçadores, incluindo Meléagro, que se tornou seu amante, para caçar esse temido javali. E o fizeram com sucesso. Entre os caçadores causou estranheza a presença de uma mulher em uma empreitada feroz, da qual somente homens participavam. Meléagro acabou morrendo, ela abandonou a montanha e foi procurar o pai para ter o que lhe era de direito: o trono.

Embora bela, Atalanta se recusava a casar, talvez por causa da sua fidelidade à deusa protetora Ártemis. Como havia muitos pretendentes e muita insistência por parte dos que a cortejavam, ela decidiu usar uma desculpa marota: se a quisessem, teriam de disputar uma corrida com ela (que era, sabidamente, forte competidora, praticamente imbatível). O vencedor a desposaria, os perdedores seriam mortos. Vários homens perderam a vida na competição, até que apareceu Hipômenes, que realmente a amava e julgava que valia a pena arriscar a vida pelo amor daquela mulher. Preocupado com a possível perda, ele recorreu aos conselhos de Afrodite (Vênus), a deusa do amor, para que o ajudasse de alguma forma. Afrodite lançou mão de uma tática tão engenhosa quanto sedutora: deu-lhe três maçãs de ouro (aqueles pomos do Jardim das Hespérides, relativos a um dos trabalhos de Héracles), e cada maçã deveria ser utilizada a seu tempo durante a disputa.

Maçã 1

Ligada à consciência do tempo que passa. Hipômenes estava perdendo a corrida já na fase inicial e, conforme foi instruído, soltou na pista o primeiro pomo. Atalanta não resiste à maçã e diminuiu a velocidade para apanhá-la. O seu reflexo na maçã dourada mostrou uma imagem meio distorcida pela curvatura do fruto, o que a levou a perguntar: "É assim que serei quando envelhecer?". Não gostou do que viu ou anteviu. O seu competidor, que estava para trás, ganhou algum terreno.

Maçã 2

A percepção e a consciência da importância do amor. Hipômenes jogou a segunda maçã na pista, e Atalanta, que já estava novamente bem à frente, mais uma vez a apanhou, curiosa. Lembrou-se de Meléagro, seu grande amor, incitada pela influência nítida de Afrodite, que lhe instilou sentimentos afetivos e sexuais.

Maçã 3

O instinto de procriação e de criatividade. Quase na reta final da corrida, Atalanta estava próxima de ganhar a disputa, quando ele jogou a última maçã. Ela ficou em dúvida, hesitando se deveria apanhá-la ou ir em frente e vencer. Finalmente, decidiu pegar a maçã – e perdeu a corrida. Hipômenes ganhou a disputa e a esposa que desejava.

Significado

As mulheres, em determinado ponto de suas vidas, deparam com dilemas que o mito indica por meio de metáforas. Percebe-se aqui a influência do arquétipo de Ártemis, que é a deusa protetora de Atalanta e, igualmente, uma competidora convicta. Mas Atalanta tem de desenvolver um nível mais ampliado de consciência, fato que a conduzirá a certos dilemas cruciais dali para a frente. É o caso da primeira maçã, diante da qual Atalanta se dá conta da passagem do tempo. A vitalidade e a velocidade que fazem dela uma excelente caçadora e uma corredora competitiva, além da sua beleza, tendem a fenecer. Ela vislumbra que sair para caçar talvez já não seja o seu objetivo principal. Avalia, então, a sua trajetória atual e futura. Pondera os custos da competição acirrada.

A maçã número 2 já mostra em parte que, também por causa do tempo se esvaindo, as oportunidades de praticar o amor igualmente vão se escasseando com a idade, e ela percebe que a busca por objetivos de outra ordem não abre espaço para que o sensual, o emotivo e o afetivo afluam. Assim, deixa para trás a influência de Ártemis que a faz manter uma relação mais distante com o masculino. Coloca a então deusa mentora em um segundo plano, permitindo ser tocada e influenciada por uma nova forma de energia – a de Afrodite.

A maçã 3 indica um ponto decisivo nas suas escolhas, relacionado com a criatividade e a geração de coisas novas, em todos os sentidos. Pode ser no lado prático, que envolve a difícil decisão de ter filhos – o que poderá ter impacto imprevisível na carreira –, precisando decidir se vence, permanecendo como está, ou se perde, ganhando novos atributos. Ela usa, afinal, a criatividade para se unir ao parceiro masculino (ou, se preferirem, ao seu lado masculino), integrando-se a ele e dispondo-se a abrir mão de algumas coisas que eram a razão da sua vida e nas quais colocava todo o foco e a atenção.

A corrida simboliza a trajetória da mulher de um estado mais "selvagem" de inconsciência (Ártemis) para outro nível, mais integrado e elevado, de consciência. No final, ela se dá conta das decisões que precisa tomar, dos possíveis ganhos e perdas – decisões difíceis, aliás –, mas que vão determinar como vai querer viver no futuro. Os opostos masculino e feminino, representados por Hipômenes e Atalanta, que competem internamente por espaço na psique da mulher, carecem ser integrados. Para isso, alguma coisa enraizada deve ser perdida. Cabe aqui uma boa dose de desapego.

As ações, tanto de Ártemis como de Afrodite, sugerem que uma combinação dos atributos das duas é o recomendado nos estados mais maduros da mulher: a independência da primeira com relação à figura masculina, mas contemplando as relações de intimidade e parceria vindas da segunda, em busca de uma completude.

Lições de Atalanta para a sua carreira e a vida

A corrida pode ser vista como a vida (física ou psicológica), com um começo, uma metade e um fim, em meio aos obstáculos e desafios ao longo do tempo de "competição". Os participantes começam separados (masculino e feminino), mas acabam juntos, unidos, gerando um terceiro elemento diferente, uma coisa distinta daquela do início. Afinal, Afrodite é considerada uma deusa alquímica, ou seja, facilitadora de transformações. Trata-se de uma corrida muito disputada, competitiva, e alguns estratagemas são necessários para poder alterar seu desfecho – no caso, com o recurso das maçãs douradas. Elas têm de ser jogadas aos poucos, nos momentos cruciais, quando um vacilo qualquer pode definir o resultado final. Se oferecidas todas ao mesmo tempo, não produzirão o mesmo efeito, tornando mais difícil a decisão de apanhá-las e percebê-las em sua essência, atrapalhando o processo. A cada maçã jogada, vão sendo despertados ou tornados conscientes aspectos aos quais os competidores não têm dado muita atenção. Cada corrida é diferente, e as estratégias e os recursos usados são distintos. A liberação das maçãs tem de ser dosada ao longo do tempo, na hora exata, em cada etapa. Partem dois competidores, que se opõem, e chegam como um no final, rompendo a fita de chegada.

Quando se pensa na trajetória de vida de uma mulher, mais cedo ou mais tarde uma reflexão a acomete, mas certamente não na tenra juventude, e sim quando a idade avança, quando adquire certa maturidade. As maçãs são jogadas espertamente na pista para criar condições de reflexão em determinado ponto da vida. Algo que acontece com as mulheres sob a ação de Atená e de Ártemis, mas de modo diverso, como se viu. É o que ocorre agora com uma mulher tipo Atalanta. Essa reflexão se apresenta quando a capacidade de competir e de buscar objetivos mais tangíveis, expressos pela "caça", vai se enfraquecendo com o surgimento de novas questões psicológicas e existenciais. As maçãs funcionam aqui como gatilhos preciosos para uma futura ação na jornada da vida. Daí o fato de serem douradas e, como tal, atraentes e valiosas demais para serem ignoradas. Também não frutificam em qualquer lugar, e sim no Jardim das Hespérides, o seu raro local. Enfim, referem-se a algo sagrado, transcendente, que vai além das questões triviais. Algo que não pode ser desprezado ou banalizado. Mais: o ouro é incorruptível, é igual tanto na sua essência como no seu exterior. Diferentemente da prata, que é valiosa por dentro, mas pode se oxidar e parecer outra coisa externamente. Trata-se, então, de um momento de escolha pela autenticidade interna. Ou não.

Vamos nos concentrar naqueles aspectos que emergem quando a mulher que desenvolve uma carreira se aproxima de seus 40 e poucos anos de idade ou os ultrapassa. Mesmo com o avanço da ciência, que torna esse limite cada vez mais elástico, ele ainda se impõe. A primeira maçã soa o alerta de que o tempo flui cada vez mais rápido, consumido por agendas lotadas e pela jornada dupla, sem que sobre alguma fração para a reflexão. Aparece então um Hipômenes sincero, que gosta dela como ela é, chamando-a ao desafio. Lembra, de certo modo, um ponto na jornada do herói em que é "convocado" para fazer uma mudança. Em um ambiente de trabalho como o atual, que favorece a juventude e a beleza, a imagem refletida na maçã tem o benefício de fazê-la olhar para si mesma. E o que ela vê não lhe agrada – ou, ao menos, antecipa o que vai ocorrer, como em um oráculo. Ela reflete sobre o tempo que se esvai e se dá conta de que nada é eterno. A capacidade de competir com os mais jovens diminui. O gás, também. O sangue que irriga suas veias e seus músculos reflui. A ditadura da beleza impera. Infelizmente.

A segunda maçã aciona novo alarme, o de que é preciso avaliar também seus sentimentos, o significado do amor e o nível de afetividade. Eles perderam espaço na sua vida – a pessoal e a profissional – por meio da ação de sua protetora, Ártemis, que lhe atribuiu um certo distanciamento emocional e às vezes a fez reagir de modo cruel. Felizmente, a mulher Atalanta tem a semente potencial da integração sadia com o masculino; falta-lhe apenas transitar onde há condições de germinar, pois já se envolveu com Meléagro e agora se une a Hipômenes. O cruzamento da linha de chegada da corrida é o *coniunctio* alquímico, o casamento dos opostos. Competiram ferozmente separados, cada um com os seus respectivos recursos, mas agora é hora de se juntarem. Essa maçã mostra que Atalanta age de modo criativo, desvencilhando-se da competição pura e simples com o masculino, e ao final une-se a ele.

Vimos no texto sobre Atená que, na arena do trabalho, algumas mulheres, principalmente em cargos mais altos e de chefia, acabam competindo com os homens por espaço, às vezes exagerando na dureza e na frieza. Podem também ser extremadas na vingança. O ímpeto destruidor, expresso pelo javali, pode e deve ser contido em certos limites. Se bem administrado, não precisa necessariamente morrer. Atalanta o faz melhor que Ártemis, a sua mentora. Há aqui um notável avanço. Afinal, as pulsões destrutivas muitas vezes escapam a um entendimento lógico e ao próprio controle emocional das pessoas.

Até que as coisas mudem muito em um futuro, para sobreviver nessa selva corporativa ela ainda vai precisar recorrer a um javali como reserva para contingências. Como simples mortal, ela não conta com a égide, a proteção de um Zeus, tal qual ocorre com Atená. Terá de competir com seus próprios recursos que as diversas deusas lhe proporcionam potencialmente.

Finalmente, a terceira maçã indica que o relógio biológico da reprodução já está no modo *timer*; a ampulheta biológica escoa a fina areia em uma contagem regressiva. *Tempus fugit!* Cronos está agindo e devorando o tempo. Ela deve observar atentamente as três maçãs, decidir se deve apanhá-las naquele momento e discernir que algo criativo e diferente no modo de ver as coisas pode nascer dali.

Essa é Atalanta.

Provocações

Inspirada por Ártemis (Diana), Atalanta é também uma caçadora competitiva e disputada por vários homens com quem compete. Um competidor apaixonado, Hipômenes, recebe de Afrodite (Vênus) três maçãs de ouro, que devem ser lançadas na pista. Metaforicamente, cada uma dessas preciosas maçãs, os pomos de Afrodite, lembra à competidora os dilemas femininos: a passagem do tempo (envelhecimento e mortalidade), a consciência das necessidades afetivas e sexuais, a escolha de ser ou não mãe.

Você, leitora e profissional competitiva, já enfrentou o dilema de "apanhar essas maçãs"? Colheu-as todas ou apenas parte delas? Qual ainda está faltando? Já avaliou o custo de prosseguir na competição acirrada? Tem valido a pena agora que o tempo avança? Nesse trajeto, você mudou de planos ou repensou a sua carreira?

Reflexões adicionais sobre Ártemis, Atená e Atalanta e o universo feminino

A condição da mulher no mundo, em todas as áreas, tem mudado substancialmente desde o século XX, mas ainda há muito a ser compreendido. Embora os avanços sejam notáveis, os indicadores no universo profissional ainda são chocantes: elas ficam abaixo dos homens em número de carteiras de trabalho assinadas; muitas vezes, recebem remuneração menor e ocupam uma parcela bem inferior nos cargos de liderança: 23% no geral e 14% como CEO (o principal executivo), segundo dados de 2018 do Fórum Econômico Mundial. Ainda de acordo com esses dados, em 2018 a presença média de homens nos empregos totais chegava a exceder 70%.

Mas o panorama vem mudando. Publicação de 2016 do Banco Interamericano de Desenvolvimento (BID) e do Instituto Ethos apontava um aumento de 70% no número de mulheres em cargos de gerência, no Brasil, em pouco mais de dez anos. A ocupação feminina de espaços em setores então tidos como masculinos é crescente. Pobres homens: têm expectativa de vida menor e estão perdendo terreno para as mulheres! O que será deles? Em defesa dos marmanjos, podemos lembrar que os homens vêm se portando muito bem no que se refere à troca ou ao intercâmbio de papéis (cozinhando, fazendo o supermercado, cuidando das plantas e da horta caseira, trocando fraldas e cuidando das crianças, interessando-se pela decoração, etc. – antigas atividades essencialmente femininas). E, a exemplo de algumas deusas virgens, muitas mulheres preferem continuar solteiras ou manter a sua independência financeira em um relacionamento, às vezes até morando em casa separada.

O impacto no panorama do trabalho é e se tornará cada vez mais dramático dadas as mudanças comportamentais em curso. As mulheres, como as secretárias executivas e as próprias executivas em cargos gerenciais e de diretoria, formam suas associações e confrarias, muitas vezes virtuais/em rede, para discutir suas questões e demandas, ao mesmo tempo que tentam entender a si mesmas nesse novo cenário. Alguns exemplos: no Brasil, o Jurídico de Saias (que, claro, engloba as advogadas), a Aliança para o Empoderamento da Mulher, o Midas (reunindo as profissionais de relações governamentais); internacionalmente, a ONU Mulheres. Sem falar de outros grupos que têm uma face e um interesse de caráter mais social, como confrarias gastronômicas e de degustação de vinhos (território anteriormente apenas masculino), mas que proporcionam, além de descontração, uma oportunidade de *networking*. Já as mulheres empreendedoras podem contar com o grupo Mulheres Investidoras – Anjo (o termo "anjo" refere-se àquelas pessoas ou entidades que apoiam ou patrocinam novos empreendedores/empresas – as *start-ups*). "Você investe em quem é parecido com você", afirma a fundadora do grupo, acrescentando que as mulheres são mais avessas ao risco. Estamos falando, sobretudo, de mulheres ocupando cargos gerenciais de alto nível e/ou de profissionais melhor qualificadas e atuando em ambientes mais refinados. Mas qual o panorama geral no Brasil e que engloba todas as classes? Persiste ainda um quadro no qual a remuneração média da mulher corresponde a cerca de 65% da masculina para cargos semelhantes e mais qualificados, contrastando com os dados que indicam que as mulheres são agora a maioria entre os universitários.

Por que falamos disso? Simplesmente porque o ambiente profissional não foi plenamente conquistado e explorado pelas Ártemis e Atenás, que ainda têm de, muitas vezes, exacerbar seu lado masculino para competir com os homens. Talvez não seja preciso em tal intensidade, mesmo porque o avanço já é notável em muitas áreas. Vale ressaltar que certas posições de liderança mundial têm sido ocupadas por mulheres, como a diretoria do Federal Reserve (FED, o Banco Central dos Estados Unidos) ou a do Fundo Monetário Internacional (FMI), bem como a presidência ou o cargo de primeira-ministra de vários países.

Se o panorama ainda é difícil no mercado em geral, imagine-se no de tecnologia da informação, reduto ainda mais restrito. Mesmo em empresas de ponta, como Google, Apple, Facebook, Amazon, Yahoo e Microsoft, a presença média de homens nos empregos totais chega a exceder 70%, conforme o site Mulheres na Computação. E, nos cargos específicos de TI, eles ocupam mais de 80%, apesar de encontrarmos mulheres em cargos de alto escalão executivo (inclusive no Brasil – bem mais recentemente). As mulheres que optam por estudar e seguir carreira no setor tecnológico têm queixas frequentes sobre uma certa discriminação e uma resistência em aumentar a diversidade no setor, como se tecnologia fosse território exclusivo dos homens. É o caso de relembrar os mitos de Atalanta e Ártemis com relação à caça do javali de Cálidon: causa estranheza uma mulher em meio a tantos caçadores homens, e ali ela ainda é vista com reservas.

Nos séculos XIX e XX, podemos citar diversos exemplos de mulheres que não se submeteram à intolerância patriarcal na área da ciência. Temos os casos da francesa Marie Curie, da inglesa Rosalind Franklin e da brasileira Bertha Lutz. Marie Curie, embora premiada com Nobel de Ciências, fato notável, sofreu processo de xenofobia pela imprensa e pela sociedade por ter se envolvido com um físico casado. Rosalind deu uma contribuição vital para identificar no DNA a forma helicoidal que o caracteriza, mas acabou morrendo sem esse mérito – o qual foi canalizado a dois cientistas (homens, claro) que ganharam o Nobel. E Bertha, filha do sanitarista Adolfo Lutz, não teve o reconhecimento do próprio e famoso pai e enfrentou a ditadura do Estado Novo ao defender direitos trabalhistas para as mulheres. Foi, por isso, impedida de ser contratada como pesquisadora em botânica pelo Museu Nacional no Rio – entrou como secretária.

Outro caso emblemático é o da atriz de origem austríaca Hedy Lamarr, estonteante figura de Hollywood nas décadas de 1930 e 1940. Embora também fosse inventora e criadora de – pasme – um sistema de transmissão de frequências para causar interferências nos sinais de torpedos teleguiados nazistas, tampouco teve qualquer relevância pelo que fez fora das telas. No final, apenas a sua beleza contou.

Voltando bem mais no tempo, há o episódio trágico de Hipátia de Alexandria (cerca de 415 d.C.), que foi perseguida pelo Clero e esquartejada como herege. Seu "pecado": como matemática e filósofa (filha de outro filósofo e também astrônomo), ousou propor uma teoria que afrontava a Igreja na época pré-medieval.

Algumas corporações, como Facebook e Apple, têm proposto uma abordagem tanto criativa quanto polêmica para conciliar carreira e maternidade das suas funcionárias nos Estados Unidos: o benefício de arcar com os custos de congelamento de óvulos para aquelas que quiserem adiar o momento de se tornarem mães.

As empresas devem mesmo pensar no tema, pois as mulheres estão saindo dos empregos na área de tecnologia para nunca mais voltar, dizem as pesquisas. Dois terços dessas mulheres disseram que não retornariam por causa da maternidade, o que reforça a tese da dificuldade de conciliação com a carreira.

Aqui cabe retomar o mito de Atalanta e a maçã 3 (instinto de procriação e criatividade): dispara-se o gatilho da maternidade, e o dilema se instaura. Não há solução fácil. Em uma das reportagens que li sobre o assunto, uma profissional do setor de tecnologia resolveu a questão fazendo o contrário. Com pouco mais de 20 anos, apressou-se e teve logo os seus três filhos, "fechando a fábrica". Com os filhos crescidos, que requerem menos tempo de dedicação, ela voltou ao mercado ainda jovem. Preferiu isso a aceitar a oferta de congelamento de óvulos, o que significaria "trabalhe duro e em tempo integral para a empresa até que a idade ideal para ter filhos passe, e nós a ajudaremos a ser mãe mais tarde". Pode dar certo, ou não. Sem contar que, mais velha, será mais cansativo criar os filhos e, certamente, depois de criá-los as grandes oportunidades de trabalho serão ainda mais raras. Esse é um mercado que requer e recruta jovens, principalmente. Tema para reflexão nestes tempos digitais e de ruptura contínua.

Há uma passagem no mito de Ártemis, quando ela é levada para ver seu pai, Zeus, no Olimpo, e ele diz: "Filhinha, você terá tudo o que desejar!". Isso pode ser interpretado de vários modos, como até fizemos. Mas, como complemento, o todo-poderoso parece indicar que, para as mulheres, o caminho estará aberto em qualquer território, para qualquer conquista, mesmo em campos selvagens e quase exclusivamente habitados por homens. Mais: as mulheres têm a capacidade e a condição da escolha; elas apanham as maçãs se, quais e quando quiserem. A mulher é dotada das mais diversas potencialidades, expressas por diversas deusas e figuras míticas, como Ártemis, Atená, Atalanta, Métis, Leto, Hera, Héstia e Afrodite – para mencionar apenas as analisadas ou citadas até aqui. Esses talentos estão disponíveis para ser utilizados ao longo dos ciclos da vida. E, como se viu, os arquétipos que são dominantes, porém não únicos, perdem força e são substituídos ou complementados por outros durante esses ciclos e ao sabor das circunstâncias, as quais são individuais e únicas. Esses potenciais lá estão e passam a atuar a partir de certos gatilhos de percepção e de consciência.

Finalizando, o que nos parece evidente na trajetória é a necessidade de uma utilização harmoniosa e de integração das diversas qualidades expressas por esses talentos, os quais surgem, muitas vezes, em situações conflitantes e que podem acabar travando esse processo. Ou seja, a mulher sofre uma espécie de competição interna entre as várias deusas, criando uma certa tensão e muitos conflitos. Inicialmente, uma deusa pode vencer e predominar, porém, mais à frente, outras podem ganhar terreno e sair do plano secundário, querendo migrar do papel de coadjuvante para o de protagonista. O que fazer quando as maçãs são jogadas? Quem deve prevalecer? Uma Atená ou uma Afrodite?

Para exemplificar e resumir, podemos pensar em combinações a partir dos potenciais de cada figura estudada, algo como:

Ousadia e espírito caçador (Ártemis) temperados por reflexão, prudência e moderação (Métis); assertividade, firmeza e foco nos objetivos (Atená e, por vezes, Ártemis), mas com emoção e paixão intensa no amor (Afrodite), bem como recolhimento e reflexão (Héstia). Agressividade e ira ao inimigo implacável (Atená e Ártemis), mas com o potencial de transformação por meio de uma competitividade sadia e bem dosada, respeitando-se os limites (Atalanta); vivência focada na *polis*, espírito cosmopolita (Atená), mas sem perder de vista a natureza, os seus recursos e os seus ciclos (Ártemis). Pensamento lógico, estruturado e racional (Atená) mesclando-se à intuição, ao faro ou à percepção sobre o que está adiante (Ártemis); independência, competitividade e afastamento com exacerbação com relação ao masculino (Ártemis) migrando para uma maior integração com ele, mas sem submissão (Atalanta). A disciplina e o controle exagerados que resultam em rigidez (Atená) atenuados por maior soltura e por liberdade no que e no como faz (Afrodite).

E por aí vai.

Ares (Marte) e Éris (Discórdia)

Os deuses rejeitados

ARES (MARTE) E ÉRIS (DISCÓRDIA)

A BELICOSIDADE E A INSTABILIDADE

UM DEUS COMPLEXO E UMA DEUSA INTRUSA

Ares é uma eloquente representação de quão poderosas e ambíguas as figuras míticas masculinas podem ser. Aqui, ele vem acompanhado de sua irmã Éris – esta causou nada menos do que a Guerra de Troia. Os deuses e deusas devem ser vistos não isoladamente, mas em duplas ou trios, o que traz complexidade aos padrões de comportamento nas relações, principalmente no trabalho. Veremos aqui essas formas de manifestação do masculino e do feminino. De quebra, adicione-se uma Afrodite...

ARES

Força bruta em ação

O mito

Ares tem, como pais oficiais, Zeus e Hera, mas há outras possíveis origens das quais não vamos nos ocupar. Ao contrário do que ocorre com os demais deuses olímpicos, há poucos detalhes sobre o seu nascimento, mas cabe uma curiosidade inicial: Hera escolheu para tutor desse seu filho uma figura chamada Príapo (ou Priapus), um deus deformado e fálico que treinou o menino, primeiro, como dançarino, e só depois como o famoso guerreiro. Interessante destacar que entre os gregos – e, particularmente, entre os próprios deuses do Olimpo – Ares não era bem-visto, tampouco querido, nem sequer digno de consideração. Sua relação com o pai, talvez por isso mesmo, não foi diferente. Sempre que o jovem Ares enfrentava algum problema ou desapontamento, queixava-se a Zeus sem sucesso, pois o todo-poderoso o desprezava. Ele teve vários irmãos, e entre eles se destacam Hebe, aquela com quem o herói Héracles finalmente se casou após a apoteose, e Éris, da qual vamos falar mais à frente.

Já entre os romanos, que o chamam de Marte, o seu conceito era muito superior: nas contendas, ele atuava bem próximo de Júpiter – o equivalente romano de Zeus – e era reconhecido também como o pai de Rômulo e Remo, os gêmeos fundadores de Roma, o que não é pouca coisa.

Voltando aos gregos, os deuses olímpicos tinham um certo padrão, uma aura de nobreza divina, um ideal representado pela *areté* ("excelência") e pela *timé* ("honradez"), o que não condizia com a postura extremamente belicosa e sangrenta de Ares, visto apenas como sinônimo de virilidade e vigor. Como tal, nas representações ele aparece sempre paramentado e totalmente armado, pronto para guerrear. A rejeição notória por parte de pai contrastava com a relação que Zeus tinha com sua irmã, Atená. Esta era reconhecida pelo apoio e pelos conselhos estratégicos nas guerras, enquanto Ares se notabilizava apenas pela selvageria, a luta pela luta em si.

Essa polaridade na aceitação e na escolha do lado pelo qual lutar fica evidente na *Ilíada*, de Homero, em que o autor enfatiza que Ares sempre guerreou ao lado dos troianos contra os próprios gregos. E pior: do modo mais sangrento possível, quase sempre derrotado, insultado e humilhado – quando não ferido por Atená. Ocorre que gregos e troianos viviam guerreando entre si, dentro das regras olímpicas de conduta ditadas por Zeus. O problema é que Ares extrapolava todos os limites de violência e sangue derramado. Ele se caracterizava pela ação ou pela reação emocional imediata aos estímulos externos, que ativavam rapidamente seu impulso agressivo, sem medir consequências. Estava sempre se movimentando em busca de aventuras guerreiras, não com um objetivo específico, mas para se exercitar nesse ofício, descarregar sua enorme energia, para não ficar entediado, aborrecido quando nada excitante dessa natureza acontecia. Pelo lado positivo, não se tratava de um indivíduo rancoroso – costumava reagir intempestivamente, mas logo depois a raiva se dissipava.

Tais características não o impediam de se envolver em relações amorosas, e a mais conhecida e significativa foi, é claro, com Afrodite, a deusa do amor. Ocorre que ela já era casada, ainda que contra a vontade, com outro olímpico – o coxo e nada belo Hefesto, o deus ferreiro e artesão. O casal de amantes teve muitos filhos, mas os mais notáveis e assustadores foram Deimos (o terror) e Phobos (o medo, o pânico). Alguns autores sugerem que Eros (Cupido) também nasceu dessa união.

Há uma passagem famosa, de enredo curioso, quase novelesco e, ao mesmo tempo, terrivelmente contemporâneo: o deus Hélio, com sua luz solar que tudo ilumina, descobriu um encontro furtivo dos dois amantes e alertou Hefesto, que, de sua parte, engendrou um plano. Com suas habilidades de artesão da forja, construiu uma delicada mas resistente rede metálica e surpreendeu o casal adúltero, aprisionando-o nessa teia. Não satisfeito, chamou os demais deuses para assistir ao degradante espetáculo (dizem que as deusas não foram, apenas os deuses), o que foi feito sob zombarias e gargalhadas olímpicas! Consumado o fato, Afrodite e Ares se retiraram de cena, cada qual para um distante destino.

Significado

Começamos com um tema curioso e aparentemente contraditório. Ares foi iniciado e treinado por Príapo inicialmente na dança e, só depois, nas artes da guerra. Mas não há nada de paradoxal nisso. São inúmeros os povos indígenas que preservam sua tradição de dançar e invocar certos deuses antes de irem à caça, tal qual faziam seus antepassados ao sair para guerrear. Do ponto de vista corporal, é igualmente saudável que o guerreiro tenha agilidade nas pernas, principalmente, e nos braços. Isso equivale a uma espécie de dança que em nada diminui a masculinidade dos guerreiros – ao contrário, confere-lhes habilidades extras. Grandes boxeadores, como Cassius Clay, depois convertido em Muhammad Ali, são conhecidos por seus movimentos ágeis com as pernas, característicos de um hábil dançarino. Isso também ocorre em outras modalidades de esporte, como a esgrima e o futebol. Não se pode esquecer dos passos habilidosos de Garrincha, que dava um verdadeiro baile no adversário. No mito, Príapo preferiu começar o treinamento do seu pupilo pela dança. Essas habilidades combinadas às técnicas de luta é que forjam o bom guerreiro.

O segundo tópico se refere à relação de Ares com o pai. Zeus afirmava que suas características negativas vinham da mãe, Hera, uma mulher notoriamente vingativa. Não vamos aqui discutir as relações do casal olímpico, mas a narrativa nos mostra um pai insatisfeito com as qualidades do filho, ou melhor, com aquelas que não atendiam às suas altas expectativas, algo comum nas famílias em nossos dias. O pai projeta no filho um acervo de características as quais ele tem, ou julga ter, ou, ainda, que gostaria de ver no filho. Ares é um filho rejeitado, e isso não o ajuda em relação à agressividade – ao contrário, acentua e faz extrapolar esse traço. Para piorar, Zeus vê em Atená a filha ideal, a que preenche as suas expectativas, que são condizentes com os ideais olímpicos: o pensamento nobre, lógico e estratégico. Atená é quem tem um tipo de sabedoria realmente útil nas mais variadas situações, inclusive nas guerras, enquanto o irmão baseia suas ações no instinto básico guerreiro e sangrento. Atená, por isso mesmo, é a predileta do papai.

Mas Ares também tinha as suas qualidades, embora esses aspectos não fossem reconhecidos pelo pai, tampouco pelos que o rodeavam ou com ele interagiam. Ares era independente, destemido, arrojado, decidido, não recuava diante de uma boa briga, mostrando-se bastante competitivo. Movendo-se em direção ao lado negativo, Ares representa um poder guerreiro destruidor, um competidor implacável e sanguinário, permanentemente preparado para o combate, que ataca para se defender e não se importa com as condições do oponente derrotado, ao passo que Atená simboliza o bom e justo combate, a boa luta, a seguidora de certas regras. Por isso, com o apoio do pai, ela humilhava o irmão. Os dois são opostos e representam as duas diferentes formas de encarar as contendas, as lutas, as disputas. Essa é uma importante mensagem-chave do mito: de um lado, temos Atená, reconhecida pelos sábios e prudentes conselhos aos que lutam, indicando-lhes a melhor e menos arriscada estratégia para cada caso; do outro, está Ares, com seu instinto cego e destruidor, sua imprudência que combate por combater, sem notar se há, ou não, objetivos que possam justificar aquela batalha, tampouco avaliando as consequências.

Assim, Ares, como o herói Héracles, carece ser lapidado, desenvolvido, aperfeiçoado, dentro do que é possível. Mas, para os gregos antigos, parecia ser mais um caso perdido, enquanto para os romanos o seu equivalente Marte era tido em alta consideração, junto de seu pai, Júpiter, havendo entre eles uma cumplicidade e uma saudável parceria. Não sem razão, no Império romano muitos templos foram a ele dedicados, o que praticamente não ocorreu na Grécia.

A relação de Ares com Afrodite, uma deusa aparentemente tão oposta, pode significar uma potencial união da agressividade com o amor, combinando dois tipos de espíritos independentes: um, para a luta; outro, pela forma de amar quem quiser, de poder escolher livremente. É o que Afrodite fez ao trair o marido, Hefesto, o qual não tinha atributos capazes de atrair a deusa do amor. Além de feio e coxo, fazia o duro e criativo trabalho sob o calor da forja, representando o homem dedicado ao labor. Afrodite não queria ser prisioneira desse tipo de relação amorosa e acabou optando por Ares, uma figura mais impetuosa, viril e afinada com a sua maneira de ser. Mas ironicamente ela e seu amante acabaram presos na rede metálica que Hefesto usou para imobilizá-los, mostrando que seu comportamento independente, embora cabível, nem sempre é passível de realização. E ainda sofreram o desdém e a zombaria dos demais deuses, os quais se mostraram tão conservadores, preconceituosos e invejosos quanto os nossos seres humanos contemporâneos, infelizmente. Não é muito diferente do que acontece em nossos dias a quem ousa romper com o padrão estabelecido pelas regras olímpicas, as quais determinam que as pessoas sejam o que delas se espera, e não o que querem ser autenticamente. Se quiserem, que o façam às escondidas, como Ares e Afrodite. Esses amantes parecem representar o tipo de casal que prefere a independência ao relacionamento mais estável. Dificilmente são relações duradouras, sustentáveis ao longo do tempo, tanto que depois do escândalo cada um se retira para um lado e os dois vão seguir suas respectivas vidas. Hefesto, pobre homem, tentou aprisionar o que não pode ser aprisionado: o espírito de audácia, a independência e a liberdade de amar.

Ares e Afrodite, Guerra e Amor, um casal imprevisível, saturado de emoções escaldantes, expelindo faíscas por todos os lados. A impulsividade sob o fogo na temperatura máxima. O nascimento da filha, Harmonia, poderia indicar que esse enlace é até possível e poderia representar a união desses opostos. Mas, como contrapartida, nasceram também os irmãos Phobos (o medo, o pânico) e Deimos (o terror), com todas as suas implicações.

O Marte romano poderia ser considerado um tipo de evolução do tosco Ares grego: na estratégia militar romana, Marte aparece fortemente associado ao estabelecimento de zonas, territórios militarizados, acampamentos e pontos vitais de concentração de soldados – ou seja, de força e energia –, tudo bem organizado, o que deu origem ao termo Campo de Marte, e não apenas relacionado à força brutalizada e sangrenta do equivalente grego.

Seja Ares ou Marte, ele é o deus, o aspecto no homem que dá o impulso inicial, que vai à luta, em frente, tanto que é considerado o signo inicial do zodíaco (Marte, março), a iniciativa de, partindo dali, percorrer as suas doze fases e completar a trajetória pelos vários aspectos dos doze deuses.

Ares tem a sua ação voltada apenas para as coisas exteriores, constituindo assim a ausência de um foco de introversão e reflexão. Da mesma maneira, não demonstra conhecer o sentido do perigo decorrente das suas ações, sendo movido por alguma força irresistível. É aquele que não teme estar na linha de frente do combate, o que pode ser um aspecto positivo, pois muitos soldados preferem ficar na segurança da retaguarda nas lutas da vida, enquanto os reais especialistas na arte marcial, regidos por Ares/Marte, abrem espaço nas hostes inimigas, correndo riscos. Ambos os tipos são importantes, desde que sejam devidamente comandados, preferencialmente por um líder do tipo Zeus, que não apenas comanda mas também coloca ordem no batalhão, caso contrário a operação tenderá a um caótico fiasco.

Lições de Ares para a sua carreira e a vida

O desafio da impulsividade

Os significados identificados até aqui já sugerem que interagir com um indivíduo do tipo Ares, tanto na vida pessoal como na profissional, não é nada fácil. De fato, para começar, Ares tem dificuldade de vislumbrar e considerar um horizonte de planejamento mais longo: gosta do aqui e do agora; é aquele que quer começar a agir imediatamente. Não tem paciência para esperar algo evoluir, amadurecer na medida e no tempo certos. Tem dificuldade de se manter em um projeto, uma carreira ou até uma profissão por um período mais longo. Quer sempre agir e estar em movimento, só que de um modo muito distinto do de um Hermes, o qual também adora transitar pelo mundo, mas com outros propósitos. Ares, entre outras coisas, tende a agir antes da hora, não consegue identificar o *timing* correto de suas iniciativas e acaba cometendo algumas loucuras, no amor e na guerra. Sua impulsividade excessiva pode criar problemas nos relacionamentos, mas é diferente daquela presente em um Héracles, que se volta para objetivos mais claros e identificados, como os Doze Trabalhos. Para Ares, o importante é a luta em si. Tempos de calmaria e paz não lhe são nada animadores. Igualmente, tende a agir sem medir as consequências dos seus atos, podendo se tornar um problema para seu superior imediato e, também, para seus colegas e subordinados, mesmo que a intenção, em si, possa até ser boa.

Tal como sugere o mito, esse tipo de profissional nem sempre é muito bem-visto e apreciado no Olimpo empresarial. Mas, para situações que requeiram uma ação rápida, imediata, sem muita hesitação, como em certas crises, trata-se do profissional adequado.

Os homens são de Marte

Embora Ares traga de imediato uma conotação masculina, existem muitas mulheres encarnadas pelo mesmo espírito. Talvez sejam aquelas que, logo após a maternidade, são tomadas por uma crise de ansiedade e querem voltar rapidamente ao trabalho fora de casa ("as coisas exteriores"), onde, diga-se, querem fazer logo o que tem de ser feito. São pouco reflexivas, são diretas e francas e podem até ser consideradas grosseiras por dizerem o que querem e o que pensam, sem tergiversar. Tenham essas características ou não, elas ainda sofrem com os homens tipicamente marcianos, para quem lugar da mulher é em casa, executando os trabalhos domésticos, e que menosprezam seu lado profissional. São aqueles que as xingam e lhes zombam no trânsito; que se vangloriam de tarefas as quais julgam ser exclusivamente masculinas – coisa para um Ares. Acreditam mesmo que estão sendo gentis ao se oferecerem para trocar uma lâmpada ou um pneu, dizendo para a mulher: "Deixa que eu resolvo, isso é trabalho pra homem!" – ou, ainda pior, "pra macho".

Os homens de Ares possivelmente adoram os comerciais de cerveja nos quais o estereótipo é recorrente: a mulher bonita está ali só para servir uma gelada aos fortões e para exibir os seus dotes físicos. Ares também aflora e libera o instinto brutal dos homens, principalmente nas guerras entre torcidas de futebol e nas brigas no trânsito, de modo furioso e até sangrento.

A COMPLEXIDADE NO TRABALHO

Sejam homens ou mulheres, são pessoas de pavio curto, o que pode gerar consequências negativas no trabalho e nas relações pessoais. "Falo ou faço, depois penso." Pelo lado positivo, Ares não é do tipo que guarda e remói rancores, tampouco arquiteta planos vingativos para prejudicar o outro. Se tiver de fazer algo contra alguém ou alguma empresa (ou um empregador), o fará de imediato, por impulso, muitas vezes indevidamente.

No trabalho, os homens do tipo Ares não são diferentes ao tratar com as mulheres e, não raro, procuram diminuí-las, desvalorizá-las. Mas tanto o homem como a mulher sob essa influência mostram impaciência ou intolerância com os subordinados e os colegas que não agem, que não se movem rapidamente, considerando-os tímidos e molengas. Desse modo, podem se tornar grandes tiranos. Nos assuntos profissionais, especialmente nas áreas comerciais e de vendas, são apreciados pelo seu instinto guerreiro, destruidor, de querer arrebentar os concorrentes. Muitas empresas acabam tendo como marcante essa característica, não apreciando a chamada "concorrência saudável, boa para o mercado e para o consumidor", o que, na verdade, é uma grande hipocrisia. À parte o bonito discurso externo, no mundo real e ferozmente competitivo a inspiração de Ares é no sentido da disputa sangrenta.

O BOM COMBATE E O RESPEITO AO ADVERSÁRIO

Entretanto, se o combate é no campo das ideias, do pensamento e das posições, cabe à pessoa inspirada e regida por Ares ou Marte refletir melhor, ou ser induzida a refletir, e caminhar no sentido do respeito ao adversário. Procurar dialogar, dizendo claramente o que pensa – como é de seu estilo –, mas sem destruir belicosamente o que a outra parte defende. Esse é o chamado bom combate, inteligente, estratégico e respeitoso, inspirado por Atená. Pode ser que ocorra, ou não.

O profissional do tipo Ares poderá se tornar também um bom empreendedor, o que requer grande dose de iniciativa, de agressividade na busca de clientes, de independência e de coragem para assumir riscos, características típicas desse deus. Seja como for, a busca é pelo sucesso, algo que se conquista no mundo exterior.

Ao lidar com seus chefes, um empregado desse tipo pode ser fonte de problemas não só pelas características que vimos mas também porque tende a pensar somente nele, apresentando uma postura individualista, bem distante do sonho de qualquer líder que almeje formar times coesos, equipes que trabalhem em harmonia. Isso nos remete aos possíveis desdobramentos que possam melhor lapidar um profissional Ares ao longo do tempo. Para tanto, é preciso contar com o auxílio de uma Atená – a voz feminina interna da irmã que chama a sua atenção e lhe injeta uma dose de cautela e de prudência, do tipo "pense um pouco antes". Ou seja, é preciso incutir uma atitude de reflexão, fazer uma pausa para pensar antes de agir intempestivamente. Ou, ainda, recorrer a um Hermes, que sinalize e ajude a canalizar esse manancial de energia poderosa e sem controle na direção de uma ação mais focada, objetiva e bem comunicada, transformando as percepções dos que com ele interagem. Hermes pode novamente ajudar ao mostrar e clarear caminhos alternativos, ao motivá-lo a dissolver ou atenuar essa postura arraigada de dureza e belicosidade exageradas.

A importância do reforço positivo

Outro aspecto potencialmente problemático de um Ares no relacionamento com o chefe reside na questão do gerenciamento das expectativas. Esse é um ponto sempre delicado. Lembre-se de que Ares era rejeitado por seu pai, Zeus (agora representado pelo chefe, simbolicamente a autoridade paterna), que menosprezava suas qualidades e dava preferência à sua irmã Atená. O profissional Ares precisa de reforço positivo de modo constante para não se sentir preterido, pois é carente de atenção. Um Ares facilmente se melindra e vai se queixar ao chefe/pai. Esse processo aborrecido pode ter efeito contrário, aumentando o grau de rejeição ("Puxa, esse chato está sempre choramingando, reclamando!").

Cabe ao chefe Zeus avaliar o tipo com que está lidando e, se julgar que vale a pena – ou seja, se estiver tratando com um bom talento a ser retido –, exibir sensibilidade ao dar seus *feedbacks*. Mas a maior parcela cabe ao próprio Ares, que pode desenvolver novos modelos de relacionamento com a autoridade à medida que vai amadurecendo. Esse processo pode se dar por meio de recursos já mencionados em Hermes, como *coaching* e *mentoring*. Ou externamente, por meio de terapias variadas. É necessária, porém, alguma cautela de todos os que interagem com ele nessas avaliações, pois existe certo preconceito com quem é mais agressivo, algo que transforma a agressividade em um defeito quando, se bem dosada, ela pode ser um atributo positivo.

A BELICOSIDADE SOB CONTROLE

À medida que a idade avança, os graus de impaciência, impulsividade e ambição tendem a diminuir. Com o ímpeto belicoso mais controlado, é hora de assumir postos de aconselhamento, exercer atividades voltadas ao coletivo e não mais de caráter individualista. É quando o ex-sargento poderá ser mentor dos soldados, ou o técnico durão, o conselheiro dos jogadores. Há um potencial a ser resgatado, podendo ser aberto espaço à evolução de um Ares grego para um Marte romano mais estruturado e melhor preparado para o combate da vida. Aceitar e se aproximar da sabedoria da irmã Atená e aprender qual é a hora de atacar e a de recuar. E, mesmo quando avançar, saber explorar os melhores flancos do inimigo e usar, de maneira sábia e prudente, seus recursos bélicos disponíveis. Zeus pai ou chefe ficaria satisfeito e feliz, agora com os dois filhos atuando harmonicamente: a impetuosidade sábia!

Esse é Ares ou Marte.

Provocações

ARES REPRESENTA A NOSSA CAPACIDADE DE AGRESSIVIDADE, BELICOSIDADE, E DE IR EM FRENTE PARA FAZER O QUE TEM DE SER FEITO, CORRENDO RISCOS ÀS VEZES DESNECESSÁRIOS. O APETITE PELA DISPUTA E PELO CONFRONTO.

Seja você homem ou mulher sob a influência marcante de Ares, a sua agressividade acentuada tem trazido mais problemas ou mais benefícios à sua carreira e à sua vida pessoal? Você tem sentido que precisa moderar esse comportamento e pensar um pouco mais antes de agir impetuosamente? Alguém já lhe deu um *feedback* a respeito? Se sim, como você reagiu? Sente que já extrapolou nas suas atitudes e prejudicou alguém ou o seu empregador? Você tem mudado ao longo do tempo? Tem conversado com a deusa Atená, mais estratégica e ponderada nas disputas, recomendando avanços, mas também eventuais recuos? Procurou chegar a uma impetuosidade sábia, uma combinação dos dois deuses?

ÉRIS

A DISCÓRDIA QUE ARRASA OU CONSTRÓI

O mito

Éris não é personagem das mais conhecidas na mitologia. Há duas possíveis versões sobre a sua origem: a primeira, predominante, tem como fonte Homero e sua famosa obra-prima, a *Ilíada*. Éris é a irmã gêmea de Ares, portanto filha de Zeus e Hera. Já para Hesíodo, outro pilar da cultura grega antiga, autor de *Os trabalhos e os dias* e *Teogonia*, ela seria uma princesa, filha primogênita de Nix (a noite) e, assim, figura primordial de caráter mais sombrio. Entre tantos filhos gerados por Éris estão Pónos (a fadiga), Álgos (a dor), Léthe ou Leté (o esquecimento) e Limos (a fome). Embora tenha filhos, pouco ou nada se fala de suas relações amorosas.

Significado

Para o nosso propósito, vamos assumir que Éris era filha do casal olímpico e irmã e companheira de Ares, o que lhe confere um *status* mais elevado, tornando-a personagem fundamental no célebre episódio da Guerra de Troia que vamos resumir a seguir. Em qualquer das possíveis origens, era uma figura pouco apreciada e até desprezada pela mãe. Éris é conhecida como a deusa da discórdia.

Aqui vai um resumo do evento que antecede e provoca a Guerra de Troia. Tudo começa com o casamento planejado por Zeus entre Peleu, rei da Fítia, e Tétis, ninfa sedutora e dotada de uma beleza incrível e, por isso mesmo, disputada por vários deuses. A pretendida era voluntariosa e precisou ser convencida a aceitar esse esposo que ela não havia escolhido. Embora nobre, ele não era um imortal. Bem, Peleu teve de se virar e sequestrar a noiva, fato corriqueiro na mitologia. Para encurtar a história, o casamento acabou ocorrendo. Todos os deuses foram convidados, desceram do Olimpo e compareceram à magnífica cerimônia. Seguiu-se uma grande e alegre festa, como nos bons e ricos matrimônios. Ocorre que, a certa altura, surgiu alguém que não tinha sido convidada: Éris. Apesar de intrusa, ela trouxe um belo presente de amor: uma maçã de ouro. Já falamos desse tipo de pomo no Jardim das Hespérides em Héracles (ver página 102) e Atalanta (ver página 155). Mas, em vez de entregar o presente diretamente aos noivos, como seria o esperado, ela jogou o pomo no chão. Nele havia uma gravação indicando a quem se destinava: "À mais bela". Estavam presentes três deusas – Hera, Atená e Afrodite –, e cada uma, à sua maneira, tinha a certeza de ser dotada de uma beleza insuperável e, portanto, merecedora do regalo. Quem seria a vencedora? Cada candidata ao pomo destacou enfaticamente as suas qualidades adicionais, e Zeus, como patriarca, decidiria a escolhida. Tarefa complicada. Qualquer que fosse a eleita, haveria problemas com as demais, todas difíceis representantes do segmento feminino. Não seria possível agradar a uma sem desagradar a duas. Nasceu assim o famoso Pomo da Discórdia.

Zeus saiu pela tangente e engendrou uma estratégia – bem ao seu feitio. Delegou ao nosso habilidoso Hermes a missão de conduzir as três candidatas ao monte Ida, na Ásia Menor, em busca de uma figura insuspeita e neutra que poderia resolver a questão. Um jovem pastor, de hábitos simples, mas de origem nobre – um rei-pastor, diríamos, de nome Páris (por vezes chamado de Alexandre), filho de Príamo, rei de Troia.

As três deusas chegaram ao destino guiadas por Hermes. Páris ficou muito surpreso e, ao mesmo tempo, assustado, pois não era comum nem permitido a um simples mortal a visão de três belas imortais. Hermes o tranquilizou dizendo que ele só teria de decidir qual seria a premiada, como em um concurso de beleza. Claro que cada uma delas tentou convencê-lo não apenas de sua beleza como também das qualidades que ofereceria a ele caso a sua decisão lhe fosse favorável. O velho e bom toma lá, dá cá.

Atená ofereceu a sabedoria para ele obter vitórias nas guerras; Hera, como esposa do chefe do Olimpo, garantiu que ele seria um poderoso soberano; Afrodite lhe conferiria um enorme poder de sedução que conquistaria a belíssima Helena (a de Troia), com quem todos os homens queriam fazer amor. E, assim, acabou por profetizar que ele seria o marido da famosa e disputada Helena.

Páris escolheu Afrodite. O problema é que Helena já era casada com Menelau, e este já conhecia Páris, tanto que o hospedaria mais tarde. Encurtando a história, Páris aproveitou uma oportunidade e traiu o amigo. Com a ajuda prometida de Afrodite, conquistou Helena e fugiu com ela, fato que acabou provocando a Guerra de Troia. Há versões de que a fuga, na verdade, tratou-se de um rapto. Aqui não importa, mas há outro detalhe curioso. Na viagem de Páris a Esparta (com Eneias) em busca de Helena, Cassandra, filha de Príamo e dotada de dons proféticos fornecidos por Apolo, previu o desfecho trágico resultante daquela missão, mas ninguém lhe deu crédito. Esse dom infalível da adivinhação não lhe serviu de nada, pois ninguém acreditou nas suas previsões.

A Guerra de Troia tem lugar – e de modo sangrento. Tudo começou com a Discórdia, Éris.

Lições de Éris para a sua carreira e a vida

A arte no manuseio dos argumentos

Éris é aquela que não perde uma oportunidade de semear a discórdia. Chega inesperadamente, sem ser convidada, e cria, de alguma forma, a divergência ou disputa. Os romanos a chamaram de Discórdia, e, por isso mesmo, podemos vê-la somente sob o aspecto negativo, pela mesma característica desagregadora de muitas pessoas do nosso cotidiano. Mas, se olharmos pelo lado positivo, encontraremos a definição que nos dá o dicionário Houaiss para erística, do grego *eristikê*, uma palavra derivada de Éris que significa a "arte ou técnica da disputa argumentativa no debate filosófico, desenvolvida sobretudo pelos sofistas, e baseada em habilidade verbal e acuidade de raciocínio". Portanto, uma atitude ou postura que pode ser saudável, que encoraja o debate no sentido da diversidade de pensamentos ou de posições. Atua, então, como agente provocador de posicionamentos diversificados, o que não necessariamente vai conduzir o processo a um bom final. Já dizia Nelson Rodrigues, um provocador típico e fora dos padrões, que "toda a unanimidade é burra. Quem pensa com a unanimidade não precisa pensar".

O devido respeito aos vencidos

A discórdia pode ser vista como um modo de estimular a competição, como se vê claramente no mito, o que pode ser saudável em certas situações. A competição, seja no meio social ou no profissional, no entanto, pode ter duas faces: a luta sob regras éticas, claras e limpas, respeitando-se o vencido ao final, e aquela que quer destruir o oponente, ou pior, que nem sequer aceita a existência de oponentes, dos que ousam disputar o espaço das ideias e também o das fatias do mercado. Ou ainda, no campo político, quando uma corrente ou ideologia predominante não admite conceder espaço a outras, tanto as existentes como as novas. Nesse último campo, trata-se de tema bastante atual.

A CAPACIDADE DE DESTRUIR CONSENSOS

Éris é uma figura muito comum nos meios sociais, acadêmicos e empresariais, manifestando-se quando alguém que pensa de modo diferente coloca suas posições e seus questionamentos de maneira inesperada e distinta no momento em que todos já estavam se encaminhando para um consenso. Mesmo que tenha razão, pode acabar sendo rotulado de estraga prazer, aquele que azeda a festa, como bem sugere o mito no casamento de Peleu e Tétis. Em outras palavras, a pessoa que encarna um papel do tipo Éris é vista como chata, para dizer o mínimo. Tanto que não é tida em boa conta, é menosprezada, muito distante do que foi idealizado pela mãe, Hera. Vamos lembrar que o mesmo ocorreu entre o pai, Zeus, e o irmão gêmeo de Éris, o igualmente difícil e menosprezado Ares. Se juntarmos as duas figuras companheiras de batalhas, perceberemos uma dupla que se completa bem como gêmeos que são, que se comportam de modo muito parecido. Ambos são belicosos, mas de maneiras distintas. Ares o é pelo instinto de ir em busca da batalha cruel, dura e sangrenta, enquanto Éris, ao semear a discórdia, cria condições para que uma batalha ocorra. Há nos dois um impulso, inspirado por Marte, de iniciar um processo que envolve algum tipo de confronto, uma disputa. É aquele que azeda a reunião de trabalho ou o encontro entre amigos ou familiares.

ESTIMULADORA DA COMPETITIVIDADE

Por essa razão, Éris entra no pelotão dos desprezados, dos rejeitados. Hefesto também engrossa esse grupo, que seria uma espécie de time B do Olimpo – o dos que não são aceitos pelos demais e, menos ainda, pelos nobres deuses olímpicos.

Para que o leitor não pense que estamos aqui a crucificar a deusa da discórdia, há nela uma dose de inconformismo e até de certa criatividade estratégica ao jogar, de maneira provocativa, o pomo no chão em vez de simplesmente entregá-lo ao destinatário aparentemente correto, como seria de esperar. Metaforicamente, isso pode ocorrer na vida prática, inclusive no trabalho, ao se lançarem ideias, pensamentos e posições que geram uma competição, que provocam e instigam os demais a abrir o jogo e mostrar suas qualidades e competências as quais podem fazer a diferença. Isso, como no mito, faz com que os que disputam o pomo identifiquem suas qualidades e as coloquem em prática para vencer a contenda. Ao entrar em uma disputa caracterizada pela discórdia, precisamos identificar os nossos recursos e talentos, muitos deles adormecidos, e recorrer a eles. Trata-se de uma oportunidade. É o que fazem as três deusas, cada uma com sua estratégia específica: mostram quais são as suas cartas.

É valioso relembrar o que já vimos nos outros mitos sobre o pomo de ouro, um tema recorrente. Ele se refere a algo nobre e puro – o ouro é considerado incorruptível, é igual na essência e no aspecto exterior, não tendo, portanto, duas faces. É o que é. Por isso, é raro, valioso e disputado. Para merecê-lo é necessário se comprometer com as qualidades de que são portadoras essas competidoras. Elas se comprometem a dar algo valioso ao vencedor, um talento que passará a ser seu dali em diante.

As competidoras-candidatas, aliás, são todas imortais e representam valores eternos, os quais não morrem e devem ser valorizados. Trazer essas questões à tona, à luz, como faz Éris ao jogar o pomo no chão, não é algo muito apreciado. Trata-se de alguém indesejável, que nunca é convidada para a festa na qual todos só querem alegria, convívio social civilizado, aparências, todos em conformidade com o mesmo padrão, o senso comum, a unanimidade.

Os problemas e as soluções são nossos

Embora não se refiram especificamente à deusa Éris, há trechos que foram relatados de propósito porque neles identificamos alguns significados e implicações de valor para os nossos temas. Há, por exemplo, um ponto relativo às relações entre os deuses e os mortais, questão intrigante e, por vezes, revoltante. Vamos lá: Zeus tem de decidir a quem dar o tal pomo atirado ao chão. A decisão é difícil, um belo abacaxi – vai deixar ao menos duas deusas insatisfeitas, talvez furiosas, principalmente porque uma delas é sua mulher, a vingativa Hera. As outras duas, Atená e Afrodite, também são bem dotadas de recursos, como se viu: sabedoria e poder de sedução, entre outros, o que pode ser um problema para o patriarca. É crítico tomar uma boa decisão em meio à discórdia. O que faz Zeus? Espertamente, resolve empurrar o problema para os homens, pobres e limitados mortais. Pediu a Hermes que guiasse as três deusas demandantes para o nosso terreno sólido e nada etéreo, para que aqui resolvêssemos essa questão delicada e difícil. O mito parece sugerir que cabe a nós mesmos equacionarmos os nossos problemas e não simplesmente recorrermos ao divino, esperando uma solução, uma iluminação que do céu não virá – o famoso e recorrente "Que Deus me ajude!". Pode ajudar, sim, mas apenas ao fornecer os talentos de um guia e mentor do quilate de um Hermes que reside dentro de nós. Indica os caminhos. Depois disso, é conosco. Temos de decidir e assumir os riscos.

A retenção e a fecundação do novo

Como estratégia, Zeus usa a ferramenta da delegação de poderes e o faz escolhendo o jovem Páris. Sobre este cabem alguns comentários: embora de origem nobre, filho de um rei, trata-se de uma pessoa de hábitos simples, que vive como pastor, junto à natureza. Há algo mais simples e natural do que isso? Com seus cães, o pastor é aquele que conduz o seu rebanho, o que nos remete a outra reflexão aplicável a vários setores da atividade produtiva, religiosa ou social: o pastor é um líder que controla o seu rebanho e o conduz a um objetivo, ou seja, ao bom pasto e, depois, à segurança do estábulo. Para que tudo fique bem retido, ninguém escape. Isso é Hera na essência, que quer a estabilidade, a retenção, em oposição ao marido, Zeus, que é liberdade e fecundação do novo.

Na base, o processo decisório escolhido por Zeus recai sobre algo simples, mas efetivo, nada sofisticado, e que não requer muitos recursos. Escolhe a nobre simplicidade que não precisa das aparências. Tal qual o ouro, Páris é o que é na sua essência, um pastor, mas que poderia se portar como um filho de rei, exibindo suas riquezas. Como é muito jovem, pode representar a esperança de um novo tipo de liderança, o bom pastor de que tanto carecemos.

Zeus precisava tomar uma decisão e, para tanto, teria de considerar os vários aspectos das três deusas, os vários ângulos da questão, o que é saudável. Mas não é possível satisfazer a todas as partes, e em determinado ponto é preciso tomar a decisão por ele mesmo. O líder pode até delegar, mas a uma pessoa mais experiente. Delegar a alguém sem a devida vivência, como Páris, pode resultar em uma escolha inadequada e um consequente desastre – a Guerra de Troia, no caso. São os vários ângulos do mesmo episódio que requerem decisões. Todas elas implicam riscos. Zeus delegou e lavou as mãos; Hermes mostrou as alternativas, mas não decidiu. Cada um que fizesse as suas escolhas.

O desejo que cega

Para alcançar o que lhe foi destinado – a bela Helena –, Páris usou a impetuosidade da juventude e a capacidade de sedução instilada por Afrodite, a paixão igualmente impetuosa, mas a história acabou mal. Além disso, não foi leal ao amigo Menelau, desrespeitando um valor importante. E, finalmente, havia a premonição de Cassandra, que alertou para o que ocorreria. Suas previsões estavam corretas; era uma tragédia anunciada. Mas por que os homens não lhe deram crédito apesar de sua competência comprovada? Talvez a cegueira seja o resultado da emotividade, do erotismo na forma mais exaltada, da ambição e do deslumbramento de conquistar algo que todos querem, no caso metaforicamente representado pela bela e desejada Helena. São aspectos que nos cegam, que não nos deixam ver a realidade. Nós nos recusamos a ver, a considerar a previsão, por mais evidente e provável que ela seja. Empresários, cidadãos comuns e políticos incorrem nesse mesmo erro: sentem-se incomodados quando alguém se mostra descrente, ficam aborrecidos quando o outro faz previsões pessimistas e até apocalípticas.

Mas o pior ainda não abordamos: Páris tinha uma amada autêntica, a ninfa Enone, cujo amor legítimo não fizera parte de nenhum estratagema e que estava disposta a esperar o amado para curá-lo se voltasse ferido dessa empreitada. Páris abriu mão dela para seguir um aparente destino inexorável que Zeus e Afrodite lhe ditaram.

Aí está o ponto: ele tinha a capacidade de escolha e poderia ter decidido pelo que lhe fosse mais autêntico, caindo fora a tempo. Mas não teve forças para combater algo irresistível expresso por Afrodite e Helena e pelas seduções que a situação lhe ofereceu. Convenhamos, isso é muito difícil. Sempre há ninfas, sereias e deusas belíssimas para nos tentar, para nos tirar do caminho. Na vida real é difícil resistir: há a sedução do poder, do prestígio, do dinheiro, dos cargos, do *status* e dos prazeres instantâneos de toda ordem.

Vamos, então, dar um crédito final a Páris: ele teve, ao menos, a coragem de sair da zona de conforto, da vidinha tranquila e modorrenta de pastor, de deixar a segurança de ser filho de um rei e arriscou-se ao novo. Já havia feito uma escolha antes: abriu mão da sabedoria e do intelecto (Atená) e da estabilidade e do poder (Hera) – que, convenhamos, não são atributos tão atraentes para um jovem –, optando pela busca de uma vida excitante, movida pela paixão, pela emoção acentuada e pela fecundidade potencial (Afrodite). Poderia dar certo, ou não. Não há regras de garantia. Assim é a vida.

Fica então a pergunta vital: quais teriam sido as vidas não vividas de Páris se tivesse feito outras escolhas? E você, leitor, já viveu esse tipo de impasse decisório na sua vida? Que alternativas de vida foram excluídas pelas suas decisões? Trata-se, é claro, de um exercício de reflexão, porque o que foi feito era o que tinha de ser feito.

Essa é Éris, a deusa da discórdia.

Provocações

Éris é a deusa da discórdia, aquela que aparece na festa ou na reunião de trabalho sem ser convidada. Do lado negativo, traz a desarmonia que pode desembocar em uma disputa feroz (como foi a Guerra de Troia). Pelo positivo, proporciona um debate no qual são lançados argumentos e pontos de vista, quebrando o senso comum, uma situação mais acomodada.

Alguma vez você já agiu dessa forma? Como foi percebido ou recebido pelos demais envolvidos? Já participou de uma reunião social ou de trabalho na qual surgiu uma figura (masculina ou feminina) desse tipo? Achou produtivo ou irritante? Surgiram olhares diferentes sobre um tema que caminhava para o consenso?

No final do mito, Páris tinha de se decidir, por ordem de Zeus, por uma das deusas (Hera, Atená e Afrodite, representando respectivamente a estabilidade e o poder, a estratégia sábia e intelectual e o amor e a paixão). Páris escolheu Afrodite e, consequentemente, obteve o amor de Helena, provocando a guerra, a tragédia. As opções não escolhidas significam potenciais não vividos.

Em algum ponto da sua trajetória, pessoal ou profissional, você tomou decisões que criaram possíveis vidas não vividas? Pense como foi o dilema e o que estava em jogo na época. Você se arrependeu? Como tem lidado com essa suposta perda potencial? Das três alternativas, de qual sente mais falta? Não há aqui resposta certa ou errada, mesmo porque os deuses e deusas não atuam isoladamente. Talvez, na época, fossem as melhores escolhas ou as possíveis. Importante é ter consciência sobre elas e aprender com isso. Ou, ainda, mudar de rumo.

Prometeu

Ousadia, transgressão e o preço a pagar
pela obtenção da consciência

Prometeu

Entre o Olimpo e a humanidade

O mito

A narrativa que nos inspira vem de Hesíodo (cerca de 700 a.C.) por meio da sua obra *Os trabalhos e os dias*. O mito tem início na chamada Idade do Ouro, durante a qual, em uma espécie de paraíso, viviam animais, deuses e seres humanos, que não se diferenciavam pelo sexo, todos em perfeita harmonia, sem qualquer distinção. A natureza, tal qual no Jardim do Éden, provia os alimentos necessários, sem que fosse preciso trabalhar para consegui-los. Inexistiam as doenças, as guerras, a velhice e a morte. Na verdade, a morte era uma espécie de sono, de modo que ninguém a temia. Quem reinava nessa época era Cronos (o Saturno dos romanos), filho do Céu (Urano) e da Terra (Geia ou Gaia). Zeus destronou e substituiu o pai, Cronos. Começou uma nova era.

Prometeu era um descendente dos titãs, filho de Jápeto, uma antiga família de deuses primordiais derrotados por Zeus e aprisionados no Tártaro. Os titãs Jápeto e Cronos eram irmãos, portanto Zeus e Prometeu eram primos-irmãos. Prometeu sabia que no seio da terra dormia a semente dos céus e resolveu moldar, com argila e água, uma criatura à imagem dos deuses. Atená, a deusa da sabedoria, era amiga de Prometeu e insuflou o espírito naquela nova criatura semianimada. Nascia assim o homem, um ser ainda bem rústico e limitado. Prometeu ensinou às suas criaturas várias das habilidades que hoje compõem o arcabouço do ser humano e sobre as quais não vamos nos alongar. Esse progresso chamou a atenção dos deuses, que reagiram com uma barganha: ofereceram à humanidade a sua proteção, mas, em contrapartida, exigiram oferendas e sacrifícios.

Prometeu saiu em defesa dos homens, pedindo aos deuses que não exagerassem nas exigências. Aquela situação lhe parecia injusta. Decidiu, então, usar a sua astúcia e a sua esperteza para enganá-los. Em um desses sacrifícios, mandou matar um grande touro, do qual os deuses deveriam escolher o que quisessem, e para isso o titã fez dois montes: em um deles colocou a carne, a gordura e as entranhas, e cobriu tudo com a pele do touro. No outro, empilhou os ossos, envolvendo-os com o sebo do animal. Zeus, que como sabemos não era nenhum bobo, percebeu a artimanha e foi tomado pela cólera. Iniciou-se aí a sua vingança: recusou aos mortais algo básico de que necessitariam para progredir – o fogo. Prometeu, também astuto, resolveu obter o fogo à sua maneira, roubando-o. Ao ver o brilho do fogo entre os comuns mortais, Zeus ficou ainda mais furioso. Mas, em vez de retomá-lo, resolveu adotar outra estratégia. Ordenou a Hefesto, o deus ferreiro e mestre na arte do fogo, que moldasse, inicialmente em pedra, uma linda donzela. Para completar e animar a criatura, Zeus pediu a Atená, que também estava enciumada pela visibilidade e pela importância de Prometeu, que arranjasse lindas e atraentes vestes e outros adornos. A Hermes, o mensageiro dos deuses, ordenou que lhe emprestasse a fala, e a Afrodite, que lhe fornecesse os encantos do amor. E assim criou Pandora, um atraente malefício sob a forma de um presente. Pandora, em grego, significa "aquela que possui todos os dons". Os homens, sem exceção, começaram a admirá-la ao vê-la desfilar como uma bela e irresistível novidade.

Prometeu, cujo nome significa "aquele que pensa antes", "o prevenido", "o previdente", tinha um irmão bem menos astuto, Epimeteu ("o homem que não reflete", "aquele que pensa depois"). Prometeu logo percebeu o ardil e, preocupado com a natureza do presente de Zeus, alertou o irmão sobre o perigo potencial, pretendendo com isso devolver o presente. Mas Epimeteu, pouco precavido, logo se apaixonou perdidamente por Pandora e decidiu se casar com ela. Pandora aceitou o pedido e, como presente de núpcias, trouxe um vaso enorme e bem fechado, o qual depois ficou conhecido como a caixa de Pandora. Diante de Epimeteu, ela abriu a tampa do vaso, e dele saíram, como uma nuvem negra, todos os males, vícios e sofrimentos, que se espalharam como uma praga pela terra dos homens. Um único aparente benefício permaneceu lá dentro, ao fechar a tampa novamente: a esperança.

Os homens foram punidos como um todo, mas Zeus queria algo mais: castigar individualmente Prometeu. Mais uma vez chamou Hefesto, o deus ferreiro, e lhe ordenou que fabricasse correntes praticamente inquebráveis. Acompanhado por dois auxiliares, Crato e Bia – respectivamente, "força" e "violência" –, Hefesto acorrentou Prometeu a um rochedo, com os joelhos dobrados e sem poder dormir, à beira de um abismo no Cáucaso. A tortura do titã deveria durar trinta mil anos, segundo alguns relatos, ou, em outras palavras, para sempre. Mas ele demonstrou uma força inabalável diante desse sofrimento.

Zeus, no entanto, não atenuou o castigo porque, para complicar, Prometeu guardava um segredo: uma profecia lhe indicara que o senhor do Olimpo seria destronado (tal como foram seu pai e seu avô) como resultado de um novo casamento. Se Zeus soubesse o nome dessa mulher, poderia não apenas evitar o relacionamento como também adiar um eventual destronamento por um novo filho. Muito tempo depois, Prometeu concordou em revelar o segredo, mas somente à sua mãe, Temis. A mulher que daria o filho indesejável a Zeus seria Tétis. O chefe do Olimpo acabou sabendo disso e espertamente escapou da profecia, arranjando o casamento de Tétis com Peleu.

Como punição a Prometeu, Zeus ordenou que uma águia lhe devorasse o fígado a bicadas. O órgão, no entanto, regenerava-se diariamente. Muito tempo depois, Zeus determinou que aquele sofrimento terrível só terminaria se aparecesse alguém disposto a morrer no lugar de Prometeu – que, como titã, era imortal.

Surgiu então o nosso herói, Héracles (Hércules), que a caminho do Jardim das Hespérides (o dos pomos de ouro) fez três coisas: primeiro, logo abateu a águia a flechadas; segundo, libertou Prometeu das correntes; terceiro, ofereceu seu amigo e mentor, o centauro Quíron, para cumprir a exigência de Zeus e morrer no lugar de Prometeu. Quíron, uma figura curadora e sábia, havia sido ferido acidentalmente por uma flecha envenenada de Héracles. Sofria imensamente e via na morte a única solução para a sua dor. Com esse arranjo conveniente, Prometeu foi enfim libertado e se reconciliou com Zeus.

Esses são os trechos principais da longa e rica narrativa do mito, mas é bom lembrar que Hesíodo atribui ao ato de Prometeu – o roubo do fogo – o fim da Idade de Ouro, quando deuses, homens e animais viviam em harmonia. Seria o equivalente à perda do Paraíso. Depois, os deuses criaram uma nova era, a de Prata, na qual os seres eram bem inferiores, mas ainda privilegiados. No entanto, os homens continuaram a decair moralmente, migrando à Idade de Bronze e, finalmente, à de Ferro – a nossa era, para a qual os deuses enviaram a fadiga durante o dia e as inquietações à noite; inquietações essas que atormentariam os homens para sempre. Entremeada às quatro eras metálicas, com méritos, surgiu a Idade dos Heróis, que interrompe por um tempo o movimento de decadência o qual, inexoravelmente, continuaria.

Significado

Uma reflexão sobre a condição humana

Diferentemente dos demais deuses, cujos mitos se referem aos aspectos individuais, aqui aparece o destino da humanidade. Trata-se, portanto, de um mito bastante complexo, de grande atualidade e riquíssima fonte de reflexão. A figura de Prometeu acorrentado à beira do abismo, olhando desconsolado para o vazio que se abre à sua frente, sem saber o que irá encontrar lá no fundo – se é que há um fundo –, guarda enorme semelhança com a situação atual da humanidade diante de tanta insegurança, violência, ausência de valores e estupidez, inclusive por parte de líderes mundiais.

Pai e filho, sucessão, conflitos e oposição

Embora pertencente a uma segunda geração de titãs, Prometeu é dotado de um caráter marcante de revolta e de impulsividade. Os titãs, filhos de Gaia, a Terra, foram aprisionados no seu ponto mais profundo, o Tártaro, depois de derrotados pelos primeiros deuses. Volta e meia essa força titânica inconformada tenta aflorar, e de modo indomável. O ponto central do mito é a oposição, o confronto entre as figuras do pai e do filho. Zeus é claramente uma evolução em relação aos antecessores, mas o medo latente de ser destronado sempre existirá. Essa luta nos remete ao processo de envelhecimento, pois a sucessão do pai pelo filho, em qualquer campo, pode significar o fim de um ciclo e a percepção da proximidade da morte. Esses patriarcas tentam "engolir" de alguma forma aqueles filhos capazes de ameaçá-los e substituí-los.

Apesar de Zeus não ser o pai de Prometeu, age como tal. Afinal, ele é o pai dos deuses, o chefe soberano do Olimpo, o grande patriarca. Autores como Gaston Bachelard mencionam o chamado complexo de Prometeu: a pretensão dos filhos em querer saber tanto ou mais do que os pais, em superá-los, bem como a seus mestres e/ou mentores.

Isso nos lembra a fase da puberdade, quando, além das mudanças físicas, ocorre uma tentativa de ruptura e de mudança com relação ao que o jovem identifica nos pais, principalmente no que acontece entre o rapaz e o pai. Uma disputa tipicamente masculina.

Sob outra perspectiva, Prometeu é o aspecto terreno, material, ao qual tende a ficar "acorrentado" e que se opõe à elevação espiritual (o Alto), expressa por Zeus. Há no homem uma resistência em passar por situações difíceis para poder evoluir, principalmente por sacrifícios, o que é compreensível. Há nesse processo uma rebeldia prometeica que puxa para um lado e, por outro, a força do impulso evolutivo, ambas em conflito – o embate permanente entre a estagnação e o desenvolvimento, em qualquer campo. No homem reside uma semente da evolução, não só biológica mas também espiritual e psicológica. No final, esses aspectos convergem por meio da reconciliação entre Zeus e Prometeu. O caminho, como se viu, é demorado, doloroso.

Transgressão e inconformismo: a necessária separação

Com frequência, o jovem tem de fazer coisas escondidas do pai, pois ele não as aprovaria, e é o que Prometeu faz ao roubar o fogo. Há aqui um nítido processo de rebeldia e de transgressão, fatores extremamente importantes para o jovem em uma certa idade. É assim que ele se afirma e pavimenta sua autoestima, tentando sair da sombra do pai. Se não transgredir, não conseguirá formatar sua própria identidade. Como pode haver oposição, o conflito se instaura. O jovem, então, separa-se do pai e "vai procurar a sua turma". No caso de Prometeu, ela é composta pelos homens que criou. Isso, como se viu, envolve riscos e potenciais punições.

Ele deseja conhecer coisas novas, enfrentar desafios diferentes, colocar para fora sua energia e sua vitalidade, aquelas qualidades que já dão mostras do fenecer no pai. Há também um embate em outra arena, porque o pai pode, de modo um tanto freudiano, ter uma certa inveja da energia do filho – inclusive sexual –, "que rouba seu fogo". Bem significativo.

Sem passar por essa disputa, o jovem não consegue ir em frente e encontrar o seu próprio caminho. A rigor, Zeus e Prometeu podem ser vistos como dois lados da mesma pessoa: um que tudo quer controlar, manter a ordem e o equilíbrio do que foi criado, influenciando todas as decisões (atributos típicos de Zeus), e o outro, que almeja a ruptura para alcançar o novo, que deseja promover a criação à sua maneira, diferente do modelo paterno, e lutar pelos seus direitos por meio da transgressão e da rebeldia titânicas.

Efeitos de nossos atos: há sempre um preço a pagar

Prometeu não apenas roubou o fogo dos deuses que Zeus havia negado aos homens. O titã também tentou enganá-lo na oferenda da carne, reservando a melhor parte aos homens. Só não contava com uma astúcia superior por parte do chefe do Olimpo. No mito, o roubo do fogo é o símbolo mais marcante da obtenção da consciência, que representa algo que também pode queimar. Obter a consciência, sobre o que for, dói muito, mas uma das dores se revela como o maior medo do homem: a consciência da sua mortalidade.

Ser punido por essas ousadias significa ser despejado da Idade de Ouro, tal como Adão foi expulso do Paraíso, do Jardim do Éden. O homem fica "ensanduichado" entre os deuses, que são imortais, e os animais, absolutamente inconscientes a respeito e que, por isso, não se preocupam com a morte. É uma condição extremamente delicada.

O fogo já era percebido pelo homem primitivo como algo vindo do alto, dos céus, por meio de tormentas, raios, trovões, seguidos de incêndios. Assim, os homens aprenderam a contemplar o firmamento, provavelmente em um misto de terror, fascínio, admiração e respeito. Viviam como animais e somente bem mais tarde, na Idade da Pedra, é que dominaram ao fogo, ao acendê-lo e, posteriormente, ateá-lo ao que queriam, como à madeira para aquecer e, depois, para cozinhar.

Diante desses dois tipos de fogo – um, vindo dos céus, e o outro, produzido pelo homem –, criou-se uma diferenciação: o primeiro é o sagrado, transcendental, a manifestação de um poder superior, incontrolável; o segundo, utilitário, importantíssimo, que pode ser criado (esfregando-se vigorosamente as duas varetas ou pedras), que pode ser controlado até certo ponto e dispensa a participação do primeiro, o dos deuses. Consolida-se outra separação vital, que, é claro, tem o seu preço. O homem, além de roubar o fogo, ousou criá-lo, desafiando o "monopólio" divino. Isso é intolerável; seria querer se igualar aos deuses. O homem o fez, com todas as consequências, mas continua a respeitar o fogo sagrado. Presta homenagens, cria ritos, faz oferendas aos deuses, mas o estrago já está feito.

Do nascimento e do destino da humanidade

Prometeu criou o homem a partir da lama, portanto algo material, e a ele forneceu o fogo, que roubou dos deuses. O homem passa a se achar à altura dos deuses: afinal, foi capaz de criar um ser, o próprio homem, e tem agora seu próprio fogo. Tende, assim, a ser tomado pela *hybris*: o descomedimento, o orgulho desvairado, a prepotência. Poderia ser essa uma razão já suficiente para o rebaixamento sucessivo dos homens a partir da Idade de Ouro, ou da expulsão do Paraíso. A civilização chega várias vezes à sua extinção quase total – em um dilúvio ou no episódio de Sodoma e Gomorra –, expressões do mesmo arquétipo. Vê-se forçada a passar por uma purificação em massa, tal como no relato de várias tradições religiosas, e tem de recomeçar sobre novas bases.

Não se trata aqui de uma fábula de caráter moralista, mas de uma regra primordial e cósmica: onde há excesso deve haver algum tipo de ação vigorosa para o retorno à harmonia, ao equilíbrio, aos atributos de Zeus. Cabe aqui refletirmos sobre a atualidade do mito diante do que testemunhamos em nossa civilização com relação à deterioração dos valores e do modo como exploramos os recursos da natureza e com eles interagimos. Apesar desse ciclo de punições severas e coletivas, o homem parece tender a esquecê-lo, e o ciclo se repete.

Sobre a justiça dos homens e dos deuses

Em determinado momento da sua radical punição, Prometeu, tal como Jesus na cruz e Jó diante do severo Javé, questiona-se sobre a propalada justiça divina. Nós também, em nosso cotidiano, diante de tragédias incompreensíveis, inclusive com inocentes crianças, vemo-nos diante da mesma questão: "Por quê?". "Não é justo!" Às respostas nunca teremos acesso, fazem parte do Grande Mistério, mas estudiosos desse mito sugerem algo que precisamos entender e aceitar: uma coisa é a justiça dos homens, e outra, a dos deuses. Em outras palavras, o homem vê as coisas sob a sua limitada perspectiva, enquanto o Alto tem as suas próprias regras transcendentes, que escapam à nossa percepção. Pode não servir de consolo, mas é uma visão a considerar. Na verdade, frente a tanta aparente injustiça, o homem começa a sentir que a vida não tem sentido e se inclina na direção da resignação: "A vida é assim mesmo, goste-se ou não". Joseph Campbell (2003, p. 20), diante dessa discussão, dizia algo como "a vida não tem mesmo sentido, somos nós que damos sentido a ela". O tema será retomado logo adiante (ver página 219).

Pandora e a criação do feminino

Pandora faz parte da estratégia alternativa de punição engendrada por Zeus. Ele simplesmente cria a mulher. Seu nome significa "aquela que tudo doa" ou "a dadivosa, que presenteia tudo". Em outras palavras, a figura da Grande Mãe. Seja Pandora ou Eva, ou outras menos conhecidas, não importa. É um fato novo e surpreendente.

O fato de a mulher ser a portadora das maldades as quais libera da sua caixa pode soar como extremamente machista, mas é preciso fazer algumas considerações. A primeira é que essas narrativas ocorreram há milênios, em um mundo extremamente patriarcal (e não é diferente com Eva, é bom esclarecer). A segunda é que talvez essa constitua uma maneira de expressar que os males ou vícios os quais saltam da caixa de Pandora sejam sedutores e atraentes atributos de uma bela mulher, a cujos encantos é difícil resistir. Sobretudo por um homem como Epimeteu, que primeiro faz e só depois pensa. Bom lembrar que é o homem quem rouba e dá acesso ao fogo, mas é a mulher a responsável por mantê-lo aceso, como Héstia, a deusa da lareira, do lar, e, igualmente, as vestais nos templos romanos. O fogo exterior é masculino. O interior, feminino. Pronto: o jogo está equilibrado!

A vinda do elemento feminino traz, no mínimo, um maior grau de complexidade à humanidade, indicando que novos aspectos terão de ser contemplados e incorporados, criando o potencial da totalidade: é a outra metade que faltava e à qual estaremos sempre procurando. Atená e Afrodite colaboram para a "confecção" de Pandora, introduzindo características opostas e/ou complementares, possivelmente conferindo-nos a conhecida ambiguidade. Com Pandora instala-se definitivamente a condição humana. Epimeteu se deixa seduzir pelo desejo momentâneo e pelas aparências de utilidade do presente oferecido por Pandora (a sua caixa ou o vaso, como queiram). O vaso, seja de qual tipo for, é um mecanismo de contenção, que contém algo. Até então, os alimentos, os grãos ali armazenados. Com Pandora, o conteúdo representa os males e os vícios que não mais podem ser retidos e devem ser liberados. A humanidade precisa tomar contato com esse repertório de contingências e ter consciência de que conviverá com ele na sua vida. Não é fácil, e talvez por isso passamos a sentir saudades ou nostalgia do Paraíso perdido.

Sob outro ângulo, o vaso também representa o local em que os deuses depositam seus atributos – não apenas os males mas também os talentos potenciais, os problemas e as possíveis soluções. Já vimos isso em vários mitos. Portanto, fornecem uma boa dose não só de vicissitudes como também de talentos para gerenciá-las. Há o infortúnio, mas também a potencialidade da alegria e da felicidade, mesmo que apenas temporariamente. O que vai resultar ao final cabe, em parte, a cada um. Esse é um ponto fundamental.

O SOFRIMENTO ESTÁ AÍ, MAS HÁ SEMPRE UMA ESPERANÇA

Pode parecer uma enorme maldade da parte de Zeus, mas os homens (como Adão e Epimeteu) têm alguma margem para escolhas. A capacidade de discernimento lhes foi dada. Prometeu, o previdente, achava que Epimeteu deveria recusar o presente, mas "o homem que não reflete" aceitou sem pensar. A esperança, que ficou no fundo do vaso, é de acesso limitado, pois Pandora logo fechou o recipiente.

Há controvérsia sobre "essa tal de esperança", pois existem várias maneiras de vê-la: ela pode parecer uma coisa boa se pensarmos que, apesar de todos os males, sofrimentos e vícios agora existentes, ela reside em algum lugar ("a esperança é a última que morre"), o que pode fazer com que o homem encontre forças para enfrentar as adversidades vindas da abertura da caixa. Mas a esperança também pode ser enxergada como foi pelos gregos, como algo nem sempre tão bom: esperança significa que alguém ainda espera algo, tem expectativa de que algo aconteça, ou seja, seria desejar sempre o que não se tem, o que faz do homem um ser carente, infeliz, sempre insatisfeito. Convém dizer que Pandora também era conhecida como "aquela que há de querer sempre mais do que o bastante". A partir desse episódio, o homem vai ser seduzido pelo consumismo exacerbado, pela acumulação de coisas e de bens aparentemente valiosos os quais nunca o satisfazem, realimentando o processo.

A palavra esperança, em grego, é *elpís*, que significa "espera", "expectativa". Ela é a espera ambígua, boa e má ao mesmo tempo; do lado negativo, pode criar o *phóbos* ("temor"), principalmente da morte, a qual o homem agora sabe ser inevitável, embora desconheça quando e como vai ocorrer – e, por isso, "espera que ela fique longe dele". A esperança pode ser simplesmente a ilusão que alimenta o homem, como se algo milagroso fosse salvá-lo. Vista pelo lado positivo, pode se constituir na confiança de que algo bom ainda pode ou vai acontecer. Deixada no fundo da caixa, pode-se entender que é de difícil acesso, intangível, pertencente a uma categoria diferente da dos males que dela saíram e nos tocaram e com os quais teremos de conviver – o trabalho duro, o sofrimento, as doenças, a morte.

Como se lê nas portas do Inferno, quando Dante lá chega acompanhado pelo seu guia e mestre, Virgílio: "Deixai toda a esperança, ó vós que aqui entrais". Fica ao sabor e à interpretação de cada um.

O CUSTO DA OBTENÇÃO DA CONSCIÊNCIA E DA DEFESA INTRANSIGENTE DE POSIÇÕES

A punição a Prometeu guarda semelhança com o desfecho da vida de Sócrates (nascido em 469 a.C.). O filósofo ateniense foi injustamente condenado à morte por não adorar os deuses, por ter instigado a juventude a se revoltar contra os pais, por desafiar o senso comum sobre vários temas, por colocar em xeque posições aceitas, passivamente e por muito tempo, sem qualquer contestação. Foi discriminado por ser uma figura um tanto esquisita e excêntrica no modo de ser e de se vestir. Como Prometeu, acabou preso e condenado à morte. Até o fim manteve-se fiel a si mesmo, sustentando inflexivelmente suas posições. É o exemplo de que tem plena consciência do que seus atos e posições poderiam acarretar.

Já o nosso Prometeu foi condenado a permanecer eternamente acorrentado a um rochedo no Cáucaso. O rochedo simboliza a eternidade. É a terra que se solidificou ao longo do tempo, símbolo do que é terreno, material, permanente. A terra petrificada, as posturas arraigadas às quais estamos presos e que não mais nos servem. O homem parece condenado a viver acorrentado ao materialismo e sob uma resistência em se elevar. O conflito entre o material e o espiritual ou, sob outra ótica, a resistência de passar para um estágio mais elevado ou ampliado de consciência. Isso consome muito tempo, "quase uma eternidade", e envolve sofrimento que veio para ficar.

A figura de Prometeu de braços abertos, joelhos dobrados, aprisionado no topo de um rochedo nos remete à do Jesus crucificado. Simbolicamente, o monte ou a montanha é o ponto mais elevado e mais próximo do Superior, e, portanto, o sacrifício nesse ponto representa o estágio final de uma elevação, um degrau superior de desenvolvimento. É o local em que ele pode ser "tocado" pelo dedo divino, como no maravilhoso afresco de Michelangelo na Capela Sistina. Também a águia que bica o fígado de Prometeu assemelha-se à ação das lanças dos soldados que ferem o ventre de Jesus, bem na altura do fígado. Por que o fígado? Além do poder de regeneração, mesmo com perda parcial, esse órgão tem vários simbolismos. Um deles é o de ser a fonte de um dos quatro humores. Na Antiguidade de Hipócrates, os humores eram substâncias do organismo necessárias à manutenção da vida e da saúde. O desequilíbrio dessas substâncias levava às doenças e à morte: o sangue, regulado pelo coração; a fleuma, regulada pelo cérebro; a bile amarela, regulada pelo fígado, e a bile negra, regulada pelo baço. O fígado dá o alarme de que a pessoa não está bem, principalmente quando ela se torna "amarga" diante das adversidades e das vicissitudes da vida. Quando estamos ruins do fígado, ficamos com a boca amarga. Ou dizemos: "De amarga já basta a vida". Quando algo nos atormenta, dizemos que precisamos "desopilar o fígado".

Nos dois casos (Prometeu e Jesus), há uma expressa capacidade de regeneração, o que, no final, é algo compensador – a possibilidade de um renascimento, em todos os sentidos.

As condições para a libertação do que nos acorrenta

A primeira delas é a presença do espírito heroico. A libertação de Prometeu somente se dá pela chegada de Héracles (Hércules): o trabalho árduo, a coragem de enfrentar os obstáculos e a capacidade de superação.

A segunda condição foi imposta pelo todo-poderoso: além de ser revelado o segredo sobre o possível filho que o destronaria, é preciso que alguém morra no lugar do titã, uma vez que Prometeu é imortal. Héracles oferece o centauro Quíron, o curador incurável que deseja a morte, o que é impossível. Simbolicamente, para que o processo se complete e as coisas se renovem, algo importante deve morrer.

A terceira é a necessidade do desapego daquilo que está arraigado, petrificado nas suas posições e oposições, e isso requer uma flexibilidade, uma capacidade de ceder, de se soltar e poder circular, com desfecho positivo para todas as partes. Aqui atua também Métis, o feminino sábio.

Por fim, parece que não bastava estar acorrentado ao rochedo. Prometeu também estava à beira de um abismo e lá deveria mergulhar, passando uma temporada no Hades – o *ínferos*, ou algo equivalente –, flertar com a morte e a escuridão. O abismo é uma espécie de depressão (em todos os sentidos do termo), o que enseja uma reflexão, e para tal é preciso se apartar do mundo cotidiano e das suas preocupações menores; isolar-se para se concentrar nos pontos vitais. Como disse Nietzsche (2001, p. 63): "Se olhas demoradamente o abismo, o abismo olha para dentro de ti".

Cumpridas as condições, a libertação pode se dar, abrindo espaço para uma reconciliação com Zeus, o divino, o transcendente, o mais elevado, completando o ciclo – psicológico, espiritual e de desenvolvimento, dependendo da ótica utilizada para interpretar o mito.

Lições de Prometeu para a sua carreira e a vida

Da sucessão no trabalho e nas famílias

Na mitologia, desde que o mundo é mundo, o maior temor dos deuses é o do destronamento. Os mitos expressam o que ocorre com frequência na vida real em relação aos pais e aos chefes. Os patriarcas contemporâneos do tipo Urano, Cronos e Zeus procuram esticar sua longevidade, "engolindo" aqueles que os podem suceder, ou seja, eliminando as ameaças potenciais nas estruturas hierárquicas. Claro, há exceções, tanto nas famílias que fundam e controlam empresas como nas corporações, nas quais há uma obrigatoriedade de formar e indicar um sucessor, e também na política, com os chefes dos clãs. O funcionário que demonstre o desejo de crescer, que é ambicioso e deixe claro – tanto nas entrevistas com *headhunters* como nas sessões de avaliação – que tem como objetivo um dia substituir o seu superior é bem avaliado pela equipe de recursos humanos. Como consequência, os chefes precisam concordar com isso, para que não sejam malvistos e rotulados como insubstituíveis. Há aqui uma certa dose de hipocrisia, pois é difícil imaginar que, lá no fundo da sua alma, o chefe esteja real e sinceramente empenhado em preparar alguém para substituí-lo, o que significa pavimentar sobre a sua trajetória uma nova estrada a ser trilhada pelo outro e sair de cena. Há, é claro, as exceções, mesmo com resistências, principalmente em empresas familiares, nas quais a dinastia deve sobreviver. Os pretensos deuses empresariais se julgam eternos, imortais e insubstituíveis, ressalvadas as exceções de sempre, e vão engolindo ou passando por cima dos potenciais competidores, não admitindo que alguém mostre mais luz: Zeus (Júpiter) é o maior e o mais brilhante astro, não por acaso. Detesta que alguém lhe faça sombra.

Obter a luz da consciência sobre a certeza da finitude da carreira ou do ciclo do patriarcado familiar, político ou empresarial provoca um sentimento de certa fragilidade, de inutilidade, levando a uma possível e saudável – embora dolorida – reflexão sobre a necessidade de desapego e de uma reinvenção para o período que se seguirá. Isso não ocorre somente no âmbito empresarial ou no familiar, mas também nas artes e na cultura, entre grandes bailarinos, regentes de orquestras e seus músicos principais, entre pintores e seus discípulos. Todos os que brilham, em maior ou menor grau, vivem sob esse eterno temor de que alguém possa, um dia, superá-los.

DA NECESSÁRIA DIVERSIDADE: OS TALENTOS DE CADA UM

Segundo o conceito de diversidade, qualquer ambiente de trabalho há que contar com o seu contingente de Prometeus e Epimeteus. Claro que eles não existem em estado puro, tanto que falamos que os dois personagens podem ser vistos como as duas diferentes faces do mesmo indivíduo. Para firmar a ideia, recorremos novamente à origem grega desses nomes: *Prométhéia* ("previsão") e *Epimethéia* ("compreensão tardia").

Na prática, é necessário que os Prometeus possam aflorar e contar com um ambiente favorável para prosperar. Estamos falando dos poucos profissionais que promovem rupturas, desenvolvem uma cultura de quebra de paradigmas e têm uma visão clara dos possíveis eventos futuros. É o caso evidente de Steve Jobs, o fundador da Apple, o qual antecipou aquilo que os futuros consumidores não sonhavam que viriam a desejar – e, com isso, criou categorias revolucionárias de produtos e serviços.

Em um certo ponto da sua trajetória, os controladores da empresa acabaram por expulsá-lo como um verdadeiro Prometeu. Foi isolado, incompreendido e sofreu com traições. Depois, criou outra empresa de sucesso, a Next, enquanto a Apple, quase falida, viu-se obrigada a trazer seu Prometeu de volta ao Olimpo, para regenerar a instituição e criar produtos ainda mais revolucionários. A literatura também nos deu alguns escritores-Prometeu, como o nosso Guimarães Rosa e o português José Saramago, que ousaram romper com o tradicional estilo de escrita ao pontuar e distribuir as palavras no texto de modo inventivo e provocador. Ou, igualmente, mestres do realismo fantástico como Borges e García Márquez, autênticos revolucionários e transgressores da palavra. Todos correram o risco de ser diferentes e triunfaram. Muitos outros tentaram, mas não conseguiram. Cabe destacar que os que alcançaram sucesso nas suas respectivas áreas não só fizeram uso da capacidade de antecipação criativa e rebelde como também foram dotados de um senso pragmático, capaz de concretizar o idealizado pela intuição ou pelos *insights*, as "sacadas". Não ficaram apenas nos sonhos, nas intenções.

No entanto, ser transgressor não é suficiente. O profissional tem de contar com a habilidade de diversos outros especialistas, os Epimeteus, os quais entram no jogo mais tarde, para desempenhar um papel fundamental na execução daquilo que o visionário Prometeu criou. Como no mito, o profissional Epimeteu é aquele que "entende depois", mas, na prática, faz cada etapa do projeto ser executada segundo a concepção do Prometeu e, assim, funcionar perfeitamente.

Prometeu e Epimeteu se complementam e nos mostram o verdadeiro sentido da diversidade. Ambos são necessários (e muitos outros, com outras características, também o são). Para algumas funções e responsabilidades é preciso ser "meio lerdo" para não precipitar certas ações e decisões. Em algumas áreas não é muito bom ser muito criativo e "disruptor", e sim um fiel seguidor dos procedimentos – de preferência, sem os contestar. Para a boa saúde da empresa não é bom ter, sob o mesmo teto, apenas um ou outro.

Um chefe Prometeu tem de proporcionar aos subordinados um ambiente fértil à criação, à ruptura dos modelos arraigados. Mas também deve contar com a habilidade de gerenciar os possíveis excessos na inobservância de limites e no desrespeito às regras de trabalho/cultura. Precisa evitar que seu funcionário seja um simples sonhador, sem pés na realidade dos negócios, e orientá-lo para que saiba conviver com os demais colaboradores não tão visionários e transgressores.

Se formos diferenciados, se nos revoltarmos contra o *status quo*, se remarmos contra as correntes das regras gerais de conduta, pagaremos um preço. Poderemos ser punidos se estivermos muito adiante do nosso tempo, como Galileu, e tivermos a coragem de quebrar padrões de pensamento ou comportamento. Não raro, os que são "diferentes" e não conformistas são segregados, isolados e/ou expulsos do paraíso, tanto social como profissional. Eles são os *bad boys* modernos.

Pandora, sua caixa e as contingências da vida

Pandora abre a sua caixa, e os males e vícios se espalham entre os homens. É a vida como ela é, e não como achamos que deve ser. Claro, acompanhada de coisas boas, momentos de felicidade, mesmo que efêmeros, em meio às dificuldades. Esse lado positivo é expresso pelos potenciais talentos que os deuses ali também colocaram.

Para nosso propósito, vamos nos fixar no trabalho, o mal que tivemos de enfrentar, uma espécie de punição com a expulsão do paraíso ou da Idade do Ouro. O idioma grego vem novamente nos acudir para entendermos melhor de qual trabalho, afinal, estamos falando. Primeiro, em grego, há o *érgon*, o trabalho, o ofício em si, o qual deve ser diferenciado do *pónos*, relativo ao trabalho árduo que produz fadiga. Seria então o *pónos*, como está em Hesíodo, o trabalho duro, pesado, fatigante – e hoje diríamos estressante – que saiu da caixa de Pandora como parte do repertório de punições?

A questão básica, sobre a qual não cabe aqui aprofundar, é o tipo de relação que o homem mantém com o trabalho. Há milhões de pessoas as quais trabalham com prazer ou por prazer e querem continuar a fazê-lo até morrer, e temos Tomie Ohtake e Oscar Niemeyer para exemplificar, enquanto uma grande parcela o faz por simples necessidade. E, se pudesse, até evitaria. Nesse caso, ter de trabalhar é um "mal necessário". E, para muitos, a aposentadoria tanto aguardada significa o fim desse fardo, do *pónos*, e ponto-final.

O trabalho, seja qual for, é a maior fonte de possibilidades de crescimento, de desenvolvimento. Proporciona oportunidades de amadurecimento emocional e psicológico, de obtenção de habilidades e, principalmente, do uso efetivo das potencialidades. É importante ser assim percebido.

Diante de crises econômicas ou financeiras, os governantes e os dirigentes de empresas se igualam em comportamento e caem na contingência de ter de abrir as suas respectivas caixas de Pandora, liberando um pacote de cortes de despesas, de verbas, de benefícios, a demissão de pessoas. A manchete é real e muito comum: "Ministro da Fazenda sugere que haverá aumento de impostos, mas descarta a adoção de um 'saco de maldades'...". O saco de maldades, no caso, inspira-se claramente na caixa de Pandora, a qual vai ser aberta, é claro, embora sejam usados eufemismos porque publicamente ninguém quer admitir. Isso nos remete a Maquiavel, que, ao aconselhar o príncipe (o governante), disse que as boas notícias deveriam ser distribuídas espaçadamente, aos poucos, enquanto as más deveriam ser dadas de uma só vez.

Pandora assim o faz. Isso é aconselhável também nas empresas, nas quais Maquiavel é muito lido e seguido. E isso é Pandora, agindo por determinação de Zeus, uma lei superior que determina – por critérios que não são os nossos – como as coisas serão. A vida como ela é. Ou seja, ela simplesmente é assim.

A transgressão na dose adequada

Voltando ao já comentado relacionamento "prometeico" entre pai e filho (pode ser filha também, é claro), é muito comum o jovem se sentir impotente diante da força olímpica do pai (ou, às vezes, da Mãe Terrível), sem condição de se revoltar e transgredir, o que abriria caminho para sua própria trajetória. E, assim, ele acaba se conformando. A escolha e o encaminhamento da carreira, para ficar em um exemplo, pode se dar unicamente por influência paterna, principalmente quando o pai Zeus é bem-sucedido e espera que o filho siga a sua trajetória, não apenas para exercer seu poder e influência mas também – e, talvez, inconscientemente – porque queira permanecer "imortal", perpetuado. Os pais podem achar que, se os filhos fizerem o que eles têm feito e da maneira como têm feito, haverá continuidade. Para isso podem impor o nome paterno como forma velada ou explícita da sucessão durante várias gerações (fulano Filho, sicrano Neto), para que o descendente honre a tradição de um sobrenome muito conhecido e de destaque, como é comum notar na advocacia, na medicina ou no esporte. Trata-se de uma atitude tipicamente masculina, própria de um Zeus, pois dificilmente vamos encontrar filha ou neta com o mesmíssimo nome da mãe ou da avó. Mais um fardo para os filhos, que têm de viver uma parte da vida que não é deles. Caso emblemático da transgressão feminina é o da princesa Diana ao desafiar os rígidos costumes da realeza britânica. Algo que lhe custou muito, mas provocou uma mudança no senso comum de ser parte desse enclave engessado.

Voltando à escolha da profissão, se o filho não se rebelar, poderá acabar fazendo o sacrifício, escolhendo o que no fundo não quer, só para agradar ao pai, resultando em severas sequelas para o resto da vida. Felizmente, por vezes, alguns encontram mais tarde a coragem de retomar o que deixaram para trás, dando novo formato e sentido às suas carreiras e às suas vidas.

O MISTÉRIO DO SENTIDO NA VIDA OU... DA SUA FALTA

Em um determinado ponto da vida, principalmente na meia-idade, quando boa parte do que saiu da caixa de Pandora estiver cristalizado, o homem se dará conta desse repertório todo que tem permeado a sua vida e se verá na contingência de olhar para o alto para tentar entender o que lhe tem acontecido e, ao mesmo tempo, terá de encarar o insondável abismo. Espremido e impotente entre os dois, vai refletir sobre o sentido da vida e – como, Jó junto ao severo Deus judeu, Javé – tentar travar um diálogo para entender as injustiças e o sofrimento impostos aos homens, ainda que sejam bons e íntegros como o próprio Jó. Vai perceber, então, que a justiça como a entendemos é criação dos próprios homens, ao seu feitio e à sua pequeneza, não guardando a mínima semelhança com a justiça divina, regente de uma dimensão cósmica e misteriosa.

Um exemplo real pode ser a emblemática vida do famoso físico e escritor Stephen Hawking, "acorrentado", sem solução, à sua cadeira de rodas e a outros dispositivos que o mantiveram ativo e produtivo, pois felizmente sua luminosa mente não tinha sido afetada. Acreditamos que Hawking deva ter refletido inúmeras vezes e lançado suas questões ao Alto sobre o sentido da vida e do porquê de ele ter sido condenado a tão terrível dose de sofrimento, que, claro, parece-nos injusta. Pode não servir de consolo o fato de ter sido dotado de uma mente brilhante, ousada, inovadora e útil à humanidade – seu motor propulsor –, além de uma capacidade incrível para vencer as adversidades e as limitações, enquanto outros igualmente brilhantes, como Einstein, foram brindados com uma vida normal. E o que dizer de tantos medíocres e desonestos que são abençoados com uma saúde de touro?

A pergunta sobrevive há milênios, sem que filósofos e estudiosos encontrem resposta satisfatória, apenas refletindo sobre a inspiração do mito: há sentido na vida? Joseph Campbell (2003, p. 20) responde sabiamente, e vale repetir: "A vida não tem mesmo sentido, somos nós que damos sentido a ela". Ou, como dizia Sartre, ela não tem sentido algum... e fim. Não são poucos os que o acompanham, diante do que vemos nas bestialidades do cotidiano. Entre uma visão e outra, encaixa-se uma abordagem baseada no pensamento de Viktor Frankl, psiquiatra vienense que viveu literalmente acorrentado em um campo de concentração na Alemanha: o sentido da vida difere de pessoa a pessoa, o que confere com Campbell, e também muda ao longo do tempo. É algo de momento e não pode ser generalizado. Ainda segundo o autor, em certas circunstâncias, instala-se, mesmo que temporariamente, um vazio existencial que pode, além da depressão, desembocar em processos compensatórios de prazer, como drogas, álcool, sexo e consumo exacerbado. O vazio do abismo é preenchido por conteúdos inadequados, e a insatisfação continua.

De fato, a vida nos mostra que há fases que têm todo um sentido claro – educar-se, construir carreira, ter filhos e criá-los bem, adquirir uma reserva financeira razoável para o futuro, ter sedimentada uma identidade –, algo mais objetivo e identificável. Fases essas que são entremeadas por outros períodos nos quais o significado e as razões para viver se esvaem, formando o tal vazio... que enche os consultórios dos terapeutas e os templos religiosos. A felicidade e a infelicidade são episódios temporários e variáveis. Cada um tem uma fórmula, pois cada vida é singular, única. No caso de Frankl, presidiário em um campo de concentração em Auschwitz, sua identidade era um número: 119.104. Só isso. Para ele, a felicidade e a razão para viver – vejam como tudo é relativo – consistia em ser liberto e terminar o livro que estava escrevendo até ser preso. Muitos não suportaram, cometeram suicídio, principalmente próximo ao Natal, como ele relata. Diante de certas circunstâncias dramáticas, o foco se desloca. Chega o tempo de calibrar as expectativas, deixando aflorar um novo senso de significado.

Sob outro ângulo, bem associado ao mito, acostumamo-nos a ficar acorrentados à superfície das coisas, às posturas e aos valores que a vida nos traz ao abrir a nossa caixa de Pandora. Muitos dirão o que faz – ou que deveria fazer – sentido para nós. Agora, à beira de um possível abismo existencial, só nos cabe procurar nessas coisas uma maior profundidade. Sem uma reflexão profunda não há libertação.

Esse é Prometeu.

Provocações

Prometeu, como um titã, representa a capacidade de ousadia, não conformidade e transgressão que todos temos em maior ou menor grau. Na medida certa, uma qualidade positiva a qual nos auxilia a fortalecer o ego, aumentar a autoestima e construir uma vida independente, separando-nos da figura paterna. O roubo do fogo divino significa a

OBTENÇÃO DA CONSCIÊNCIA. MAS HÁ UM PREÇO A PAGAR PELAS CONQUISTAS.

Seja você homem ou mulher, lembra-se de, em algum ponto da sua trajetória, ter se rebelado e transgredido as regras contra o poder e o controle parental e/ou institucional? Quais foram os custos disso? Foi punido de alguma forma? Foi em frente assim mesmo ou recuou? Pense em como você se comporta hoje diante das normas estabelecidas e das várias expectativas sociais e profissionais.

PROMETEU É AQUELE QUE PENSA ANTES, O PREVIDENTE, QUE SE ANTECIPA ÀS SITUAÇÕES. EPIMETEU, SEU IRMÃO, É O OPOSTO: É O QUE PENSA DEPOIS.

Aqui não se trata de perfil melhor ou pior, mas de um modo de expressar a diversidade nas famílias e no trabalho. Portanto, pense em qual padrão de comportamento você melhor se enquadra na maioria das vezes. Acha que esse seu perfil tem ajudado ou prejudicado a sua carreira? Alguém já lhe deu um *feedback* sobre isso?

Zeus (Júpiter)

O PODER SOB SUAS DIVERSAS FORMAS E A
MULTIPLICIDADE DOS TALENTOS POTENCIAIS

Zeus (Júpiter)

O senhor dos deuses

O leitor, com toda a razão, pode estranhar o motivo pelo qual deixamos o capítulo dedicado ao todo-poderoso deus do Olimpo para o final. Certamente terá notado também que Zeus vem aparecendo, direta ou indiretamente, em todos os mitos analisados até aqui, de modo que vários dos seus aspectos já foram vistos e interpretados. A riqueza do mito e, consequentemente, o delineamento da complexa personalidade de Zeus estariam incompletos na ausência do que se segue. Para entender, por exemplo, a sua origem, é preciso recorrer às narrativas referentes ao início de tudo, tema recorrente nos mais diversos mitos de criação e que apresentam enorme semelhança. A versão baseada em Hesíodo será novamente o nosso guia. Mas faço um alerta: sua narrativa é repleta de personagens e situações. A leitura deste trecho inicial é opcional: o leitor pode ir direto à seção "Significado" e depois, se quiser, voltar a esta introdução.

O mito

No começo de tudo...

Em meio ao Caos (o vazio, desordenado, escuro e indefinido), surgiu Gaia (ou Geia, a Terra, sólida e visível), que fez amor com Urano (o Céu, a abóbada celeste), aquele que proporciona a chuva, o elemento que fecunda Gaia. Ela e Urano deitavam-se permanentemente. Eram, nesse ponto, uma coisa única e geraram filhos de dois tipos: os doze titãs – seis masculinos e seis femininos (incluídos Cronos e Reia, futuros pais de Zeus) – e os gigantes ciclopes e de cem braços.

Mas, assim que os filhos nasciam, Urano os devolvia ao seio materno (Gaia), temendo ser destronado por um deles. Gaia, cansada da situação e de tanto peso, pois Urano não lhe dava trégua nas constantes fecundações, pediu aos filhos que a libertassem daquele fardo. Com exceção de Cronos, o caçula dos titãs, os demais se recusaram. Mãe e filho engendraram, então, uma solução: Cronos cortou o falo do pai, usando uma foice durante um interminável coito. Com o duro golpe, Urano afastou-se definitivamente de Gaia – o Céu e a Terra se separaram. Trata-se da primeira grande separação.

Cronos e Reia eram irmãos, mas se casaram e geraram filhos, os titãs de uma segunda geração de deuses genuínos, os chamados olímpicos: Zeus, Hades, Poseidon, Hera, Deméter e Héstia. Cronos tornou-se o grande senhor do mundo, mas se mostrava tão tirano quanto o pai, Urano, pois se sentia igualmente ameaçado por um destronamento. E passou a engolir seus filhos também.

Somente o caçula escapou do destino graças à astúcia de sua mãe, que arquitetou um plano para salvar o filho de ser devorado. Ainda grávida, Reia fugiu para Creta, onde, escondida, deu à luz Zeus. Entregou o bebê às ninfas, que depois foi amamentado por uma cabra – Amalteia. Voltando, Reia enganou Cronos ao lhe entregar uma pedra envolvida em cueiros para que o marido, como de costume, achasse que estaria engolindo mais um filho que poderia vir a ameaçá-lo no futuro.

Já adulto, Zeus iniciou uma terrível luta contra o pai. Ajudado por Métis, a deusa da prudência, ele engendrou um modo de o pai tomar uma droga que o fizesse vomitar os filhos que havia engolido. Junto dos irmãos e irmãs que voltaram à luz, combateu o pai, Cronos, bem como seus tios titãs, e os venceu. Os titãs derrotados foram lançados no Tártaro, o ponto mais profundo de Gaia, a Terra.

Os três deuses principais e vencedores dividiram seus domínios: a Zeus coube o céu; a Poseidon (Netuno), os mares; a Hades (Plutão), o mundo subterrâneo. Mas Zeus acabou se consagrando como o supremo chefe de todos os reinos. Procurou incessantemente estabelecer a ordem e a harmonia no cosmos para evitar que as coisas voltassem a uma situação caótica, mas as divindades primordiais e rebeldes de diversos tipos continuaram vivas, mesmo que em estado latente.

Há passagens adicionais a este relato, o qual já parece excessivo, e que vão ser deixadas de lado, pois, pelo exposto, fica delineada a origem de Zeus, o rei do Olimpo. Assim, a sua maneira de ser poderá ser melhor compreendida.

Zeus relacionou-se sexualmente com diversas imortais (inclusive Hera), com mortais e com ninfas, gerando filhos: Dioniso (o Baco romano, deus do vinho e das festas), com Sêmele, uma mortal; Hefesto (ou Vulcano para os romanos, deus dos ferreiros), com Hera); Ares (ou Marte), deus das guerras, também com Hera; Atená (ou Minerva), deusa da astúcia, da estratégia e das guerras, gerada com Métis, mas nascida da cabeça de Zeus; Apolo (ou Febo), deus da beleza, da estética e da inteligência, nascido da relação de Zeus com Leto; Ártemis (ou Diana), deusa da caça e das florestas, irmã gêmea de Apolo; Perséfone (com Deméter) e Hermes (ou Mercúrio), mensageiro dos deuses, resultado da relação com Maia, uma ninfa. Ufa!

Zeus não herdou o costume de devorar seus filhos. Apenas teve uma recaída quando transformou sua primeira mulher, Métis, em uma gotícula e a engoliu, como vimos ao tratar do mito de Atená (ver página 141).

Pronto! Esse resumo da *Teogonia*, segundo Hesíodo, pode servir de referência para que o leitor volte a consultá-lo sempre que tiver alguma dúvida sobre quem é quem nessa fascinante narrativa.

Significado

Origem do nome

O Zeus grego tem uma origem bem mais antiga e derivada do nome de um antigo deus indo-europeu do céu e da luz, cuja raiz é *Dei* ou *Dyu*, tornando-se depois *Diem*, em latim, mas sempre significando algo como "o que brilha"; a luz, o céu claro. Também é associado à atmosfera cambiante: deixa de ser luminoso e torna-se chuvoso, enviando ventos, por vezes lançando raios, trovejando; ora está calmo, ora se anuncia raivoso, às vezes de modo estrondoso. A polaridade e a alteridade nas suas máximas expressões.

Visão privilegiada, foco e o poder de iluminar ou de fulminar

Dois símbolos principais são atribuídos a Zeus: o raio e a águia. Ambos circulam, atuam e observam das alturas. O raio foi oferenda dos ciclopes, gigantes de um só olho, como agradecimento por terem sido libertados por Zeus. O raio pode ser avaliado por seu duplo aspecto: é fulminante, aterrador e destrutivo, mas também constitui meio de trazer a luz, iluminando o espaço ao rasgar ao meio a escuridão, seguido pelas águas fecundantes. É o espírito que ilumina, que esclarece, traz a consciência superior. Pelo fato de os ciclopes terem um só olho, sua visão é concentrada, fulminante como o próprio raio. Zeus herdou o poder de cegar os adversários para destruí-los e também para focar aquilo que é preciso ser feito – se necessário, por meio de artimanhas, astúcia aguçada, dureza e um rico cardápio de metamorfoses.

Já a águia simboliza a possibilidade de enxergar as coisas do alto, de onde se tem uma visão ampla e privilegiada dos territórios a serem cobertos e conquistados. Pode, também, trazer a percepção de que se trata de um predador que se apodera da presa potencial identificada lá de cima, e o faz com o poder de suas garras afiadas e do bico penetrante e incisivo, aquele que devorou diariamente o fígado de Prometeu acorrentado ao rochedo.

Poder de agregação e concentração de energia

Para que a furiosa energia se materialize em uma demonstração de força, na forma de raio, é necessário primeiro juntar as nuvens dispersas aqui e ali, mantê-las coesas para criar massa crítica e, só então, dar vazão não apenas à poderosa descarga mas também às chuvas que fecundam e fazem brotar coisas novas. Representa, portanto, um grande provedor para a continuidade da criação, aquele que concentra tanto o poder de criação como a ameaça. Zeus não somente gera essa capacidade de criação – interrompendo o ciclo de Urano e Cronos – como também atua como juiz, distribuidor de recompensas e punições. Retribui seus aliados no combate às forças caóticas e desestabilizadoras, como acontece com os titãs rebeldes. Mas igualmente não titubeia em oprimir e punir um transgressor, como Prometeu, que estaria expressando um lado titânico do próprio Zeus. Exerce a disciplina e a ordem, mantém a harmonia sistêmica a qualquer custo, mudando de aspecto e de persona como um camaleão, se for o caso.

Revolta-se ao se opor ao pai, Cronos, o tempo que devora, criando incessantemente como resultado dos seus acasalamentos.

A DINÂMICA DAS OPOSIÇÕES E OS GRANDES EMBATES

O mito de Zeus mostra as várias formas de oposição que, se bem observarmos, representam nosso padrão de ambiguidade. Assim somos. Essas manifestações podem se dar de três modos.

Primeiro, as forças terrenas derrotadas, oprimidas e enterradas por Zeus – a materialidade – se rebelam contra as forças do espírito criador e ordenador cósmico representado pelo chefe do Olimpo. Algo que tenta tolher a tendência evolutiva do homem rumo a uma maior espiritualização, uma elevação, em oposição ao que está aqui embaixo, o terreno, algo exclusivamente material. Significa ir em busca de algo que reside em uma dimensão mais ampla.

Essa luta vai governar a dura vida do homem até a sua morte. Como Zeus era filho de um titã, ao se tornar um deus se espiritualizou, mas manteve, como uma lembrança, a semente do instinto indomável que se opõe a essa espiritualização. Ela reside bem viva nas profundezas. Instala-se no homem o impulso de se aproximar novamente dos deuses com os quais vivia na chamada Idade do Ouro, como se fosse uma saudade, uma nostalgia do paraíso, do éden perdido. O homem o faz diretamente ou, principalmente, por meio das religiões.

Um outro modo (o segundo) de ver a oposição: com Cronos (Saturno), pai de Zeus, estabelece-se o tempo que antes era aprisionado por Urano. Os seres vivos e todas as coisas que surgirão recebem um passaporte para a sua libertação de serem devorados na origem, mas esse presente não é gratuito: serão engolidos agora pelo implacável tempo. E, com isso, a reboque virá o pior dos medos – o da morte. Ao temê-la, recorremos outra vez a algo superior que, igualmente, está em um plano elevado e capaz de nos livrar desse terrível encontro, ou pelo menos adiá-lo o máximo possível.

Terceiro, na visão de Jung: o homem nasce e vive com o impulso irresistível na direção de um nível cada vez mais elevado de consciência, aqui simbolicamente expresso pela luz que Zeus irradia do alto. Mas, como nos dois casos anteriores – e aí reside a convergência –, enfrentamos, agora nos recônditos da própria psique, as terríveis fontes de resistência ao processo evolutivo.

A narrativa de Hesíodo mostra o longo e sanguinário confronto entre Zeus e os titãs rebeldes; na psicologia junguiana, dá-se o duro confronto com o inconsciente, o qual o próprio Jung definiu como o maior embate da sua vida: teve de descer, segundo ele, carregado de incertezas, ao mais profundo abismo sem, contudo, sucumbir, como aconteceu com Nietzsche. A mais dramática e, ao mesmo tempo, a mais rica experiência do psiquiatra suíço para o desenvolvimento das suas teorias.

Multirrelacionamentos que geram talentos adicionais

O processo escolhido por Zeus para a criação de novas gerações, superadas as eras de engolir os filhos, passa agora, metaforicamente, por uma série de relações carnais. Em vez de vê-lo de modo simplista como a figura de um macho promíscuo, é importante entendê-lo, nesse aspecto, sob a perspectiva do grande agente de fecundação, em todos os sentidos, como se verá.

Zeus contribuirá para não só garantir a criação das várias séries de futuras gerações, permitindo que a vida flua, como também para configurar-se como uma espécie de patrocinador dos diversos talentos potenciais que surgirão por meio dos inúmeros filhos e pela incorporação, nele mesmo, dos múltiplos atributos advindos do feminino.

Não é diferente nas religiões cristãs nas quais Deus, o Criador, é representado no mundo terreno por santos e santas que nos ajudam e nos protegem em várias circunstâncias (partos, casamentos, profissões), expressando a diversidade de características, situações e comportamentos (aflição, falta de esperança, desespero, etc.).

As relações de Zeus passam por sua mulher, Hera, pelas diversas deusas e por outras tantas comuns mortais e ninfas. Já falamos sobre algumas delas, que foram mães dos vários deuses aqui analisados. Pode-se ver o processo de outro modo: superada a necessidade de devorar seus eventuais substitutos, Zeus pôde criar à vontade e expandir seu próprio repertório de talentos, habilidades e padrões de comportamento os quais já não cabiam no chefe do Olimpo. Foi preciso criar ramificações, estimular novos brotos, valendo até buscar a fertilidade em uma variedade de tipos femininos que foram incorporados ao seu portfólio criativo. Isso é muito bom: a semente da diversidade. Todos os rebentos são dotados de atributos e qualidades que os distinguem e colaboram para formar e entender o nosso acervo comportamental desde sempre.

Do relacionamento específico de Zeus com Hera – sua principal união – forma-se um casal que representa as possibilidades da completude, pois são os respectivos arquétipos do masculino e do feminino, o que implica conflitos para uma potencial integração. Zeus representa a expansão, a criação e a multiplicação; Hera, a manutenção do que é criado e a sua proteção, uma retenção. Ela contém. E, como ele, Hera é filha de Cronos e Reia, estando assim no mesmo nível de Zeus, e isso é importante: costuma-se dizer que não há união ou casamento equilibrado quando um dos pares está acima do outro. Mas nos relatos como o de Hesíodo há um ranço machista, de patriarcado, pois será Zeus o governante do Olimpo. Hera, no entanto, é aquela que não se submete, que defende com veemência seus interesses e a estabilidade da união. Persegue de modo violento e vingativo as fêmeas que podem ameaçar sua consolidação, ou estabilidade, ressentimento que abrange igualmente os inúmeros rebentos gerados fora do casamento pelo impulsivo e sedutor marido. Juntos, são o potencial de alcançar a plenitude. Por isso, ambos – Zeus e Hera – estão no cume da pirâmide olímpica.

Os filhos rejeitados e os preferidos

Como tudo e todos os seres que somos nós, Zeus tem lá seus aspectos sombrios, os quais convivem com suas múltiplas qualidades luminosas. Por vezes, é destrutivo e excessivamente duro, como no caso de Prometeu, ou na rejeição de alguns filhos, como Hefesto e Ares. Não tolera esses dois porque parece não ver neles as qualidades olímpicas que esperava, como ocorre com uma Atená ou um Apolo, modelos apropriados aos ideais gregos – o padrão de qualidade olímpico –, ali projetando suas expectativas. Fornece tudo o que a filha Ártemis lhe pede, dá à luz Atená a partir da sua própria cabeça.

Ao suspeitar que seu filho gestado por Métis pudesse destroná-lo, Zeus a engoliu sob a forma de uma gotícula e absorveu, pelo lado positivo, a astúcia e a sabedoria prudentes da deusa, mas, por outro, não deixou nascer um futuro líder pós-patriarcal.

Zeus também atuou como ponderado mediador e conciliador de polaridades, arbitrando com sabedoria a disputa entre os irmãos Apolo e Hermes no caso do roubo do rebanho. Só quem está no topo da pirâmide erigida sobre vastas vivências e desafios pode conhecer tão bem a alma alheia e saber como lidar com ela.

O peso de se manter alerta e o risco do caos

Zeus derrotou as forças titânicas, mas sabia que a ameaça seria constante e exigiria muita vigilância. Sua desconfiança permaneceria. Essas forças primordiais aprisionadas no Tártaro de forma opressiva mantinham-se vivas e poderiam aflorar à superfície a qualquer momento. Uma energia meio indiferenciada e pouco conhecida. Em termos psicológicos, seria algo como uma camada mais profunda e sombria da psique, representando o conteúdo inconsciente que lá jaz meio dormente. Se essas forças não forem bem governadas e canalizadas ao serem liberadas, poderão ser destruidoras. Pior: seus efeitos não podem atingir os deuses, somente os homens, filhos de Gaia. Nós. São, portanto, parte da nossa natureza e, como tal, não aceitam ter a sua existência ignorada.

Os titãs podem ser vistos simbolicamente também como um lado sombrio de Zeus, pois representam um aspecto que é subjugado, oprimido e reprimido para que não venha à tona, à luz. A própria Gaia deseja e coopera para que eles tenham seu espaço fora das profundezas. No mito, durante os embates, colocam-se montanhas e pedras enormes para impedir esse afloramento, mas, como em um vulcão, sempre há uma via de escape para liberar toda essa energia reprimida, incandescente e, claro, titânica, impetuosa e de difícil controle.

Paradoxalmente, colocadas para fora das profundezas sombrias, as coisas no mundo de cima podem ficar mais dinâmicas, em contraste com as simples harmonia e ordem perfeitas que Zeus almeja e tenta impor, e que podem produzir uma certa paralisia. Os homens são portadores desses dois lados os quais se digladiam internamente, embora também se complementem: o de colocar ordem nas coisas e, ao mesmo tempo, por meio de uma dose de rebeldia, ousar romper com a ordem estabelecida. Convivendo, os dois lados permitem haver uma tensão constante, uma movimentação de energias, e, assim, a criação contínua. Do estático nada brota.

Lições de Zeus para a sua carreira e a vida

A chegada ao topo

Hoje, como nos tempos remotos, a trajetória de quem chega ao topo – quer pessoa física ou jurídica, em qualquer campo – certamente estará marcada pela presença de Zeus. Não se chega lá sem a utilização das práticas e das características já analisadas simbolicamente no mito. Elas se traduzem em talentos, atitudes e habilidades que pavimentam o caminho rumo a algo mais elevado.

Poder: fascínio, recompensas e riscos

Os indivíduos personificados pelo arquétipo de Zeus constroem, ampliam e mantêm seus territórios a todo custo. Lá permanecem encastelados o máximo possível, utilizando-se de estratégias, de sabedoria e, se preciso, de artimanhas, trapaças ou metamorfoses. Como recurso extremo, até mesmo de algum tipo de violência. Estende-se o raciocínio à política, às empresas, às instituições e, não sem coincidência dos termos, aos três poderes – o Executivo, o Legislativo e o Judiciário.

Nas suas lutas para se tornar o chefe máximo do Olimpo e também para manter a harmonia e a ordem sobre o caos, Zeus contou com a ajuda dos dois filhos de Estige, deusa em forma de rio que corre nas profundezas da terra, e que podem aflorar: Cratos (o poder de dominação, da subjugação e da imposição) e Bia (a violência extrema, da qual é difícil de se defender). São forças brutais e de difícil controle depois de libertadas dos recantos subterrâneos.

É nessa ajuda de Cratos e Bia que reside o perigo do excesso no exercício do poder, o fermento que pode fazer crescer a opressão, a ambição desmedida, o autoritarismo, a censura, o ilícito e, claro, a corrupção. Componentes do chamado abuso de poder, ambiente propício para o estabelecimento de oligarquias, regimes totalitários, autocráticos e repressores, e para a obtenção de vantagens indevidas. Ao ser atingido o topo, o poder, as facilidades dele advindas vêm atreladas. É quando se testa se são mesmo autênticos os valores como a ética e a honestidade que se pregavam antes da ascensão.

O poder em si não é negativo, ao contrário. Na maioria das vezes, ele é necessário para alcançar diversos objetivos. Dizem também que o poder corrompe, o que julgamos ser uma generalização equivocada. É certo, no entanto, que traga consigo as seduções de todos os tipos e a *hybris*.

Saber agregar parceiros e formar coalizões

Uma das principais estratégias de um líder do tipo Zeus é a formação de alianças, o que foi mostrado de modo metafórico: ao agregar e juntar as nuvens, torna possível a união em torno de um propósito específico – no caso, as chuvas, que fecundam e permitem a vida na terra. Zeus o faz trazendo e dividindo o poder com seus irmãos, Hades e Poseidon, mas não abre mão de ocupar a chefia suprema. Também o faz com os titãs que o apoiam. Aqui fica a lição para a vida e para a carreira: compor alianças, fortalecendo-se, mas moldando-as com justiça, reconhecimento e um sistema de recompensas. É o famoso ganha-ganha. O tema é atual, porém infelizmente desvirtuado no mundo político quando, sob o pretexto de garantir a governabilidade, formam-se as chamadas bases aliadas que, na verdade, ocultam intenções não tão nobres.

A formação de alianças é vital no mundo empresarial, inclusive entre representantes do capital e do trabalho, por meio dos sindicatos, que identificam uma agenda em comum (por exemplo, conseguir do governo benefícios para um setor ou atuar contra a invasão predatória de importados), ou, ainda, por meio da formação de entidades de classe. Enfim, constrói-se a massa crítica necessária para o alcance de um propósito, o que requer certa flexibilidade. É preciso ceder.

Do mesmo modo, entretanto, há também os que navegam nas águas turvas da combinação de preços e da divisão prévia de vencedores em licitações, aliando empresas concorrentes, o que, facilmente, desemboca em um cartel extremamente nocivo o qual dita preços e monopoliza mercados.

Afinal, são as várias faces do poder, principalmente político e empresarial, para o bem ou para o mal. Em todos os processos é necessário um coordenador, um líder catalisador, para que as nuvens se juntem e a chuva caia na horta dos interessados.

Esse sistema de aglutinação por meio de algum tipo de confluência de interesses e de recompensas – e de duras punições, é claro – é o modelo das famílias de mafiosos, nas quais há um Zeus-*capo*. Ele premia a fidelidade e o alcance sanguinário de objetivos, garante a proteção aos seus membros e às suas famílias, proporciona um sistema de sucessão por meio de algum filho com talento para o duro ofício de manter o território e o poder. Uma Hera como esposa de qualquer Zeus-chefe ajudaria a manter essa estabilidade. Ela proporciona coesão. Um Zeus-Corleone precisa de uma esposa adequada, que cuide da retaguarda e da estabilidade doméstica da *famiglia*. Emerge a necessidade de controle e de evitar traições, as quais, diga-se, são inevitáveis: "Até tu, Brutus?". A tensão no poder é constante; não há espaço para relaxar.

O PODER, QUASE SEMPRE, PEDE OU EXIGE QUE SEJA EXIBIDO

Um ser supremo dessa natureza, em qualquer campo que seja, não só tem de se apossar do poder e mantê-lo como, também, demonstrá-lo permanentemente, até de modo ostensivo. Caso contrário, as forças opostas rapidamente podem consolidar a percepção de que o rei está ferido e fraco – como nas lendas arturianas – e de que é tempo de destroná-lo, seja por meio dos filhos ou de outros competidores em todas as possíveis arenas, para conquistar as terras devastadas e já inférteis. Nesse duro jogo do poder, não se podem dar sinais de fraqueza. Um personagem do tipo Zeus – empresário, político, chefe de família e até religioso – jamais poderá deixar um flanco enfraquecido à mostra, o que traria questionamento ao seu poder e à sua autoridade. Sim, autoridade. É importante alcançá-la e, igualmente, demonstrá-la. Por vezes, o cargo ou a posição, por si só, confere autoridade, mas é preciso alimentá-la com eficácia.

No universo empresarial, é vital exibir saúde financeira e poder de influência ao governo e ao chamado mercado, para evitar que a empresa seja adquirida por predadores corporativos na bacia das almas e na especulação. Entre muitos profissionais liberais não é diferente. A ostentação é ingrediente essencial no simbolismo do poder. Antes expressa pelos castelos fortificados, erigidos em pedra, no alto das montanhas – o que é bastante significativo –, foi hoje substituída pelos arranha-céus mais significativos ainda, com suas torres modernas, absurdamente altas, espigões desafiando os limites, e suas multibilionárias fachadas espelhadas, as quais parecem comunicar que não é aconselhável exibir transparência. *Halls* de entrada em fino mármore, fontes e jardins exuberantes e escritórios amplos para os diretores olímpicos compõem o novo cenário de exibição do poder, algo para ser visto e sentido, impondo respeito, agora por outros meios. "Eu tenho, eu posso." Em muitos governos populistas e autoritários, é comum o líder máximo, envergando uniforme marcial, exibir sua força militar em imponentes desfiles de soldados e armamentos.

Mas o excesso de exibição de crescimento e de vigor fora da curva pode chamar a atenção da imprensa, do mercado e das autoridades, bem como significar que algo está fora de lugar. Pecado mortal: o excesso. Muitas vezes, é o sinal de uma próxima decadência, a proximidade do outro lado da montanha, o começo do fim.

A PROXIMIDADE DO PODER SIGNIFICA... INFLUÊNCIA

Quem tem poder estará apto a influenciar outros tipos de poderes – os Três Poderes em que as decisões são tomadas, tanto em Washington como em Brasília. A proximidade do poder rende ricos e apetitosos frutos, mas envolve os riscos de estar junto de quem pode perdê-lo em uma eleição, por exemplo, ou por estar próximo de alguém ou uma instituição com envolvimento em escândalos. Todos os atores são passíveis de serem influenciados, de uma forma ou outra. No caso dos governos, por meio do *lobby*. Para saber mais, leia-se Maquiavel, que dizia ao futuro príncipe que o poder se alcança pelos próprios méritos ou pela força. Ou, assista-se à série *House of cards*, ou, ainda, ao filme *The post*. Há que se lembrar igualmente do companheiro de um líder do tipo Zeus: o poder das palavras, da eloquência, do discurso articulado e convincente. O tom de voz, a ênfase e a escolha das mensagens e das narrativas adequadas a cada público. Hermes, seu filho, faz transitar essa comunicação com fluidez e rapidez. Faz parte do repertório do poder a conquistar ou já conquistado.

O DEUS FECUNDADOR E FORMADOR DE DINASTIAS

O papel de Zeus como agente de fecundação foi mostrado metaforicamente pelos seus inúmeros relacionamentos. Essas uniões vão criar novas gerações que visarão à solidificação e à manutenção desse poder. Influentes famílias, verdadeiras dinastias de empresários, banqueiros, bicheiros, aristocratas da realeza, políticos, latifundiários, mafiosos, traficantes, etc., farão o possível para a perpetuação dos seus espaços, consolidando-os ao longo do tempo por meio dos casamentos e dos filhos gerados.

Se necessário, quem está no topo correrá riscos extremos para alcançar seus objetivos, travando suas sangrentas batalhas nas arenas contemporâneas em que os territórios de hoje são quase infinitos. Estamos falando de negócios globais nesse imensurável mundo digital e virtual, sem fronteiras fixas, em que os donos do poder atendem ou atendiam pelos sobrenomes de seus fundadores e/ou CEOs, como Jobs (Apple), Zuckerberg (Facebook), Gates (Microsoft), Page e Brin (Google), Ellison (Oracle), Bezos (Amazon), Musk (Tesla) e outros tantos. Eles substituem as velhas dinastias, tanto no exterior (Ford, Edison, Rockefeller, Rothschild, Morgan, Kennedy – um rico exemplo de dinastia comandada por um Zeus-pai, Joe –, Hearst, Hughes, entre outras) como aqui no Brasil (Matarazzo, Crespi, Guinle, Mayrink Veiga, Almeida Prado, etc.), que foram e fizeram história, deram a sua contribuição, mas deixaram de ser sinônimos do poder. Ele muda, é volátil, inclusive nos sobrenomes.

O NOVO E AMEAÇADOR PODER DOS PEQUENOS *PLAYERS*

Até pouco tempo atrás, não se tinha ideia ou consciência de que setores ou atores relativamente pequenos, se comparados aos gigantes tradicionais, poderiam colocar em xeque a ordem mundial e determinar como as pessoas e as instituições teriam de mudar o seu comportamento. Refiro-me aos *hackers* – capazes de invadir e roubar dados tanto das mais poderosas instituições nos Estados Unidos (vide caso Snowden) como do cidadão comum. E, também, às células terroristas de poder bélico restrito, mas capazes de derrubar símbolos do poder, como as torres gêmeas do WTC ou, ainda, em casos mais recentes e surpreendentes, os chamados lobos solitários, cidadãos anônimos e suicidas capazes de realizar ataques terroristas aos poderosos ou às pessoas comuns. A consequência dessas ações fora de padrão é a mudança de eixo do poder. Alguém menos expressivo passa a deter o poder por ter acesso a informações confidenciais ou por causar terror global, impondo a todos a vulnerabilidade. O poder que não conquista territórios físicos, mas influencia o nosso modo de viver, deixando-nos nostálgicos dos antigos predadores e invasores, como se aqueles não fossem igualmente ameaçadores.

No universo empresarial, os pequenos *players* podem virar uma ameaça aos grandes, aos gigantes – e muito rapidamente –, por sua maior agilidade e pela criatividade. É o caso de certos produtores de aplicativos, como o Uber ou o Airbnb, que colocam em risco os dinossauros corporativos, os modelos de negócios convencionais e possivelmente já superados.

Quem produz esses fenômenos? São os jovens do tipo Prometeu, criativos e transgressores, e não mais os sábios e experientes já testados. Saem de cena os cabelos brancos e entram as calças jeans e as camisetas pretas. Mas, paradoxalmente, esses negócios na maioria acabam sendo criados para serem vendidos aos poderosos já instalados, os quais preferem comprar algo pronto a construir penosamente. Muitas dessas corporações – que lembram as artérias esclerosadas pelas quais o sangue sadio já não circula bem – somente sobreviveram graças ao socorro dos governos, pois são grandes demais para quebrar, como se viu na crise norte-americana de 2008. Ou seja, têm enorme poder de influência – aqui está a palavra-chave. Já as pequenas, coitadas, essas podem quebrar à vontade.

Fizemos esse resumo simplista como gancho para refletirmos sobre como esse complexo e rápido processo afeta os líderes que têm Zeus como superior. Primeiro, porque os líderes (CEOs, presidentes e principais executivos – enfim, a alta direção de qualquer tipo de organização) duram menos tempo nos cargos caso não entreguem os resultados esperados e/ou não se adaptem à cultura corporativa sempre mutável. E isso tem de ser feito cada vez mais rápido em um cenário cambiante e imprevisível. O concorrente mortal já não é mais uma outra empresa convencional de cimento e tijolos – pode ser apenas um aplicativo ou um algoritmo.

Aqui o simbolismo cabe como luva: vencerão e continuarão na batalha permanente do poder aqueles que forem dotados e/ou treinados para, como a águia – um dos símbolos de Zeus –, enxergar de modo mais abrangente, previdente/premonitório, percebendo o que está adiante, algo que o comum mortal não vê. São os visionários. Aqueles que criam algo a partir do que foi vislumbrado antecipadamente e de modo inédito. Mais: lideram outros talentos e colocam suas ideias em prática, para que o percebido se concretize, não permanecendo apenas no plano das ideias. Esses novos talentos são os descendentes da fecundação proporcionada por Zeus.

O PODER DE FULMINAR: HERANÇA DOS CICLOPES

Voltemos a um dos aspectos simbólicos do mito de Zeus: os raios que ele dispara. Para efeito prático nas nossas vidas, o raio é o poder concentrado de energia que cega e fulmina o oponente, real ou potencial, seja em uma discussão durante uma reunião de trabalho, seja em um debate sobre posições ideológicas ou políticas, ou, ainda, na interação entre pai e filho. Enfim, uma manifestação da autoridade. Uma ação decisiva que pode induzir o outro a fazer o que queremos ou a não fazer o que não queremos. Isso é o poder na sua máxima expressão. Quem baixa os olhos e não consegue encarar um Zeus-chefe ou Zeus-pai torna-se inferiorizado ou já perdeu o jogo. Relembrando: foram os gigantes de um só olho, os ciclopes, que deram a Zeus esse olhar concentrado e fulminante.

Observe que há nuances aqui: pode ser um olhar coercitivo ou indutor apenas, o qual se insinua e pode estar dizendo algo como: "Se eu fosse você, faria assim ou assado". Ou o raio fulminante o qual reflete uma concentração de energia e emoções e que pode se manifestar de modo extremamente violento: alguém que mostra poder de fogo, revelando ter cacife para enfrentar a parada, a batalha inevitável. James Hillman, analista junguiano, relata que pessoas próximas a Hitler diziam que ele lançava um olhar duro, penetrante, intimidador e frio aos interlocutores.

Essa maneira um tanto furiosa pode ser, ainda, um traço remanescente do espírito titânico, vulcânico, incandescente – aquele que queima e destrói. Não sem razão, em inglês o ato de demitir alguém no trabalho é *to fire*! Pode assumir a conotação de punição por algo que se tenha feito, ou não – mau desempenho no trabalho ou na escola, desobedeceu às regras, não agiu como o esperado, não correspondeu às expectativas. Zeus junta as nuvens da insatisfação, cria eletricidade estática dentro do aglomerado emocional e descarrega essa força brutal nos outros. Repetindo: ele é a luz suprema, uma personalidade solar e, como tal, não admite que alguém brilhe mais do que ele. Dificilmente alguém ousa lhe fazer sombra, muito menos insinuar que possa se tornar seu eventual substituto. Esse ainda é o maior medo latente de Zeus, por vezes inconsciente: o de ser substituído.

Visto sob a ótica psicológica, o que o homem teme ele tenta oprimir por todos os meios, como o que foi feito com os titãs: eles foram despachados e aprisionados lá embaixo, no escuro do inconsciente. E, se o oprimido ousar de lá sair, será reprimido. Dá-se o duro embate entre luz e sombra. É muito comum, ou quase regra geral, que aquele que acumula excesso de poder, em qualquer campo, seja carente de consciência do que faz e das suas consequências danosas. Fica tomado pelo poder, identifica-se com o papel, por vezes alimentado por complexos compensatórios, geralmente de inferioridade. Tomemos Hitler novamente como exemplo.

Expectativas com relação aos filhos e subordinados

No trabalho ou na vida familiar, um Zeus como chefe exibe grande expectativa de que seus subordinados ou familiares sejam obedientes e façam não apenas o que ele quer, mas também como ele quer. Procura induzir os filhos a seguir uma carreira que lhe convém e mostra desagrado se eles não se sentem motivados a seguir a sua trajetória nos negócios ou na profissão, o que poderia colocar em risco a sólida dinastia. Pode parecer paradoxal ou ambíguo – ele não deseja ser destronado, mas quer manter o encadeamento de novos Zeus. Essa ambiguidade já é a marca de uma nova safra de líderes do tipo pós-patriarcal cuja semente reside em Zeus, o que, se comparado a Urano e Cronos, é muito positivo. Todos nós somos a expressão viva e atual dessa ambiguidade.

Zeus, como chefe, é o *big boss*, o que estabelece a chamada cultura empresarial e também familiar. Para nós, cultura pode ser resumida como "É assim que são feitas as coisas por aqui". É o jeitão de fazer, de como proceder, quais são os valores, nem sempre bons ou autênticos, a serem praticados. Seja como for, Zeus exige, cobra, controla e pune, podendo assim tipificar um estilo autoritário.

Como um bom *capo*, ele consulta os especialistas, conselheiros ou membros da família, ouve-os atentamente, porém a palavra final é dele. "Já ouvi o que tinha de ouvir ou ver, mas agora vamos fazer assim!". Para errar menos, é da sua natureza procurar saber tudo sobre um assunto, entender como as coisas e os processos funcionam, identificar possíveis oponentes e aliados, perceber ameaças e crises potenciais, sem se abalar muito com elas, mantendo-se frio e seguro para enfrentar as turbulências.

Ele é autoconfiante e confiável (o típico *reliable* ou o *accountable*, no jargão corporativo). É alguém a quem se pode recorrer em situações difíceis. Não é raro encontrar alguns deles entre médicos, magistrados, advogados. São os que "se acham" e agem como se fossem um deus. Pensam que tudo sabem e tudo podem. Aí assomam a inflação, a *hybris*, o descomedimento e a soberba. O risco de queda, então, cresce na mesma proporção. Ocorre com políticos, empresários, profissionais liberais, atores, países e reinos.

Da obsessão pelo trabalho e pelo uso dos talentos

Com os concorrentes, seja em que campo for, um Zeus saberá jogar com maestria uma partida de xadrez, pois sabe que não convém criar muitos inimigos – amanhã, eles poderão ser seus aliados, como ocorreu com alguns titãs. É competente ao negociar e fazer acordos, barganhas. Se for o caso, chama o filho Hermes, hábil nas trocas, no comércio em todos os sentidos. Circula, e bem. Torna-se presidente de entidades de classe e membro de Conselhos. Dá palestras que encantam e atraem a mídia, fatos que se tornam maneiras adicionais de exercer liderança, mostrar prestígio e consolidar o poder. Solidifica publicamente a sua imagem de comandante. Trabalha horas sem fim e não se aborrece com eventos e viagens. Representa a capacidade de fazer acontecer, de realizar. Quase não tira férias e pouco usufrui do que acumulou. Não consegue aproveitar muito do que amealhou porque é devotado ao trabalho, só fala dele, mesmo na praia ou no restaurante com os amigos, afinal quase não tem nenhum outro interesse. Por isso, junta-se a outros iguais. Jogar tênis, *squash* ou golfe é apenas uma maneira de continuar fazendo o que gosta: falar de trabalho, fazer negócios e expandir a influência e o controle. Esse traço pode ser um problema na hora de abdicar do poder, como veremos logo adiante.

Um chefe de estilo Zeus faz o que tem de ser feito. Mesmo quando pequeno, não precisará que alguém lhe diga o que tem de fazer. Tem uma força irresistível interna que o move e logo aprende o que e como deve ser feito. Se for preciso, metamorfoseia-se em algo bem diferente e adequado, como um camaleão, e coloca quantas máscaras forem necessárias. Atua em papéis distintos, transitando com desenvoltura junto de outros poderosos e dos que carecem ser cooptados para sua área de influência.

Estar no alto pode significar distanciamento

Metaforicamente, chegar ao topo implica um certo distanciamento dos comuns mortais. Desemboca no pouco envolvimento emocional com quem se relaciona. Assim, um indivíduo com esse perfil pode não ser um bom parceiro afetivo, pois o trabalho é sempre mais importante e prioritário, talvez uma boa desculpa para não ter de se envolver, comprometer-se.

Esse tipo de homem costuma ser sedutor, não só nas relações de trabalho e no trato com jornalistas (principalmente do sexo oposto) mas também com as mulheres em geral, mesmo porque são dotados de poder e dinheiro, o que fascina as ninfas as quais o rodeiam.

As dores do envelhecimento: o poente do patriarca

Pode soar estranho, mas, ao amadurecer, o homem do tipo Zeus pode até sofrer menos do que os comuns mortais (claro que o poder, o dinheiro e seus benefícios ajudam), pois tende a aceitar o mundo como ele é, sem filosofar muito ou ser tomado por grandes crises existenciais, tão envolvido está no gerenciamento múltiplo de situações críticas e ameaças. Assim é até que a velhice o alcance e Cronos comece a lhe dar as caras: o tempo que ceifa e extingue carreiras, mandatos e reinos. Aí têm início os problemas de outra ordem.

O que foi construído e concretizado começa a se dissolver no mar da maturidade. Ela primeiro se revela dando um tapinha amigável no ombro da afortunada e esforçada figura que chegou ao topo. Manifesta-se em um cansaço mais frequente e em uma ou outra dor, principalmente no peito, os quais são solenemente ignorados. O mantra "Eu tudo posso, ninguém me derrota" continua a ser entoado, mas a voz se torna mais fraca, longe de ser aquela de um estonteante trovão.

Por estar sempre no topo, olhando as pessoas de cima para baixo, geralmente acaba sendo considerado distante, arrogante, inatingível. E, é claro, pouco disposto a discutir a relação, a expor suas emoções e fraquezas. Seu coração é difícil de ser tocado e, por isso, não raro pode enfartar. O coração se farta, cansa-se, acaba pedindo atenção. Fato que, se combinado com a perda de poder e com o início de uma fase que o faz ser considerado velho, ultrapassado, obsoleto, cada vez menos consultado, pode levá-lo a um sofrimento atroz. Pode ser que a sua empresa, se familiar, esteja desabando por anacronismo ou pela falta de profissionalização (os filhos não se interessam ou lhes falta competência). Ou que tenha chegado à idade limite para a aposentadoria imposta pela organização e seja obrigado a formar um sucessor. Aí o medo crônico de ser destronado cresce, agora em cores vivas e fortes as quais não pode ignorar. Os mais jovens, com sangue novo, começam a lhe fazer sombra e a fungar no seu cangote como cães famintos e vorazes, prontos para lhe tomar o bastão.

O Zeus idoso tenta não deixar vácuo, o chamado vazio do poder (tão comum também em política), só que em vão. O espaço acabará sendo preenchido oportunamente por um competidor com igual apetite pelo poder. Outra dinastia está na fila e precisa avançar. Zeus é quem ajudou a começar essa tradição criativa e é ele quem terá de honrá-la, enfrentando-a com coragem. Dói muito. É difícil, mas a saída está em descer da montanha ou da torre de marfim, do pedestal olímpico do poder, desinflar o ego, baixar a bola – são todas expressões adequadas. Talvez, para complicar, seu casamento tenha azedado, resultando em separação – afinal ninguém aguenta conviver com uma pessoa que só trabalha e só fala disso. Pode ser que alguns dos filhos tenham optado por carreira diferente daquela esperada ou, pior, tenham se envolvido com bebidas e outras drogas, gerando uma grande decepção. E por aí vai.

A perda de *status*, poder e dinheiro, aliada a uma doença mais séria, aflorando o arrependimento tardio por não ter dado a devida atenção à família e não ter usufruído das coisas boas compráveis, pode ser o motor que o impulsione para uma depressão e uma forçosa reflexão. Não é diferente quando se trata de mulheres com o mesmo perfil.

A tal da solidão do poder se instala. Ele se vê convidado a fazer um *tour* nada agradável pelo Hades. Mais uma vez seu filho Hermes, o condutor das almas, vai ter de se apresentar e guiá-lo, ou, em outras palavras, o seu próprio Hermes interno será convocado a fazê-lo. Pior: o pai, Cronos, o plúmbeo devorador do tempo, retorna para uma conversa desagradável.

Cabe aqui ao homem ou à mulher do tipo Zeus aceitar uma certa vulnerabilidade nessa fase da vida (como já falamos em Ártemis e Atená) e reconhecer que não é o deus que pensa que é; ser mais amador e não mais o sabe-tudo – mesmo porque as novidades da administração e da tecnologia vão atropelando sem piedade. O gás para acompanhar tão acelerada mudança é insuficiente. O coração seco clama por umidade que o amoleça.

Como agir nos finais dos ciclos?

O rei está ferido e precisa ser curado. Reconhecer-se um pouco mais ingênuo e humilde, como o Parsifal na busca do Graal, talvez procurando agora fazer a pergunta certa para achar, meio tardiamente, o seu tesouro verdadeiro, o real sentido da vida.

Pode, aí sim, tornar-se um bom mentor, de maneira desinteressada, um membro mais atuante – e não *pro forma* – de Conselhos de empresas importantes e de ONGs, escrever e falar sobre a sua experiência aos mais jovens. Isso pode lhe render uma visibilidade oportuna nessa fase de transição, para que a opacidade a qual se aproxima não seja tão dramática.

Fazem sucesso os livros – muitos, escritos por *ghost writers* – em que profissionais de alto escalão compartilham o que foi aprendido. A medida do sucesso muda de parâmetro. O foco tem de ser ajustado, e as lentes, polidas, a fim de que uma nova leitura do mundo ocorra.

Nessa fase mais amadurecida e consciente, o governante do Olimpo simboliza o potencial, a semente de um novo tipo de consciência e de liderança para os tempos futuros que se desenham sombrios. No interior e nos atos dos novos líderes, a impetuosidade titânica terá de se integrar a uma postura mais comedida, prudente, estruturada e sábia, tendo como pano de fundo a manutenção da ordem, da harmonia e da justiça. Mas não de forma rigidamente engessada, a ponto de impedir o desabrochar da criação, tampouco tolher demais a transgressão e a rebeldia com relação ao senso comum e ao *status quo*. Como dizia Jung, em toda desordem há uma ordem secreta.

Concluindo...

Ser Zeus representa a otimização dos potenciais e dos talentos, alcançando-se o máximo possível de excelência em tudo o que o homem pode fazer em todos os campos: honrar os doze deuses e se aproximar ao máximo da totalidade. A consciência superior à qual se almeja e que traz clareza e ordem à vida. É o poder multifacetado e em constante transformação.

Esse é Zeus ou Júpiter.

Provocações

ZEUS É A EXPRESSÃO DO PODER SOB SUAS DIVERSAS FORMAS E A MULTIPLICIDADE DOS TALENTOS POTENCIAIS.

Você acha que, nesta altura da vida e da carreira, está utilizando ao máximo seus potenciais e talentos disponíveis representados por Zeus? Tente fazer um balanço ou inventário dessas qualidades expressas pelos deuses analisados e de outros que conheça. Lembre-se de que se trata de aspectos positivos e negativos os quais precisam ser gerenciados. Por exemplo, a agressividade típica de um Ares pode ser importante para abrir caminhos e ir em busca de objetivos, convertendo-se em atributo positivo. Em excesso, não. A arte reside em encontrar a dose adequada. Em sua opinião, quais deuses estão atuando mais em você no momento, em termos de padrões de comportamento?

ZEUS: CAPACIDADE DE PODER, CONTROLE E INFLUÊNCIA.

Em que proporção esses atributos estão presentes em você? Qual o seu apetite pelo poder? Nada certo ou errado aqui. Apenas uma reflexão sobre o seu empenho e o talento para subir na hierarquia das instituições, ou para agir como um líder familiar ou comunitário, criando e mantendo uma cultura interna, o que requer certo grau de controle e influência. Se está satisfeito com o estágio ao qual chegou, ótimo. Caso contrário, avalie se necessita de apoio externo a fim de desenvolver essas capacidades. Zeus, para colocar ordem no caos, necessita dessas qualidades, tomando-se cuidado para não se tornar um opressor. Com esse objetivo, utiliza-se dos seus múltiplos talentos.

DOIS SÍMBOLOS PRINCIPAIS SÃO ATRIBUÍDOS AO GOVERNANTE DO OLIMPO: O RAIO E A ÁGUIA. O RAIO QUE FULMINA E AMEDRONTA, MAS TAMBÉM TRAZ A LUZ DA CONSCIÊNCIA SUPERIOR. SEU OLHAR CONCENTRADO,

HERDADO DOS CICLOPES, É IGUALMENTE FULMINANTE. JÁ
A ÁGUIA REPRESENTA A POSSIBILIDADE DE ENXERGAR AS
COISAS DO ALTO, PROPORCIONANDO UMA VISÃO AMPLA
DO TODO, EMBORA POSSA TAMBÉM FAVORECER UMA AÇÃO
PREDATÓRIA.

Você já enfrentou o olhar de alguém dotado de autoridade (pais, chefes, colegas ou líderes fortes) sem baixar os seus olhos? Talvez em uma entrevista de emprego ou em uma avaliação de desempenho. Já foi "fulminado" ou intimidado por um olhar incisivo, crítico, avaliador? Seu modo de ver as coisas e o mundo é pautado por uma visão ampla ou quase sempre mais focada nas coisas em separado, pensando no todo só depois?

ZEUS, O PODER AGREGADOR E DE CONCENTRAÇÃO DE
ENERGIA NECESSÁRIA PARA OBTER COESÃO E ALIANÇAS, OU
PARA EVENTUAIS PUNIÇÕES.

Você se sente como uma pessoa agregadora e catalisadora nos seus círculos sociais ou profissionais? Aquela que lidera, une, forma coalizões, associações e grupos, inclusive nas redes sociais, visando atingir um objetivo em comum e claro? Ou prefere ser chamado somente como participante? Seja qual for a resposta, sempre há possibilidade de expandir ao máximo as habilidades potenciais, por esforço próprio ou por meio de *coaching* e *mentoring*. Sempre há tempo. E espaço. Zeus vai inspirá-lo.

REFLEXÕES

Ao concluir este livro sobre os deuses gregos, restam algumas palavras e reflexões adicionais para o alcance do que pretendemos passar a você, leitor: contribuir para uma melhor compreensão sobre nós mesmos e sobre como podemos fazer uso desses padrões de comportamento – positivos e negativos, luminosos e sombrios, ponderados ou exacerbados –, a fim de apurar o olhar sobre o complexo mundo em que vivemos. Os mitos analisados mostram o que somos e o que nem sequer supomos que somos. E, também, o que não queremos que pareça que somos. Está tudo aí: camadas e camadas de vivências do homem narrando metaforicamente os nossos modos de agir e reagir. A dinâmica da vida construída ao longo do tempo.

O que segue é como se estivéssemos extraindo o sumo, a essência dos mitos analisados: um "concentrado" sobre o que aprendemos com eles.

Entre parênteses estarão os mitos e os nomes dos estudiosos que dão sustentação às reflexões finais.

Nossa trajetória é permeada por jornadas heroicas; não uma, mas várias, todas necessárias às mudanças que refletem os ciclos de vida e o que acontece ao nosso redor. Seja como for, cada jornada é única, singular, e há algo muito forte adiante pedindo mudanças profundas. Para isso, é preciso partir.

Várias são as partidas, e vários, os retornos. A primeira, logo após o nascimento – uma partida radical forçada. Mais tarde, outra, agora por iniciativa própria, ocorre quando decidimos deixar a rede de segurança, proteção e acolhimento. É quando nos separamos dos pais, da família e do entorno limitante; quando permitimos que surja o que distingue cada ser humano: a individualidade. É desejável que isso ocorra o mais rápido possível, livrando-nos dos cueiros os quais nos imobilizam [Hermes] e da aconchegante barra da saia materna, que retém e pode impedir que o filho cresça [Hera].

Partir e retornar, como Ulisses/Odisseu e outros tantos heróis, fazem parte da natureza humana. Partir em busca daquilo que tem de ser feito pelo homem e daquilo que é o seu destino, o seu objetivo maior de aqui estar: tornar-se o que ele é na essência, daí retornar com o que foi obtido, o seu tesouro, retribuindo e partilhando o que foi alcançado [Héracles]. A meta da jornada do herói consiste, afinal, em encontrar o que foi procurar, ou seja, a si mesmo (Campbell) – o autoconhecimento.

Uma polifonia de vozes estará nos dizendo exteriormente onde e como devemos fazer as coisas, até mesmo qual o sentido para a nossa vida. Assim, começaremos a ver o mundo pelas lentes distorcidas e embaçadas dos que dizem saber o que é melhor para nós. Escreverão a nossa biografia, mesmo que não corresponda à verdadeira narrativa.

Interiormente, porém – e felizmente –, outras vozes soprarão, aquelas dos deuses nos lembrando dos potenciais expressos por eles, chamando-nos à nossa mais autêntica vocação. Entretanto, a sedução da inércia e da procrastinação continuará atuando como bastião da resistência e da acomodação ao que parece mais seguro e confortável. Um conflito, seguido por uma ansiedade latente, instala-se. Ao longo da jornada – a vida –, outras separações serão necessárias a fim de deixarmos para trás o que não mais nos serve: carreiras que já não têm para onde ir, relacionamentos insatisfatórios, posturas, modos de ver o mundo. Encruzilhadas surgirão, e limiares deverão ser atravessados: precisamos ser guiados para passar para um novo estado [Hermes].

Partir o mais cedo possível em busca do que nos é mais autêntico significa minimizar ou atenuar o risco de formatação por terceiros, os outros. Tal como ocorria na entrada de Atenas: um tal de Procustus abordava os viajantes que queriam adentrar a famosa cidade-estado, sonho de muitos, e os fazia deitar em uma cama. Se fossem grandes demais para o gabarito, cortavam-se as pernas; se muito pequenos, esticavam-se esses membros ou o corpo todo. Eram, portanto, moldados às expectativas que não lhes eram próprias.

Conhecendo-nos melhor, agora, na vida real, percebemos que podemos estar vivendo em um molde ou gabarito abaixo – ou acima – dos nossos potenciais, encurtando-nos ou nos esticando para parecermos menores ou maiores do que realmente somos e, assim, podermos ser aceitos, havendo um ajuste às expectativas externas.

Se nos deixarmos relaxar e cochilar na outra cama, a da comodidade, alguém vai escrever o enredo da novela da nossa vida. Um monte de gente acha que sabe o que é bom para nós (Campbell). Em certo momento, acabaremos tendo de localizar e sair catando os pedaços faltantes, perdidos por aí, dilacerados que fomos [Dioniso]. Peças faltantes para completar o nosso quebra-cabeça pessoal. E, só depois, poderemos dar um bom pontapé no traseiro de Procustus e na sua cama que tanto nos formatou e nos limitou potencialmente. É tempo de achar o nosso correto tamanho. Nem mais, nem menos.

Se nos recusarmos a partir, declinando dos chamados que surgem, cristalizaremos a postura de apego àquilo com que estamos familiarizados, às situações de menor risco, flertando com a inércia a qual nos coloca no piloto automático. E, de preferência, aguardando que os outros decidam por nós: pais, patrões, sacerdotes e governos. A dissolução desses estados, já com o odor da putrefação, daquilo que já está corroído, enferrujado, carcomido, fossilizado, é a atitude cabível e única [Hermes]. Dissolver para depois poder ressurgir sob uma nova forma, outra identidade, mais autêntica.

Se resistirmos, se permanecermos, não haverá quebra no padrão repetitivo que paralisa e nos dá a falsa sensação de segurança, mas que um dia se tornará um fantasma, um dragão o qual nos apresentará a conta no cotidiano da vida, principalmente mais à frente. A solução está em circular, atravessar limiares de um estado a outro, evitando a paralisia, a estagnação e a repetição [Hermes]. E enfrentar o dragão do medo. Dos muitos medos.

Somos chamados a cortar a cabeça da Medusa para não ficarmos paralisados, petrificados. Ou, como São Jorge, temos de matar o nosso assustador dragão individual, utilizando as armas adequadas. A excelência da ação do herói [Héracles] está em escolher e alternar o seu portfólio de armas, das mais toscas às refinadas. Mas, para encarar a terrível Medusa a qual nos imobiliza, ou o dragão que nos aterroriza, urge usar o escudo, preferencialmente polido, aquele que reflete. Sem reflexão não há solução; sem isso, ficaremos cegos e estagnados no que somos ou achamos que somos. "Torna-te o quem tu és" (Aristóteles, Platão, Sócrates, Nietzsche, Espinoza, Goethe, Píndaro).

Somente o autoconhecimento, precedido por um sofrido processo de tomada de consciência e de reflexão [Prometeu acorrentado à beira do abismo], conduz o homem às transformações mais profundas.

Partir, então, é ter coragem para agir (com o coração: cor + ação) e fazer o que tem de ser feito – na vida pessoal, no trabalho e no convívio. Sair é concretizar as tarefas que nos chamam, mas é preciso reunir essa dose de coragem [Héracles]. Ela pouco vale sem o discernimento, a justiça e a prudência [Atená, Hera, Métis] e também sem os limites na emotividade e nas paixões [Afrodite], bem como na agressividade exacerbada [Ares].

Partir envolve supostas – e até reais – perdas imediatas. E ganhos potenciais ainda incertos. Eles estão lá adiante, mas, no momento da partida, não conseguimos enxergá-los. Há riscos, muitos riscos. Não há garantia de nada. A vida é composta por saltos no escuro. "Um conselho dado a um jovem nativo americano na época da sua iniciação: quando estiver seguindo o caminho da vida, você verá um grande abismo. Pule! Ele não é tão grande quanto você pensa" (Campbell).

O mais tranquilo é continuar a flertar com o sedutor senso comum. Adoramos esse estado de ser. Mas as grandes invenções, descobertas e criações se dão na presença da transgressão, da desobediência ao senso comum [Prometeu] (Sócrates). Cabe aqui, porém, também o senso da justa medida (*diké*): nada em excesso [Atená].

Por vezes, atravessar os limiares que levam às necessárias mudanças na vida não implica, necessariamente, uma trajetória horizontal, e sim vertical.[1] Quase sempre isso requer, primeiro, uma descida [Hades] para que se possa encontrar, em meio à escuridão e ao desconhecido, o que é rico e oculto, ou, como se queira, o que está inconsciente – uma viagem às nossas profundezas sombrias. Somente lá acontecem as mudanças profundas.

Com sorte, tempos depois, poderemos pegar carona com um guia perspicaz e que trafega bem na escuridão [Hermes], para seguir rumo a um patamar mais elevado de consciência, espiritualidade ou transcendência. Seja como for, é preciso primeiro visitar o mais profundo e oculto em nós e de lá trazer essa riqueza, para poder retornar à superfície, em que as coisas e as duras batalhas se dão, agora sob uma nova perspectiva. Só então teremos condições de ascender. Quanto menores o peso e a carga de arrependimentos e culpas acumulados, e quão menor a resistência, mais fácil será alcançarmos o andar superior. Em todos os sentidos.

---

[1] Na carreira, seja qual for, por vezes uma queda ensina mais que uma elevação. Claro que ninguém o faz por opção, mas é um fato. Desce, para poder subir, impregnado de novas vivências e habilidades. Igualmente, em épocas de mercado retraído, pode ser um ganho andar de lado, percorrendo uma trajetória horizontal, para depois perseguir uma rota ascendente. Não há demérito nisso. A arte está em gerenciar as emoções envolvidas e o tempo, além de saber comunicar aos *headhunters* e profissionais de RH. E, óbvio, ao mercado de trabalho. Experiência do próprio autor.

Ao longo da trajetória alternativas surgirão, mas a decisão sempre cabe a cada um. Com frequência o que nos falta é o discernimento [Atená, Métis] sobre duas verdades. Primeiro, não cabe responsabilizar os outros – a família, os amigos, os empregadores, o governos, a Igreja – pelas nossas escolhas. Segundo, cada decisão implica abdicar das outras vidas possíveis. Significa renunciar às outras opções – que poderiam, ou não, ser melhores –, sobre as quais não há mais como influenciar.

Ficamos, então, dilacerados entre o que escolhemos (e vivemos) e o que descartamos (optamos por não viver). Evitar ou minimizar a vida não vivida envolve realizar, concretizar nossos potenciais, viver a vida corajosa e plenamente e, depois, somente depois, morrer sem arrependimentos (Nietzsche).

O que não foi vivido – e não há mérito ou demérito aqui sobre decisões tomadas; elas foram feitas diante das circunstâncias – envolve potenciais, talentos e experiências não colocados em prática. É o preço das escolhas diante das alternativas: ter ou não ter filhos, seguir ou não a carreira que melhor se ajusta às necessidades e aos talentos, etc. É o alto custo do livre-arbítrio. Pensam que ele é gratuito? Tampouco a obtenção da consciência [Prometeu]. Custam muito.

É natural a sensação de angústia, de nostalgia do que não vivemos, e por isso ficamos procurando pelo que ficou faltando – algo que nem sempre sabemos o que é: a outra metade [Urano/Céu e Gaia/Terra, na primeira grande separação e no início da diferenciação das coisas existentes]. Os opostos que fazem parte da nossa natureza e não podem ser negados reclamam nossa atenção. Diziam os alquimistas que somente o que foi separado pode ser unido, formando a totalidade, o objetivo maior do humano (ser tocado pelo conjunto dos deuses olímpicos e vivenciar suas polaridades e ambiguidades): a citada concretização das potencialidades e dos talentos.

Temos uma tendência a evitar essa tensão causada pelos aspectos opostos: partir e criar [Zeus] *versus* reter e manter o que foi criado

[Hera]. Cada um puxa para um lado: luz e sombra, virtudes e vícios, passividade e agressividade. Preferimos a comodidade, a segurança e a opção por um lado, como se o outro – geralmente o negativo, depreciativo ou sombrio – não existisse. Por vezes, sentimos um odor, um ranço de falso moralismo, um maniqueísmo hipócrita: o mal está só nos outros e nas instituições, nunca em nós.

O estado de completude só será alcançável se, primeiro, tivermos consciência de que todos os aspectos – luminosos e sombrios – são partes naturais de nosso ser. E que, portanto, é necessária uma espécie de amálgama, uma liga [Hermes] que os una e os forje [Hefesto] em uma nova identidade, algo distinto e mais autêntico, embora possa, de início, desagradar aos outros e a nós mesmos.

Se existe algo que nunca desaparecerá do cardápio da vida é a tomada de decisão – da mais trivial à mais crítica. Recebemos e devemos fazer bom proveito dos ingredientes que podem minimizar os desastres. Primeiro, colocar na mesa as diversas opções, mesmo que pareçam indesejáveis e desagradáveis [Éris]. Segundo, separar os aspectos, a fim de serem analisados individualmente, sem uma parte contaminando as outras, o que turvaria a clareza de raciocínio [Atená], para só depois as reunir [Hermes]. E, por fim, manter um certo distanciamento, evitando um excessivo envolvimento emocional – o distanciamento [Atená, Ártemis, Apolo, Zeus], por vezes confundido com a simples frieza, o que pode ser chocante e discutível. Mas como poderia, por exemplo, um presidente de um país influente decidir se deve ou não bombardear um alvo inimigo sem manter uma certa distância? Como poderia o chefe demitir um ou muitos funcionários abdicando dessa postura? Como um jornalista sério poderia escrever um texto sem se distanciar das suas posições pessoais? Ou um juiz, um árbitro, qualquer que seja?

Imperdoável é termos desdém pela presença de certos deuses que estão atuando e influindo no modo como agimos ou reagimos. Em outras palavras, desprezarmos os potenciais e talentos que podemos sacar do estoque disponível. E, também, adotarmos sempre os mesmos modelos de ação, reação, enfim, de comportamentos – expressos pelos deuses humanizados – que deveriam ser mudados ou alternados conforme as circunstâncias, os estágios ou os ciclos de vida. É preciso apurar o olhar, estar aberto aos sinais que são soprados. Uma polifonia estridente de vozes internas estará clamando pela nossa atenção. Entender mal naquela fase ou naquele estágio de vida pode resultar em desastres ou no desperdício do auxílio potencialmente oferecido.

Um formidável elenco de deuses, um ecossistema mitológico completo estará atuando, queiramos ou não (Jung: *Vocatus atque non vocatus Deus aderit*). Repertório que poderá ter seus atores trocados, reforçados ou descartados em algum momento da vida porque já não servem para o papel esperado. O comportamento heroico, que nos ajudou a construir o ego e a nossa identidade na primeira metade da vida, por exemplo, deve dar lugar ao do sábio, o do mentor, daquele que partilha o que foi aprendido nas vitórias e nos fracassos, nos combates luminosos ou sombrios. Daquele que já não carece de vitórias, prestígio, reconhecimento e aquisições para consolidar uma identidade final. "Na segunda metade da vida, o que fazemos importa menos, e sim o nível de consciência que colocamos no que fazemos" (Jung). A maturidade e a velhice pedem por outros deuses. Pode levar tempo, vivência e certa sapiência para saber qual e como está atuando. Seja como for, o perigo reside em sermos tomados por um ou mais deuses e nos viciarmos em um só modelo de comportamento e de reação aos estímulos. Samba de uma nota só. Além de inadequado, é chato, cansativo. Gera outras reações, também previsíveis: "Já sabia que você ia dizer isso", "Você estoura por qualquer coisa", e por aí vai, até o fim da relação.

Saber, portanto, o estágio em que estamos é vital no aproveitamento máximo da presença desses deuses: não nos enganarmos sobre o ciclo que estamos vivendo e atuarmos de modo condizente, coerente. Procurar segurança e aprovação na segunda metade da vida, por exemplo, pode gerar ansiedade e sofrimento (Hollis). Para isso, é preciso também entender a atuação invisível do tempo e dos deuses que estão agindo. Se estamos lidando com o tempo saturado de anos [Cronos], aquele que é pesado e nos devora, o tempo do relógio, a medida quantitativa, ou se lidamos com o outro tempo, o do deus Kairós: a qualidade do tempo, o momento certo, oportuno de fazer determinadas escolhas, o tempo de tomar importantes decisões relativas ao modo de viver, de como desejamos estar no mundo. É o tempo de virar o jogo. Perceber também o que é transitório, perecível, mutável, e o que não é. Um tempo muito pessoal esse Kairós. Intransferível e difícil de capturar, fugidio, tal qual um Hermes.

Somos feitos à semelhança dos deuses: o molde é o mesmo, portanto incorporamos potencialmente os atributos de todos eles, positivos e negativos – vimos isso em todos os mitos. A diferença está na dosagem destinada a cada um. A receita do que é atribuído individualmente não nos é revelada. Não há fórmula boa ou má; cabe a nós fazer o melhor uso do que nos é presenteado. Há, claro, muitos presentes de grego.

A vida não tem sentido mesmo; cabe a nós dar sentido a ela (Campbell). E não são as coisas que nos acontecem que nos perturbam, mas o modo como as interpretamos (Schopenhauer). Dar sentido ao que parece ou não ter sentido: a única saída. É desperdício de energia lutar contra a vida. Ela simplesmente é. Como a Natureza que nos cerca. Nutre, mas também mata.

Se não cabe brigar com a vida, sobra-nos focar as energias apenas naquilo que, de algum modo, podemos influenciar ou mudar: e isso reside no presente e no futuro (até certo ponto), não no passado. Como dito por algum sábio, somente um talento foi negado aos deuses: desfazer o passado. Este tem seu alimento, sua nutrição, nas memórias, e o futuro, nas esperanças e nos talentos herdados: lá está o pote de ouro. Há dúvidas sobre onde concentrar nossos esforços? Quase sempre nos esquecemos disso.

O conteúdo da caixa com as vicissitudes da vida, os vícios e os males, foi espalhado e sem possibilidade de *recall* [Pandora]. Porém dentro dela reside a frágil e discutível esperança: "A esperança, só a esperança, nada mais; chega-se a um ponto em que não há mais nada senão ela, e então que descobrimos que ainda temos tudo" (Saramago).

Ao ser brindado com sua quota de sorte ou azar, de beleza ou feiura, e também de talentos, há quem receba uma grande porção de emoção, erotismo e paixão [Afrodite], ou de agressividade, belicosidade [Ares], ou, ainda, de transgressão [Prometeu]. Outros herdam a prudência, a estratégia, o foco e o intelecto em tudo [Atená]. Diversos grupos, mais letárgicos, lentos, pensam depois de fazer [Epimeteu]. Alguns são carentes de ingredientes como a astúcia e a criatividade [de um Zeus ou Hermes]. Entretanto, talvez a todos, sem exceção, caiba uma pitada de malandragem, de esperteza proporcionada por um *trickster* tropicalizado e encarnado em um Macunaíma [Hermes], para que a vida não seja tão certinha, insossa e tediosa. Ou um pouco de caos [titãs] em oposição à ordem e à harmonia excessivas, que nos engessam. Somos, afinal, múltiplos simultaneamente e, paradoxalmente, únicos.

Seja qual for a receita, tal como nos condimentos, há que ter moderação. Senão, como a maionese caseira, desanda. Pandora, aquela que nos traz as vicissitudes e os vícios que teremos de enfrentar na vida – a vida como ela é –, também era conhecida como aquela que queria mais que o bastante. Quando o poder e o que dele advém não bastam, surge a ambição desmedida, a soberba e a inflação: a *hybris*. Ironicamente, acompanhada da insatisfação permanente que sempre pede mais, não se sacia nunca. Que o digam os corruptos institucionalmente estabelecidos nas corporações e na vida pública.

O homem, como parte da Natureza e fruto da Criação, já carrega ao nascer o desejo latente de crescer rumo ao estado mais elevado: o objetivo da vida é criar consciência, como se fosse um destino (Jung). Essa inclinação vem acompanhada por um senso de resistência às mudanças e às transformações que viabilizam o crescimento, o desenvolvimento. As forças titânicas e terrenas se opõem às energias ascendentes, mais sutis, a tudo que quer se elevar. As seduções terrenas residem no *status*, na riqueza e nas aparências – saudáveis e cabíveis até certo ponto –, na justa medida [Atená]. Certa cautela, portanto, com o refrão tão citado de que no amor e na guerra não há limites [Afrodite e Ares].

Somos como o minério, o metal que tem o desejo adormecido de se transformar em algo mais nobre. O ferro, por exemplo, com a adição de outros elementos e do duro trabalho no fogo e na forja resulta na amálgama que se transforma em uma arma nobre como a espada, apta para enfrentar as batalhas pela vida e pela honra. Mas esse mesmo minério nasce com a latente resistência natural de ser extraído do seu lugar de origem: agarra-se tenazmente às rochas nas profundezas da Terra e, ao final, cede e se transforma em algo superior, mas que ainda mantém a sua essência. Assim somos nós: extraídos de nossa natureza, martelados, castigados pelo fogo das paixões e das emoções, forjados e formatados pelas circunstâncias, mantendo, porém, em algum lugar, a nossa autêntica essência da qual temos nostalgia e à qual sonhamos retornar. Voltar ao pó das estrelas. Partir e retornar. Diferentes, porém.

Em um certo momento da vida, olhando em perspectiva a nossa jornada, perceberemos que um ladrãozinho [Hermes] nos roubou algo importante lá trás (o gado, no mito de Hermes) e que agora, mais maduros [Apolo], queremos e temos o direito de recuperá-lo, sempre sob a supervisão e a mediação de uma instância superior [Zeus]. Algo maior que (re)concilia os opostos [Hermes e Apolo]. Pode se tratar de algum talento que não nos foi permitido usar plenamente desde cedo, porque não correspondia às expectativas ou porque estávamos dominados pelo medo de fracassar. São os sonhos e as aspirações engavetados, empoeirados. Algo que teria o poder de afetar as nossas escolhas futuras nos relacionamentos e no trabalho. Posturas e posições autênticas que nos foram surrupiadas sem nenhum pudor em nome do que supostamente seria adequado para nós, jogando-nos no mundo do "Deveria ter sido" ou do "Ah, se eu fosse isso ou aquilo". Chega a hora de matar o terrível dragão do "Tu deves" (Campbell).

O que foi roubado e recuperado deve ser processado de modo criativo [Zeus], permitindo uma troca saudável: ganho algo que desejava ter de volta, mas igualmente tenho de ceder um bem que me é valioso [Apolo e Hermes]. Não há troca proveitosa sem abrir mão de algo que antes era considerado não descartável, intocável. O novo ocupa o lugar do velho. Não há espaço para os dois no mundo que se descortina. A fila anda, o tempo se esvai [Cronos].

Na maior parte da vida, navegando em mares instáveis, temos de agir como o bom marinheiro, que faz permanentemente pequenos ajustes na velocidade e na direção. Mas, quando as situações limítrofes ou críticas na vida pessoal e no trabalho se apresentam, é requerida uma virada [Hermes], para evitar a repetição de padrões de escolhas e decisões, para mudar de patamar ou, ainda, para quebrar paradigmas comportamentais que não mais fazem sentido em certos estágios da jornada. Significa reprogramar nosso *software* interno de respostas-padrão aos estímulos, situações e desafios. É estar atento e aberto aos sinais, aos chamados, aos *insights*, internos e externos, sussurrando-nos ou berrando, dizendo que as coisas devem mudar na vida e/ou na carreira. De modo radical, ou seja, nas raízes – *radix* –, e não na superficialidade cosmética na qual as coisas triviais acontecem.

Aos dois, homens e mulheres, cabe reencontrar (e reconciliar com) o feminino que foi suprimido e reprimido em tempos ancestrais e bárbaros, que deu lugar a uma era patriarcal. O equilíbrio e as novas lideranças tão necessárias só prosperarão em um mundo de transição pós-patriarcal, no qual o feminino não precise ser engolido – Zeus minimiza e engole a grávida Métis, a sabedoria feminina, e junto vai o seu descendente e substituto potencial. Tampouco precisam ser devorados os seus filhos homens [Urano e Cronos], que estão na fila do trono. Potencialmente, lá está [em Métis] o embrião da renovação das lideranças (empresariais, políticas, familiares e religiosas) para que saiamos do atoleiro de um mundo fragmentado, volátil, corrompido, violento e inseguro. Um plúmbeo acervo que flerta com o caos original, o negro abismo.

Como se fosse uma obra de arte, os participantes dessa aventura carecem ser desbastados, esculpidos e lapidados, como se faz com uma pedra bruta, até que se atinja uma obra final mais sutil, estética (e ética – mesmas raízes) e única. O avanço implacável do tempo ainda exigirá que se dê um polimento, um delicado acabamento final ("finishing" – Hillman) a essa obra, aparando-se cuidadosamente as arestas para que não se quebre o já alcançado. Das grosseiras àquelas quase imperceptíveis. Usando-se e alternando-se as ferramentas mais adequadas, da tosca marreta ao fino cinzel. Essa é a arte do Opus.

E, durante o processo de transformação – é disso que se trata –, não carregando na força bruta da mão, e sim fazendo-o na justa medida [Atená], tampouco acelerando demais a intensidade do fogo das emoções [Hefesto, Afrodite, Dioniso].

Tarefa difícil, que não pode ser cumprida sem o acesso aos recursos dos doze deuses olímpicos: a totalidade, o uso máximo dos talentos disponíveis. Mais, procurando restabelecer a conexão, também perdida lá trás, com uma dimensão mais ampla. A unicidade e a totalidade, curiosamente, convergindo.

"Dei o melhor de mim. Está aí a maior vitória que se pode desejar" (Dom Quixote, Cervantes).

Palavras finais ao leitor

Fico feliz, como autor, por este livro – uma jornada de quatro anos – ter chegado a você. Mais satisfeito ainda se o conteúdo teve o mérito de sensibilizá-lo e inspirá-lo a dialogar consigo mesmo, ajudando-o a despertar personagens internos, só seus, que não tinham ainda espaço para se expressar em sua vida pessoal e na profissional. Se, como eu, foi tocado pelas narrativas e, de preferência, ficou incomodado, esse é um bom sinal.

Em nenhum momento pretendi oferecer soluções, principalmente as mais fáceis. Pretendi, sim, ao apresentar e analisar alguns mitos, incentivá-lo a refletir sob outras perspectivas, fazer seus próprios questionamentos e, assim, iluminar suas escolhas para melhor estar na vida.

Este era o momento certo de escrever este livro, pois o deus Kairós assim me sussurrou: "Nem antes nem depois, pois o 'antes' ainda não estava maduro e o 'depois' poderia ser tarde demais".

REFERÊNCIAS BIBLIOGRÁFICAS E LEITURAS SUGERIDAS

ALIGHIERI, D. (1307-1321). **A divina comédia**. Belo Horizonte: Itatiaia, 1991.

ALVARENGA, M. Z. **Mitologia simbólica**: estruturas de psique e regências míticas. São Paulo: Casa do Psicólogo, 2010.

BACHELARD, G. **A psicanálise do fogo**. Lisboa: Estúdios Cor, 1938.

BANCO INTERAMERICANO DE DESENVOLVIMENTO (BID); INSTITUTO ETHOS. **Perfil social, racial e de gênero das 500 maiores empresas**. São Paulo: BID; Ethos, 2016. Disponível em: http://www.onumulheres.org.br/wp-content/uploads/2016/04/Perfil_social_racial_genero_500empresas.pdf. Acesso em: 19 out. 2020.

BAUMAN, Z. **Modernidade líquida**. Rio de Janeiro: Zahar, 2001.

BOECHAT, W. (org.). **Mitos e arquétipos do homem contemporâneo**. Petrópolis: Vozes, 1997.

BOLEN, J. S. **As deusas e a mulher**: nova psicologia das mulheres. São Paulo: Paulinas, 1990.

BOLEN, J. S. **As deusas e a mulher madura**: arquétipos nas mulheres com mais de 50. São Paulo: Trion, 2005.

BOLEN, J. S. **Gods in everyman**: a new psychology of men's lives and loves. New York: Harper & Row, 1989.

BRANDÃO, J. S. **Mitologia grega**. V. I, II e III. Petrópolis: Vozes, 1990.

BULFINCH, T. **O livro de ouro da mitologia**: histórias de deuses e heróis. Rio de Janeiro: Ediouro, 2002.

BURT, K. **Arquétipos do zodíaco**. São Paulo: Cultrix, 1988.

CAMPBELL, J. **Mito e transformação**. São Paulo: Ágora, 2004.

CAMPBELL, J. **O herói de mil faces**. São Paulo: Pensamento, 1995.

CAMPBELL, J. **Reflexões sobre a arte de viver**. São Paulo: Gaia, 2003.

CAMPBELL, J.; MOYERS, B. **O poder do mito**. São Paulo: Palas Athena, 1990.

CHAMPEAUX, G. **Le monde des symboles**. Paris: Zodiaque, 2000.

CHEVALIER, J. **Dicionário de símbolos**. Rio de Janeiro: José Olympio, 1990.

CHINEN, A. B. **Além do herói**: histórias clássicas de homens em busca da alma. São Paulo: Summus, 1993.

CUNHA, A. G. **Dicionário etimológico Nova Fronteira da língua portuguesa**. Rio de Janeiro: Nova Fronteira, 1982.

DIEL, P. **O simbolismo na mitologia grega**. São Paulo: Attar, 1991.

DORST, B. **Espiritualidade e transcendência em Jung**. Petrópolis: Vozes, 2015.

EDINGER, E. F. **A criação da consciência**: o mito de Jung para o homem moderno. São Paulo: Cultrix, 1984.

ELGIN, D. **A dinâmica da evolução human**a. São Paulo: Cultrix, 1993.

ELIADE, M. **História das crenças e das ideias religiosas**. Rio de Janeiro: Zahar, 1986.

ELIADE, M. **Mito e realidade**. São Paulo: Perspectiva, 1963.

EVOLA, J. **A tradição hermética**. São Paulo: Edições 70, 1971.

FERRY, L. **A sabedoria dos mitos gregos**: aprender a viver II. São Paulo: Objetiva, 2009.

FRANKL, V. **Um sentido para a vida**. Petrópolis: Vozes, 1977.

FRANZ, M. L. **Alquimia**: introdução ao simbolismo e à psicologia. São Paulo: Cultrix, 1993.

FRANZ, M. L. **Mitos de criação**. São Paulo: Paulus, 2003.

FRANZ, M. L. **O feminino nos contos de fada**. São Paulo: Vozes, 2009.

FRANZ, M. L. **Reflexos d**a alma. São Paulo: Pensamento, 1998.

GOLEMAN, D. **Liderança**: a inteligência emocional na formação do líder de sucesso. São Paulo: Objetiva, 2015.

GRAVES, R. **Os mitos gregos**. V. I e II. Lisboa: Dom Quixote, 1990.

HESÍODO. **Os trabalhos e os dias**. São Paulo: Iluminuras, 1990.

HESÍODO. **Teogonia**: a origem dos deuses. São Paulo: Iluminuras, 2003.

HILLMAN, J. **A força do carát**er. São Paulo: Objetiva, 1999.

HILLMAN, J. **Encarando os deuses**. São Paulo: Cultrix, 1980.

HILLMAN, J. **Psicologia alquímica**. Petrópolis: Vozes, 2011.

HOLLIS, J. **A passagem do meio**: da miséria ao significado da meia-idade. São Paulo: Paulus, 1995.

HOLLIS, J. **Living an examined life**: wisdom for the second half of the journey. Boulder: Sounds of True, 2018.

HOLLIS, J. **Mitologemas**: encarnações do mundo invisível. São Paulo: Paulus, 2005.

HOLLIS, J. **Nesta jornada que chamamos de vida**. São Paulo: Paulus, 2004.

HOLLIS, J. **Rastreando os deuses**: o lugar do mito na vida moderna. São Paulo: Paulus, 1997.

HOLLIS, J. **Sob a sombra de Saturno**: a ferida e a cura dos homens. São Paulo: Paulus, 2004.

HOMERO; STEPHANIDES, M. **Ilíada**. São Paulo: Odysseus, 2004.

HOUAISS. **Dicionário eletrônico Houaiss da língua portuguesa**. São Paulo: Objetiva, 1990.

JAFFÉ, A. **The myth of meaning**. Zurich: Daimon, 1983.

JOHNSON, R. **A vida não vivida**. Petrópolis: Vozes, 2008.

JUNG, C. G. **Collected works of C.G. Jung**: psychology and alchemy. V. 12. Princeton: Princeton University Press, 1980.

JUNG, C. G. **Memórias, sonhos e reflexões**. Rio de Janeiro: Nova Fronteira, 1963.

JUNG, C. G. **O homem e seus símbolos**. Rio de Janeiro: Nova Fronteira, 1981.

JUNG, C. G. **Os arquétipos e o inconsciente coletivo**. Petrópolis: Vozes, 1998.

LÓPEZ-PEDRAZA, R. **Ártemis e Hipólito**: mito e tragédia. Petrópolis: Vozes, 2012.

LÓPEZ-PEDRAZA, R. **Hermes e seus filhos**. São Paulo: Paulus, 1989.

LOWENTHAL, M. **Alchemy of the soul**: the Eros and psyche myth as a guide to transformation. Lake Worth: Nicholas-Hays, 2004.

MAQUIAVEL, N. **O príncipe**. Petrópolis: Vozes, 2015.

MARCH, J. **Mitos clássicos**. Rio de Janeiro: Civilização Brasileira, 2008.

MARTIN, K. **O livro dos símbolos**. Köln: Taschen, 2015.

MONTEIRO, P. P. **O tempo não tem idade**: nem passado, nem presente, nem futuro. São Paulo: Gutenberg, 2011.

Mulheres na computação. Disponível em: https://mulheresnacomputacao.com/. Acesso em: 21 out. 2020.

MÜLLER, L. **O herói**: todos nascemos para ser heróis. São Paulo: Cultrix, 1987.

NAINM, M. **O fim do poder**: como os novos e múltiplos poderes estão mudando o mundo e abalando os modelos tradicionais na política, nos negócios, nas igrejas e na mídia. São Paulo: Leya, 2013.

NIEDNER, H. **Mitologia nórdica**. Barcelona: Edicomunicación, 1986.

NIETZSCHE, F. **Ecce homo**. São Paulo: Companhia das Letras, 2009.

RASCHE, J. **Prometeu**: a luta entre o pai e o filho. São Paulo: Cultrix, 1988.

ROLLO, M. **The cry for the myth**. New York: Delta, 1992.

SALIS, D. V. **Mitologia viva**: aprendendo com os deuses a arte de viver e amar. São Paulo: Nova Alexandria, 2003.

SCHWAB, G. **As mais belas histórias da Antiguidade clássica**. São Paulo: Paz e Terra, 1997.

SHELBURNE, W. S. **Mythos and logos in the thought of Carl Jung**: the theory of the collective unconscious in scientific perspective. New York: State University of New York Press, 1988.

SILVEIRA, N. **Jung**: vida e obra. Rio de Janeiro: J. Álvaro, 1968.

STEIN, M. **No meio da vida**: uma perspectiva junguiana. São Paulo: Paulus, 2007.

VERNANT, J-P. **O universo, os deuses, os homens**. São Paulo: Companhia das Letras, 1999.

VIANA, F. **Hermes**: a divina arte da comunicação. São Paulo: CLA, 2006.

VOGLER, C.; RISSATI, P. **A jornada do escritor**: estrutura mítica para escritores. Rio de Janeiro: Nova Fonteira, 2006.

WORLD ECONOMIC FORUM. **The global gender gap report**. WEF: Geneva, 2018. Disponível em: http://www3.weforum.org/docs/WEF_GGGR_2018.pdf. Acesso em: 19 out. 2020.

ÍNDICE DE ATRIBUTOS E ASPECTOS

Acomodação, zona de conforto, necessidade de separação
Ver Hermes, 41, 45, 53
Aconselhamento
Ver Ártemis, 133 e Atená, 146, 156
Adversidades, gerenciar
Ver Héracles, 81, 107, 124
Afetividade, falta de
Ver Atalanta, maçã 2, 156
Agente de transformações, dissolvente dos estados solidificados, do que não mais serve
Ver Hermes, 48, 73
Agressividade, como gerenciar
Ver Ares, 176, 177, 182
Alianças, poder de agregação
Ver Zeus, 238
Ambiguidade, ambivalência
Ver Hermes, 37, 52, 74
Assertividade, firmeza, foco nos objetivos
Ver Atená, 166
Astúcia
Ver Zeus, 230, 235
Autoritarismo, tipos de poder e de liderança, despotismo
Ver Zeus, 237, 247, 251
Belicosidade
Ver Ares, 182, 183
Capacidade laboral, criatividade
Ver Hefesto, 269
Carreira, mudança de rumo, guinadas
Ver Hermes, 52, 53
Competitividade
Ver Ártemis, 136, Atená, 146 e Atalanta, 155, 167

Comunicação, meias verdades, *fake news*, discursos, propaganda enganosa e subliminar
  Ver Hermes, 63, 66
Conscientização de limites, lidar com eles, respeito ao outro
  Ver Hermes, 55, 69
Controle, disciplina
  Ver Ártemis, 131
Cultura, empresarial, adaptação à
  Ver Zeus, 243, 246, 252
Dilemas, decisões de carreira e vida, encruzilhadas
  Ver Hermes, 46, 53
Discernimento
  Ver Atalanta, 156
Disciplina e controle
  Ver Atená, 143, 153
Discórdia, agregação e desagregação, oportunidade de olhares distintos
  Ver Éris, 185, 186, 187, 190, 291
Distanciamento emocional, separação de aspectos, decisões
  Ver Apolo, 132 e Zeus, 241, 248
Diversidade, nas empresas e famílias
  Ver Prometeu, 214, 216, 222 e Epimeteu, 266
Emoções, exacerbação, ira, gerenciamento de
  Ver Ares, 178, 180
Encaminhamento e solução de situações difíceis e dolorosas
  Ver Ártemis, 135
Equilíbrio emocional, prudência
  Ver Atená, 144 e Métis, 151
Estabilidade, retenção, manutenção do conquistado e criado
  Ver Hera, 191, 193, 194, 234
Estratégia, discernimento
  Ver Atená, 141, 142, 143 e Métis, 141, 142, 144
Ética nos negócios
  Ver Hermes, 42, 66, 76
Excelência, no que se faz, *Areté*
  Ver Zeus, 251
Facilitação de transformações
  Ver Afrodite, 269 e Hermes, 52
Finitude, de carreira, envelhecimento
  Ver Héracles, 119 e Zeus, 108, 114, 122, 248
Heroico, espírito, superar marcas e obstáculos, não à acomodação
  Ver Héracles, 81, 109
Hybris, inflação do ego, descomedimento
  Ver Héracles, 89, 118 e Hermes, 68, 89

Impaciência, lidar com, esperar o tempo certo
   Ver Ares, 179, 180
Impetuosidade
   Ver Afrodite, 177, Ares, 183 e Prometeu, 204
Impulsividade
   Ver Ares, 179, 183 e Prometeu, 203
Intuição sobre o que está adiante
   Ver Ártemis, 142
Justiça, senso de, *Diké*
   Ver Atená, 143
Liberdade para ir e fazer o que quer
   Ver Afrodite, 167
Liderança, tipos de
   Ver Zeus, 247, 251
Limiares, travessia de um estado ou uma postura a outro
   Ver Hermes, 44, 45, 77
Mentoria, mentor, Velho Sábio
   Ver Héracles, 94, 95, 96, 106, 119, 120
Metamorfose, capacidade de transformação e de adaptação, flexibilidade
   Ver Zeus, 230, 237, 247
Objetividade
   Ver Apolo, 99
Ordem, harmonia, senso de justiça, oposição ao caos
   Ver Zeus, 229, 231, 236, 237
Ousadia
   Ver Ártemis, 166
Pensamento lógico e estruturado
   Ver Atená, 167
Persuasão, capacidade de convencimento, discurso articulado, *lobby*
   Ver Hermes, 60, 61
Planejamento, organização e criação de algo objetivo e, de preferência, estético
   Ver Atená, 143, 145
Poder, influência, controle, abuso de
   Ver Zeus, 247, 248, 249, 250, 251
Polaridades, gerenciar e harmonizar opostos, caduceu
   Ver Hermes, 51, 74
Potencialidades, talentos, fazer pleno uso de
   Ver Zeus, 225, 233 e Héracles, 89, 110, 117, 124
Racionalidade, pensamento linear
   Ver Apolo, 59
Reflexão, prudência, moderação
   Ver Métis, 144, 166

Resiliência, enfrentamento de adversidades, recuperação, transformação
   Ver Héracles, 89, 107, 108, 109, 123
Riscos, assumir
   Ver Ares, 181, 183, Héracles, 89, 95, 111 e Prometeu, 205
Sensatez, praticidade
   Ver Métis, 144
Sombra e luz, ambiguidade
   Ver Hermes, 10, 11, 48, 57, 76, 77
Sucessão, de líderes, medo do destronamento
   Ver Zeus, 228, 239
Tempo, gerenciamento e identificação, tipos de, Kairós e Cronos
   Ver Hermes, 49, 58
Timing, senso de mudança de rumo rapidamente, viradas, *insights*
   Ver Hermes, 47
Topo, de carreira, de marcas e empresas, crescer e manter-se no,
   Ver Zeus, 235, 236, 237, 241, 248, 249
Transgressão, ousadia, rompimento com o senso comum
   Ver Prometeu, 204, 205, 218, 221
Trapaça, *trickster*
   Ver Hermes, 49, 56
Trocas, benefício da negociação, comércio
   Ver Hermes, 42, 43, 61
Vida, sentido de, ou falta de
   Ver Prometeu, 207, 213, 216
Visão do todo, dimensão mais ampla, mapeamento de oportunidades e ameaças
   Ver Zeus, 230, 253

ÍNDICE GERAL

Apresentação – Por que escrevi este livro, 19
Ares – Força bruta em ação, 173
Ares (Marte) e Éris (Discórdia) – A belicosidade e a instabilidade, 171
Ares (Marte) e Éris (Discórdia) – Os deuses rejeitados, 169
Armas disponíveis ao herói, As, 98
Arte no manuseio dos argumentos, A, 188
Ártemis – A deusa da caça e do poder da natureza, 131
Ártemis (Diana), Atená (Minerva) e Atalanta – As múltiplas faces do feminino, 129
Atalanta, 155
Atená – Sabedoria e estratégia, com justiça, 141
Belicosidade sob controle, A, 183
Bom combate e o respeito ao adversário, O, 181
Caduceu: da combinação de opostos chega-se à unicidade, O, 74
Capacidade de destruir consensos, 189
Carreiras, pessoas, empresas e marcas envelhecem... e morrem. Como lidar com essa verdade?, 119
Centauros, 97
Chegada ao topo, A, 236
Ciclo 1 – A origem e as primeiras façanhas, 81
Ciclo 2 – Os Doze Trabalhos, 85
Ciclo 3 – Morte e apoteose, 85
Com Hermes, doze: o Olimpo está completo, 50
Como agir nos finais dos ciclos?, 250
Como é um Héracles como líder?, 118
Como este livro está organizado, 30
Como lemos nossas atitudes frente aos obstáculos, 59
Como lidar com mensagens ocultas e veladas?, 64
Competição sadia com o masculino, Uma, 155
Complexidade no trabalho, A, 180
Comunicação como meio para alcançar o poder: verdades alternativas e *fake news*, A, 66
Comunicação como pacificadora na vida e no trabalho, A, 61
Comunicação leva ao convencimento e à persuasão, A, 60
Comunicação: verdades e meias verdades, 63
Concluindo..., 251
Condições para a libertação do que nos acorrenta, As, 212
Criação tem um espírito prático e não se resume às ideias, A, 70

Custo da obtenção da consciência e da defesa intransigente de posições, O, 210
Da capacidade de resiliência diante das adversidades da vida, 107
Da excelência no que se faz, 108
Da necessária diversidade: os talentos de cada um, 214
Da necessidade de conhecermos os ambientes onde vamos atuar, 113
Da necessidade de sair precocemente da zona de conforto, 41
Da obsessão pelo trabalho e pelo uso dos talentos, 247
Da sucessão no trabalho e nas famílias, 213
Das partidas e das necessárias separações, 109
De onde vem o termo herói?, 87
Desafio da impulsividade, O, 179
Desapego às conquistas gera mobilidade no emprego, O, 72
Desejo que cega, O, 192
Desenhe a sua própria trajetória o mais rápido possível, 53
Deus complexo e uma deusa intrusa, Um, 171
Deus fecundador e formador de dinastias, O, 241
Deuses, 26
Devido respeito aos vencidos, O, 188
Dinâmica das oposições e os grandes embates, A, 232
Dissolvente do ultrapassado: o Mercúrio alquímico, O, 47
Do nascimento e do destino da humanidade, 206
Dores do envelhecimento: o poente do patriarca, As, 248
Duas deusas virgens e Atalanta, 129
Efeitos de nossos atos: há sempre um preço a pagar, 205
Encontre o espaço para uma negociação saudável, 58
Equilíbrio entre as polaridades: o caduceu, O, 51
Éris – A discórdia que arrasa ou constrói, 185
Escolha do *mix* de armas e de abordagens para cada situação, A, 110
Estar no alto pode significar distanciamento, 248
Estimuladora da competitividade, 189
Expectativas com relação aos filhos e subordinados, 245
Facilitador da travessia e da circulação, O 44
Filhos rejeitados e os preferidos, Os, 235
Grau de excesso: onde estão fincados os seus limites e fronteiras?, 69
Guardiões, 97
Guia condutor das almas pelos caminhos difíceis e sombrios, O, 45
Guia dos próprios limites nas encruzilhadas da vida, O, 46
Héracles – O espírito heroico que habita em nós, 81
Héracles no trabalho, 116
Hermes (Mercúrio) – A ambivalência em movimento, 37
Homens são de Marte, Os, 179
Importância das trocas e da negociação: Hermes, o promotor do comércio, A, 42
Importância do reforço positivo, A, 182

Inconsciente coletivo e arquétipos, 24
Índice de atributos e aspectos, 279
Inevitável descida ao mundo subterrâneo, A, 114
Jornada do herói: o que é e quais os seus componentes, A, 90
Lições de Ares para a sua carreira e a vida, 179
Lições de Ártemis para a sua carreira e a vida, 133
Lições de Atalanta para a sua carreira e a vida, 158
Lições de Atená para a sua carreira e a vida, 145
Lições de Éris para a sua carreira e a vida, 188
Lições de Héracles para a sua carreira e a vida, 107
Lições de Hermes para a sua carreira e a vida, 53
Lições de Prometeu para a sua carreira e a vida, 213
Lições de Zeus para a sua carreira e a vida, 236
Limites nos atos heroicos e os riscos envolvidos, Os, 115
Maçã 1, 156
Maçã 2, 156
Maçã 3, 156
Maior desafio na jornada: os Doze Trabalhos, O, 101
Mentores e arautos, 94
Mistério do sentido na vida ou... da sua falta, O, 219
Mito, O,
    Ares, 173
    Ártemis, 131
    Atalanta, 155
    Atená, 141
    Éris, 185
    Héracles, 81
    Hermes, 37
    Prometeu, 199
    Zeus, 227
Mitos: por que eles são tão importantes na nossa vida e na carreira?, Os, 21
Monstros e dragões, 98
Morte e apoteose: o encontro com a finitude em todos os sentidos e a busca pela transcendência, 103
Multirrelacionamentos que geram talentos adicionais, 233
Necessidade de transformação permanente, A, 73
No começo de tudo..., 227
Nota do editor, 7
Novo e ameaçador poder dos pequenos *players*, O, 242
Origem do nome, 230
Pai e filho, sucessão, conflitos e oposição, 203
Palavras finais ao leitor, 271
Pandora e a criação do feminino, 208

Pandora, sua caixa e as contingências da vida, 216
Patrono da comunicação e o construtor de conexões, O, 44
Personagens centrais do mito: a gênese do herói, Os, 88
Personagens presentes no caminho do herói: mentores, arautos, guardiões, centauros, monstros e dragões, 94
Peso de se manter alerta e o risco do caos, O, 235
Pitada de sedução pode azeitar a engrenagem da vida, Uma, 56
Poder de agregação e concentração de energia, 231
Poder de fulminar: herança dos ciclopes, O, 244
Poder, quase sempre, pede ou exige que seja exibido, O, 239
Poder: fascínio, recompensas e riscos, 237
Prefácio – O resgate dos deuses que habitam em nós, 9
Problemas e as soluções são nossos, Os, 190
Prometeu – Entre o Olimpo e a humanidade, 199
Prometeu – Ousadia, transgressão e o preço a pagar pela obtenção da consciência, 197
Provedor do senso de *timing* e de mudanças de rumo, O, 47
Provocações
  Ares, 183
  Ártemis, 139
  Atalanta, 161
  Atená, 153
  Éris, 194
  Héracles, 123
  Hermes, 76
  Prometeu, 221
  Zeus, 252
Proximidade do poder significa... influência, A, 241
O que é ser herói?, 89
Referências bibliográficas e leituras sugeridas, 273
Reflexão sobre a condição humana, Uma, 203
Reflexões, 255
Reflexões adicionais sobre Ártemis, Atená e Atalanta e o universo feminino, 162
Retenção e a fecundação do novo, A, 191
Saber agregar parceiros e formar coalizões, 238
Senhor dos deuses, O, 277
Significado
  Ares, 175
  Ártemis, 132
  Atalanta, 157
  Atená, 142
  Éris, 185
  Héracles, 87
  Hermes, 41

    Prometeu, 203
    Zeus, 230
Só os homens podem ser heróis?, 100
Sobre a justiça dos homens e a dos deuses, 207
Sofrimento está aí, mas há sempre uma esperança, O, 209
Transgressão e inconformismo: a necessária separação, 204
Transgressão na dose adequada, A, 218
Trickster: o lado lúdico e criativo, mas que pode nos enganar, O, 49
Vários olhares sobre o significado da jornada, Os, 92
Visão privilegiada, foco e o poder de iluminar ou de fulminar, 230
Zeus (Júpiter) – O poder sob suas diversas formas e a multiplicidade de talentos potenciais, 225
Zeus (Júpiter) – O senhor dos deuses, 227